JN298128

日本企業の
グローバル
人的資源管理

笠原民子 著
Tamiko Kasahara

東京　白桃書房　神田

亡き両親に捧ぐ

まえがき

　本書は，日本企業を対象とし，それら企業のグローバル戦略及びHRMシステムという切り口から，グローバル人的資源管理とは何かという大きな研究課題の解明に焦点を当てている。日本企業は，製造・販売等のオペレーションのグローバル化を進めてきた。しかし，グローバル戦略の遂行を念頭に置き，どのように多国籍企業グループとしてマネジメントするか，というマネジメントのグローバル化，とりわけ人的資源管理のグローバル化は十分に進められているとはいえない。1990年代以降，経営活動のグローバル化の進展と相まって，グローバル人的資源管理研究が台頭した。しかし，グローバル企業の人的資源管理はどうあるべきか，という規範論に止まっており，その実態に迫った研究は十分に蓄積されているとはいえない状況にある。多様な文化的背景を持つ人材をマネジメントし，それら人材の協働を通じてグローバルな競争優位を構築することはグローバル企業にとって欠くべからざる条件となる。

　しかしながら，日本企業にとってこれほど難しい問題はないかもしれない。なぜならば，相対的にみても，同一の文化的背景，国籍を有する人材を多く雇用する日本企業にとって異文化を受容すること，多様な文化的背景を持つ人材をマネジメントし，活用することは大きな壁となるからである。異文化の受容―言葉で表現することは容易い。しかしその実践には多くの失敗，葛藤，経験がある。それらを通じた"人"としての変革・成長がなければならない。グローバル企業に求められる人的資源管理とは何か，その構築・実践に向けて日本企業は何を，どのように変えなければならないのか。規範論ではなく，その実践的な課題を解明することが本書のねらいである。

　拙いながらも，本書を世に問うことができたのは，多くの方々に支えて頂いたからに他ならない。筆者が日本企業のグローバル人的資源管理研究に着手して10年余りが過ぎた。今思えば，本書テーマに取り組む契機は，創価

大学経営学部時代に国際経営を専攻し，人という視点からそのあり方を学んだことにあった。大学院進学に際しては，学部時代の恩師である栗山直樹先生（創価大学）の薦めもあり，神戸商科大学大学院に進学することを決めた。神戸商科大学大学院では，我が国でグローバル経営，国際人的資源管理という研究領域に早い時期から取り組まれ，体系的な研究を蓄積されている安室憲一先生（現大阪商業大学教授，兵庫県立大学名誉教授）に師事させて頂いた。安室先生に初めてお目にかかった日のことは今でも鮮明に憶えている。先生の温かいお人柄と，ものごとの本質を鋭く見抜き，明快に表現される先生にただただ感銘を受けた。先生は当該領域のみならず，経営学はもちろんのこと，様々な分野にも造詣が深く，先生から頂いたご指摘はいつも筆者の視野を大きく広げてくれた。安室門下生となり，幾度となく叱咤激励を頂きながら，先生からは学問だけではなく，人としてどう生きるかをも教えて頂いている。筆者が先生と同じ研究分野を専門としていることで，どれほど先生にご心労をおかけしているかは計り知れない。師匠の背中があまりにも大きく，弟子として申し訳なく感じることも多々ある。しかし，師匠の偉大さを証明するのは弟子の役目である。先生のような研究者に一歩でも近づけるよう日々研究に邁進していきたい。

　田端昌平先生（近畿大学），伊田昌弘先生（阪南大学），藤澤武史先生（関西学院大学），星野裕志先生（九州大学）には，院生時代から様々なご助言を頂き，温かく見守って頂いた。とりわけ，星野先生には，筆者が研究者として奉職する際に，労いのお言葉を頂いたことは今でも忘れられない。その一言でどれだけ救われたか分からない。研究を継続することができたのも，先生方からのご指導があったからこそである。

　安室ゼミの諸先輩方にも大変お世話になっている。出口竜也先生（和歌山大学），森　樹男先生（弘前大学），津田康英先生（奈良県立大学），山口隆英先生（兵庫県立大学），有村貞則先生（山口大学），四宮由紀子先生（近畿大学），西井進剛先生（兵庫県立大学），山内昌斗先生（広島経済大学），崔圭皓先生（大阪商業大学）には，本書のベースとなる学位請求論文を執筆する際に多くの助言を頂いた。とりわけ，西井先生には，公私にわたって本当

にお世話になっている。筆者が研究者としてスタートを切ることができたのは，西井先生の支えがあったからである。なんと感謝の気持ちを伝えて良いのか分からない。

　学位請求論文の作成にあたっては，兵庫県立大学の梅野巨利先生，山口隆英先生に貴重なご意見を賜った。梅野先生，山口先生は，お忙しい合間を縫って，副査指導教官として丁寧に論文を読み込んでくださり，多くのご指導を頂いた。開本浩矢先生には本書の草稿段階において相談に乗って頂き，多くのコメントを頂戴した。

　本書をまとめるにあたって，林　倬史先生（現国士舘大学，立教大学名誉教授），吉原英樹先生（神戸大学名誉教授），石田英夫先生（慶應義塾大学名誉教授），桑名義晴先生（桜美林大学），浅川和宏先生（慶應義塾大学大学院），高橋浩夫先生（白鷗大学），藤野哲也先生（長崎大学名誉教授），白木三秀先生（早稲田大学），井口知栄先生（慶應義塾大学），原田　将先生（兵庫県立大学），立本博文先生（筑波大学大学院）には様々な面でご指導を頂いた。林先生とじっくりお話しさせて頂いたのは，ポルトガルで開催された国際学会（EIBA：European International Business Academy）であった。林先生との出会いを作ってくださったのは，井口先生だった。井口先生から，「国際経営を学んでいるのだから，国際学会で報告すべきですよ」との助言を頂き，活動の場を世界に拡げる契機を頂いた。留学経験のない筆者にとって，英語で論文を執筆し，研究報告をするのは正直荷が重かった。しかし，国際学会で報告するという経験を積み重ねていくことで，筆者の研究に対する姿勢は間違いなく大きく変わった。環境が変わると出会わせて頂く人も変わった。国際学会を通じて，築かせて頂いている多くの先生方との出会いは筆者にとって大きな財産である。吉原先生，石田先生，桑名先生，浅川先生とはAIB（Academy of International Business）にて初めて議論を交わせて頂いた。日本の学会にてお目にかかってはいたが，お話しをさせて頂く機会はほとんどなかった。先生方の書籍を拝読し，多くのことを学ばせて頂いた筆者にとって，先生方を目の前にしてお話しさせて頂けたことはこの上ない喜びであった。また，関口倫紀先生（大阪大学），臼井哲也先生（日本大学），

竹内規彦先生（早稲田大学大学院）には，AJBS（Association of Japanese Business Studies）にて大変お世話になっている。高橋先生には，学部時代から大変お世話になっている。非常勤講師として創価大学に来られていた高橋先生の多国籍企業論を受講し，企業の国際化について学ばせて頂いた。藤野先生，白木先生は，国際人的資源管理分野にて体系的な研究をなされており，多くのことを学ばせて頂いている。原田先生には，公私にわたって大変お世話になっている。研究だけではなく，プライベートな問題で悩んでいる際にも様々な助言を頂き，温かく見守って頂いている。立本先生には，研究に真摯に向き合う姿勢を教えて頂いている。先生方から多くの勇気を頂き，研究を継続することができている。

　本書の実証的考察では，多くの実務家の方々のご協力を賜った。中道教顕氏（オムロン株式会社人事勤労部部長2005年時点）にはご多忙にもかかわらず，複数回にわたってインタビュー調査をお引き受け頂いた。田中滋氏（ヘイコンサルティング　グループ　元代表取締役会長　現特別顧問）には，筆者が研究成果をどのようにまとめるかを悩んでいる際に，日系・外資系企業におけるグローバル人的資源管理の実態について複数回にわたって詳しくご教示頂いた。そのおかげで，それら企業におけるグローバル人的資源管理の導入・構築のコンテクストを理解することができ，様々な着想を得ることができた。若林　学氏（カタリナ　マーケティング　ジャパン株式会社代表取締役社長）には，グローバル企業における協働の重要性を教えて頂いた。特にナレッジ・ワーカーのレコグニションについてのお話しは，筆者が身を持って体験したこともあり，今でも心に深く刻まれている。鈴木　努氏（ケンブリッジ・テクノロジー・パートナーズ株式会社代表取締役社長）には数回にわたるインタビュー調査にご協力頂き，HRMシステムの導入，運用という視点とそれらの難しさについて学ばせて頂いた。１人１人お名前や会社名をあげることはできないが，ご多忙の中，インタビュー調査・アンケート調査にご協力頂いた方々には感謝の念を捧げたい。

　本書の上梓に際し，研究環境という点にあたって，勤務先である静岡県立

まえがき

　大学には，研究に専念できる環境を提供して頂いている。感謝の念に尽きない。心より御礼を申し上げる次第である。研究助成という点にあたって本書は，平成21年度科学研究費補助金[若手研究（スタートアップ）2008年～2010年度・研究課題番号21830158・多国籍企業における人材の創造的開発・活用を促す人的資源管理に関する比較研究]，平成25年度科学研究費助成事業[研究成果公開促進費学術図書・課題番号255160]の研究助成を受けている。本書の実証的考察で行ったアンケート調査は，平成19年度村田学術振興財団から研究助成を受けて実施されたものである。もちろん，このように研究成果を世に問うことができたのも，株式会社白桃書房及び同社代表取締役の大矢栄一郎氏が本書の出版を快くお引き受けくださったからに他ならない。大矢氏は，筆者のような若輩者に出版の機会を提供してくれただけではなく，最後まで温かく見守ってくださった。記して感謝申し上げたい。

　最後に本書の上梓に向けて支えてくれた"家族"に感謝したい。両親は既に他界し，本書を手に取ることはできない。それが本当に残念でならない。しかし，いつも筆者の心の中にいる。支え続けてくれている。何のために生きるのか。どう生きるのか。何のための学問か。誰がために研究するのか。道を逸れそうになる度に，その原点に立ち返らせてくれる偉大な存在である。本書は両親が生き抜いた証である。そして最大の理解者，同志である妹・則子の存在は研究を行う大きな原動力となっている。両親とは早くして別れることになったが，その代わりに広田　裕，寿美枝夫妻，橋本　敕，美智子夫妻，山本高広氏，喜多真由美氏，Yoko Pettus氏をはじめ，多くの方々から深い愛情と理解を頂いている。皆様に支えられ本書を上梓することができた。その御恩にどのように報いることができるのか。容易に答えをみつけることはできない。研究を通じて，勇気を生み出し，他者と希望を分かち合うことができる人材へと成長すること，それが筆者の決意である。

　本書がグローバル人的資源管理研究の一助になれば望外の喜びである。

2014年2月

笠原　民子

【目次】

● まえがき

序章　本書の目的と構成

　　はじめに ··· 1
　　1. 本書の問題意識と課題 ·· 2
　　2. 本書の研究方法 ··· 8
　　3. 本書の位置づけと本書における主要概念のとらえ方 ······························ 10
　　　　3-1. 日本企業のIHRM研究をHRMシステムという視点からとらえる意義 ······· 10
　　　　3-2. 本書における主要概念のとらえ方 ·· 13
　　4. 本書の構成 ·· 21

第 I 部　理論的考察

第1章　GHRM研究の特徴と位置づけ
　　　　　－国際人的資源管理研究の発展系譜を踏まえて－

　　はじめに ··· 28
　　1. IHRM研究台頭の背景 ·· 28
　　2. IHRM研究の台頭：1980年代における初期のIHRM研究 ····················· 33
　　　　2-1. HRM研究とIHRM研究の差異 ··· 33
　　　　2-2. 海外派遣者を対象とした研究 ·· 34
　　　　2-3. HRMの比較研究 ·· 37
　　3. 近年のIHRM研究におけるグローバル統合・現地適応の議論：1990年代以降 ··· 40
　　　　3-1. IHRMへの制度的同型化の与える影響に関する研究 ······················· 40
　　　　3-2. MNCsの国際戦略とHRMとの関係性をとらえる研究：SIHRM研究の台頭 ··· 44

4. IHRM研究からグローバル企業のHRMへ······50
　　　　4-1. GHRM研究の特徴及び研究の位置づけ······50
　小括······56

第2章　日本企業における経営現地化の諸課題

　はじめに······60
　1. 経営現地化に関する議論······62
　　　1-1. なぜ経営現地化が求められるのか······62
　　　1-2. 日本企業を対象とした経営現地化の規定要因······65
　2. 日本企業のIHRMの特質がもたらす経営現地化の諸問題······69
　3. 経営現地化に向けたHRMシステムの諸課題······71
　　　3-1. 日本的HRMの海外子会社への適用可能性に関する議論······71
　　　3-2. 日本企業の海外子会社におけるIHRMの諸課題······75
　小括······77

第3章　日本企業のIHRMのグローバル化
　　　　　－HRMシステムのグローバリゼーション－

　はじめに······80
　1. HRMシステムのグローバリゼーション1：職務等級制度及びヘイ・システムの活用······81
　　　1-1. アメリカ企業における職務等級制度活用の背景······81
　　　1-2. ヘイ・システムの特徴とMNCsで活用されている理由······82
　2. HRMシステムのグローバリゼーション2：コンピテンシーマネジメントの活用······89
　　　2-1. コンピテンシーマネジメント：コンピテンシー概念並びにアプローチの進展プロセス······89
　3. コンピテンシーマネジメントの理論的フレームワーク······97
　　　3-1. Spencer and Spencer（1993）によるコンピテンシーマネジメントのフレームワーク······97

3-2. Spencer and Spencer（1993）の研究の貢献点 ························ 102
           3-3. コンピテンシーマネジメントの意義とその限界 ····················· 103
     小括 ·· 105

第4章　成果主義HRMに関する懐疑論の批判的検討

     はじめに ··· 109
     1. 日本企業におけるGHRMシステムへの改革に関する議論の流れ ············ 110
           1-1. 第1期（1990年前後） ··· 110
           1-2. 第2期（バブル崩壊後） ··· 112
           1-3. 第3期（2000年以降）：成果主義HRMシステムに関する議論の混乱
                ·· 113
     2. 成果主義HRMに関する懐疑論の批判的検討 ······································ 114
           2-1. 成果主義HRMとは：成果主義の定義と目的，成果主義と能力主義の
                差異 ··· 114
           2-2. 懐疑論の論点 ··· 116
           2-3. 成果主義HRMシステムの形成プロセス ································ 120
     3. 日本企業におけるGHRMシステムの構築における検討課題 ················ 124
     小括 ·· 132

第Ⅱ部　実証的考察

第5章　武田薬品工業におけるGHRMシステムの導入・構築プロセス

はじめに 138
1. 医薬品業界の動向 140
2. 武田薬品におけるHRMシステム改定 144
    2-1. 武田薬品の概要並びに改革当時の武田薬品の窮状 144
    2-2. 失敗に終わったHRMシステム改定（1993年）............ 145
3. グローバル競争を念頭に置いたGHRMシステムへの改革（1994年以降）
    149
    3-1. GHRMシステム改革の位置づけ 149
    3-2. GHRMシステムの導入とその改革プロセス 151
4. 考察結果 163
小括 166

第6章　オムロンにおけるGHRMシステムの導入・構築プロセス

はじめに 172
1. オムロンの会社概要並びにグローバル市場を念頭に置いた長期ビジョン
   GD2010 173
2. オムロンにおけるGHRMシステムへの改革 179
    2-1. GHRMシステムへの改革が行われた背景 179
    2-2. GHRMシステムの概要 180
    2-3. GHRMシステムの導入とその改革プロセス 184
3. 考察結果 192
    3-1. ケーススタディの考察結果と発見事実 192
    3-2. 武田薬品工業並びにオムロン2社のケーススタディからの発見事実 ... 197
小括 199

第7章　日本企業におけるGHRMシステムの実証分析

　はじめに 202
　1. 概念モデルの構築及び仮説の導出 203
　　　1-1. MNCsにおけるGHRMシステムの概念モデル 203
　2. 方法 218
　　　2-1. データ 218
　　　2-2. 測定尺度 220
　3. 結果 223
　4. 考察 227
　小括 229

終章　結論と残された課題

　1. 主要な結論の要約 233
　2. 理論的インプリケーション 237
　3. 実践的インプリケーション 239
　4. 本書に残された課題 240

● 引用・参考文献 242
● 資料：質問調査票 275

【図・表番号　タイトル一覧】

表i	日本企業の海外現地法人数ランキング	3
図i	本書における主要概念間の関係性	15
図ii	GHRMシステム，HRMポリシー，HRMプラクティスの関係性（a）（b）	17
図iii	GHRMシステムのインフラストラクチャーとしての機能イメージ	19
図iv	グローバル戦略とGHRMとの関係性に関する概念イメージ	20
図v	本書における章構成（関係図）	22
図1-1	国際人的資源管理のモデル	34
図1-2	海外子会社に対する4つの同型化への圧力	43
図1-3	Schuler et al.（1993）のSIHRMの概念フレームワーク	45
図1-4	Taylor et al.（1996）のSIHRMモデル	47
図1-5	IHRM研究の位置づけ	49
図1-6	GHRM研究の位置づけ	55
図2-1	日本企業の海外派遣者数の推移	65
表2-1	日本企業における日本人派遣者活用の規定要因	68
図2-2	多国籍企業における人材構成とキャリア	74
図3-1	ヘイ・グループの提供するサービス及びその提供プロセスの概要	84
図3-2	ヘイ・システムの全体図	85
表3-1	ヘイ・システムの給与体系モデル	86
表3-2	ヘイ・システムにおける昇給ガイド	87
表3-3	Boyatzis（1982）によるコンピテンシーの分類	95
図3-3	Spencerら（1993）によるコンピテンシーの概念図	99
表3-4	Spencerら（1993）による技術者・専門職の一般的なコンピテンシーモデル	101
図4-1	GHRMシステムへの改革における3つの段階	130
表5-1	国別にみた医薬品業界の市場規模（2000年〜2001年9月）	140
表5-2	世界の大手医薬品メーカーランキング（2000年度）	142
表5-3	武田薬品の従業員の推移	144
表5-4	職能資格等級と職責ランクとの関係図	148
表5-5	GHRMシステムへの改革の流れ	153
表5-6	経営幹部，組合員の評価概略	155

表5-7	経営幹部の職務等級分布	155
図5-1	経営幹部を対象とした評価・能力開発の仕組み	156
図5-2	APS評価の概念図	157
表5-8	リーダーシップコンピテンシーのレベル	159
図5-3	営業所長のコンピテンシーモデル	159
図5-4	組合員を対象とした評価の仕組み	160
表5-9	営業職（MR）の職務等級格付けの例	161
表5-10	営業職（MR）のACE評価例	162
図6-1	オムロンの売上高推移	173
図6-2	オムロンにおける従業員数の推移	174
表6-1	海外事業拠点の概要	175
図6-3	オムロンの組織図	176
図6-4	オムロングループ全体の売上高構成比	176
表6-2	オムロングループの主要な商品，事業に関する概略表	177
表6-3	海外従業員数の推移	178
図6-5	オムロンにおけるグローバル人事体系ガイドラインの概念図	182
表6-4	オムロンにおけるGHRMシステムへの改革の概略	184
図7-1	本分析の概念モデル	204
図7-2	Porter（1986）による価値連鎖の概念図	205
図7-3	Porter（1986）による国際戦略の類型	206
表7-1	Kopp（1994）による日・米・欧のMNCsにおけるHRMプラクティスの実施状況	209
表7-2	質問調査回答企業の度数分布表	220
表7-3	国際戦略尺度に関する因子分析結果（主因子法，バリマックス回転後）	221
表7-4	GHRMシステムの構成要素の質問項目に関する度数分布表	222
表7-5	成果の質問項目に関する度数分布表	223
表7-6	階層的重回帰分析結果：国際戦略及びGHRMシステムの構成要素が成果に与える影響	225
図7-4	活動の調整と価値の共有が成果に与える交互作用効果	226
図7-5	活動の配置と手続的公正性が成果に与える交互作用効果	226
表7-7	本実証分析で使用された変数間の相関係数	232
添付資料	質問調査票	275

序章

本書の目的と構成

はじめに

　多国籍企業（Multinational Corporations；以下，MNCs）の競争優位の源泉は，知識，技術，それらを用いたイノベーション活動等にあるとされ，さまざまな見地からその本質をたどっての議論が展開されている。しかし，それらの資源やそれらを用いた活動は，雇用する人材をどのようにマネジメントするか，という国際人的資源管理（以下，IHRM：International Human Resource Management）の問題に帰結する。国内企業と対比した場合，MNCsには，多様なバックグラウンドを持つ人材を雇用し，マネジメントするという複雑性に対処しなければならないという特徴がある。その複雑性に対処し，グローバルなプレゼンスを最大限に活かすことが，MNCsの強みとなる。したがって，MNCsが雇用する人材をどのようにマネジメントするか，という問題は，MNCsが競争優位を構築する上で欠くことのできないキーファクターとなる。

　われわれの研究の大きな目的は，グローバル経営を遂行するMNCsの競争優位はどのように構築されるのかということについて，IHRM研究及びグローバル人的資源管理（以下，GHRM：Global Human Resource Management）研究という研究領域から明らかにすることにある。換言すれば，"グローバル経営を遂行するMNCsは，どのように多様なバックグラウンドを持つ人材をマネジメントし，競争優位を生み出すのか"，を問うことである。ただし，この研究関心は幅広く，本書で全てを扱うことはできそうもない。そこで，本書では，さらに研究対象を限定し，日本企業本社のGHRM（IHRM

のグローバル化）という問題について，"HRMシステム"という視点から上記の問題に接近することを試みている。

このように研究対象を設定することにより，本書は，日本企業がグローバル市場で競争優位を構築するためのGHRMはどうあるべきかという課題に対して部分的にではあるが解明することができた。グローバル経営及びグローバル戦略の遂行を支えるGHRMには，多様なバックグラウンドを持つ人材（グローバルマネジャー，グローバル人材，グローバルリーダー）をマネジメントすることを可能とする，"グローバルな適用可能性を持つ"HRMシステムを構築し，活用することが重要となる。これが本書で一貫して主張している点であり，本書を手に取ってくださった皆様に最も伝えたいメッセージである。GHRM研究はまだ緒に就いたばかりであり，その理論化，概念化が試みられている段階にある。本書では，日本企業本社のHRMシステムのあり方に焦点を絞って議論を展開しているが，グローバル経営を遂行する欧米企業を対象とした場合，グローバルな適用可能性を持つHRMシステムはすでに構築・活用されている。それら欧米企業では，MNCグループとしてどのように競争優位を構築するのか，という観点から，HRMプラクティスのあり方（デザイン，マネジメント）に関心が寄せられている。しかし，われわれは，先述した大きな研究課題を明らかにする第一歩として本書を位置づけているため，本書では，日本企業に対象を絞り，議論を展開していく。

1. 本書の問題意識と課題

MNCsを対象とするIHRM研究は，1980年代以降に台頭した。1990年代に入ると，MNCsのグローバル市場でのビジネス展開が本格的に行われるようになったことを背景に，GHRM研究が展開されるようになってきた。第1章で詳しく考察するが，IHRM研究とGHRM研究の差異については今のところコンセンサスは十分に得られていない。本書は，IHRM研究の発展系譜を踏まえて，GHRM研究の特徴を，"グローバル経営の遂行という観点からHRMのあり方を検討しようとする点"に求めている。つまり，グローバ

表 i　日本企業の海外現地法人数ランキング

順位	企業名	海外拠点数	上位進出国（現地法人数）			海外売上高比率
			1位	2位	3位	
1	パナソニック	260	中国(67)	マレーシア(23)	アメリカ(22)	48.09%
2	ダイキン工業	149	中国(31)	アメリカ(14)	マレーシア(12)	61.06%
3	ホンダ	138	アメリカ(24)	中国(14)	タイ(12)	88.08%
4	東芝	106	中国(28)	アメリカ(14)	台湾(6)	45.49%
5	ソニー	102	アメリカ(44)	中国(10)	韓国、タイ(4)	67.60%
6	デンソー	97	中国(21)	アメリカ(14)	タイ、インド(6)	48.01%
7	YKK	89	中国(14)	アメリカ(6)	シンガポール、香港(中国)(4)	非上場
8	ジェイテクト	88	中国(19)	アメリカ(11)	フランス(8)	49.24%
9	三菱電機	86	中国(18)	タイ(9)	アメリカ(9)	33.53%
10	三菱重工業	82	中国(17)	アメリカ(15)	タイ(7)	44.78%
10	日産自動車	82	中国(8)	インド(6)	タイ、イギリス、他(5)	65.59%

出所：海外進出企業総覧 会社別編(2012)，海外売上高比率は2013年6月時点での各社の財務諸表より筆者作成。

ル戦略とHRMとの関係性を重視し，HRMのグローバル統合・現地適応の"論理"の解明に力点を置くものとしてとらえている。

　本書がGHRM研究の視点から考察する理由は以下の通りである。第1は，MNCsを対象とするIHRM研究では，必ずしも"グローバル経営"という観点からIHRMの役割が考察されていないことである。今日のMNCsは，すでに構築したグローバルなプレゼンスにもとづきビジネス展開を図っているにもかかわらず，である。日本企業の国際ビジネスの現状についてみてみよう。

　表 i は，大手日本企業の現地法人数ランキング及び海外売上高比率を示したものである。海外現地法人数が最も多いのは，パナソニックで260拠点，その内67拠点は中国に所在している。2位のダイキン工業は149拠点を持ち，その内31拠点が中国にある。3位はホンダの138拠点であり，アメリカに24拠点，中国に14拠点を保有している。表 i のランキングで共通している傾向は，アジア市場，特に中国に多くの拠点を構えていることである。また，海外売上高比率でみると，最も高いのは，ホンダの88.1%であり，次に高いのはソ

ニーの67.6％，続いて日産自動車の65.6％である。このように，大手日本企業は，すでに海外市場に多くの拠点を持ち，ビジネス展開を図っている現状が窺える。これら企業は，グローバルな競争優位を構築するために，外国籍人材をどのようにマネジメントするか，ということを真剣に問わねばならない段階にあるといえるだろう。

　話を元に戻そう。MNCsの内部の人材には，本社の所在する国の従業員（本国籍人材：PCNs：Parent-Country Nationals），海外子会社の所在する国の従業員（現地国籍人材：HCNs：Host-Country Nationals），PCNsでもHCNsでもない第三国籍人材（TCNs：Third-Country Nationals）が含まれる（Morgan, 1986）。IHRM研究では，このような多様な国籍からなる人材を雇用し，マネジメントすることを前提においている。しかし，先行研究では，必ずしもHCNs，TCNs人材のグローバルな規模での育成，活用という点は十分に検討されているとはいえない。つまり，グローバルに活躍する人材として，海外派遣者，特にPCNsを対象とする海外派遣についての考察に専ら関心が寄せられているのである[1]。しかし，特定の人材のみにグローバル経営・グローバル戦略の遂行を期待するというマネジメントは，グローバル企業にとってもはや最重要課題ではない。今日のMNCsにとって，多様なバックグラウンドを持つ人材，すなわち，HCNs，TCNs人材の能力を最大限に活用することがグローバルな競争優位を構築する上で喫緊の課題となっている。

　第2は，IHRM研究，特に日本企業を対象とした研究では，日本企業の特殊性が十分に検討されていないこと，つまり，日本企業で活用されてきたHRMシステムの役割が看過されていることである。日本企業は本国の生産システム等を海外子会社に移転し，国際化を果たしてきた（e.g., 金原, 1988；吉原, 1989, 1996；安保・板垣・上山・河村・公文, 1991；安室, 1992）。本国の文化的・社会的要素を反映するHRMシステムやプラクティスは，主に海外生産拠点を中心に移転され（e.g., Beechler and Yang, 1994），日本企業は，現地環境に最適ではないHRMシステムやプラクティスを変化させようとはしていないと海外研究者に指摘された（e.g., Kopp, 1999；Pucik, 1999）。その理由として，多様な人材を育成し，活用することが喫緊の課題となっているにもかかわらず，欧米MNCsと比較して，日本企業では，

多国籍企業グループとして経営幹部層を対象に，本社—海外子会社間で"グローバルな規模で標準化された"HRMシステムが十分に構築されておらず，PCNsを中心としたマネジメントが本社及び海外子会社において行われている，ととらえられてきたことを指摘することができる（e.g., Kopp, 1994）。先行研究では，主に採用，配置，教育訓練，評価，報酬等のHRMプラクティスの役割に関心が寄せられ，日・米・欧企業（本社—海外子会社間）との比較研究が行われている。しかし，上述した理由から，日本企業の本社—海外子会社間で活用されているHRMシステム及びプラクティスは必ずしもグローバル経営，グローバル戦略の遂行という観点から"一貫したマネジメント"として行われているとはいえない可能性がある。多様な人材を育成・活用し，一貫したマネジメントを行うためには，HCNs，TCNsの理解と納得性を高めることのできるグローバルな適用可能性の高いHRMシステムを構築する必要がある。海外子会社のHRMのあり方は，本社の意向に左右されると考えられるため（e.g., 金原，1988），日本本社のHRMシステムの実態及び課題を把握することが重要となる。

　日本企業のGHRMという問題を解明するために，本書では，以下の3点について考察することを目的とする。

①グローバルな適用可能性の高いHRMシステムの特徴と役割

　HRMシステムという用語は，先行研究において，HRMプラクティスの総体を示す言葉として使われることが多いように見受けられる。しかし，本書では，HRMプラクティスの総体というよりもむしろ，HRMプラクティスの基盤となり，従業員の評価や格付けの方法を決める人事制度（今野，1996, pp.18-19）としてとらえている。HRMシステムは，従業員に何が期待されているのかを示す共通の枠組みであり，従業員に求められる適切な反応や行動を理解させるシグナルを送る役割を果たすものである（Bowen and Ostroff, 2004, p.204）。HRMシステムには，職能資格制度と職務等級制度の2種類があるとされているが，これらのHRMシステムは異なる論理から成り立っているため，活用するHRMシステムによって，HRMプラクティスに対する考え方やその活用の仕方，さらには従業員に求める適切な反応や行

動(e.g., Bowen and Ostroff, 2004)も異なってくると考えられる。

　しかしながら，IHRM研究及びGHRM研究の先行研究では，HRMポリシー，プラクティスのあり方が検討されている一方で，MNCsの活用するHRMシステムの"システム"としての機能・役割に関して十分な考察が行われていない。HRMシステムのシステムとしての機能・役割とは，①MNCsのグローバル経営・グローバル戦略の遂行に向け，多様な人材を雇用，育成し，国籍を問わず彼らの能力を活用する機会を平等に提供し，彼らの能力を最大限に生かすためのシステムとしての機能・役割であり，②MNCsがグローバル経営を遂行する上で，知識や技術，それを保有する人材の拠点間（本社―海外子会社間，海外子会社間）の配置・異動を行うためのインフラストラクチャーとしての機能・役割にある，と本書では考えている。拠点間の人材の配置・異動（知識の移転，共有）を行うためには，異動する人材の識別，人材配置，人材の能力開発・キャリアプロセス，評価，処遇等に関して公平性を担保することが必要となる（e.g., Dickmann and Baruch, 2011, p.36）。グローバル市場でビジネス展開を図る上で，MNCグループとして，グローバル経営・グローバル戦略の遂行という観点から"一貫した"HRMシステムを活用することは，競争優位を構築する上で間違いなく重要課題の1つとなる。

　日本企業のIHRM上の課題として多くの先行研究で指摘されていることは，経営現地化問題である。経営現地化問題に関する考察は，HRMプラクティスの観点から数多くなされている。しかし，本書では，日本企業が本社及び海外子会社で活用しているHRMシステムは，グローバルな適用可能性が低いために，海外子会社において多くの摩擦を起こしていると考えている。つまり，HCNs，TCNsに対して，理解と納得性を高めることのできるHRMシステムがうまく構築，活用されていないために，経営現地化の進展が十分に進まず，また拠点を超えた人材の配置，キャリア開発，教育訓練等のHRMプラクティスが十分に機能しない，あるいはそれらのプラクティスを活用していたとしてもHRMプラクティス間での整合性が十分に図られていないため，経営現地化問題の解決に繋がっていないのではないかと推測している。経営現地化は，グローバル企業へと発展するために必要な"プロセス"であり，

主要なポジションにHCNs及びTCNsが配置され，彼らが経営幹部層として"実質的に活用"された時に初めて，日本企業は，海外子会社に従事する人材に，グローバル企業へと変わったのだという証を示すことができるのではないだろうか。これがHRMシステムという視点から日本企業のGHRMという問題をとらえる第1の目的である。

②日本企業におけるグローバルな適用可能性の高いシステムへの改革の階層構造側面

　1990年代以降，多くの日本企業においてグローバルな適用可能性の高いHRMシステムへの改革が行われた。具体的には，従来活用してきた職能資格制度から職務等級制度をベースとするコンピテンシーマネジメントの活用への改革である。HRMシステム改革に関する先行研究の多くは，職務等級制度及びコンピテンシーマネジメントの制度それ自体に関する議論及び規範論を展開している。それらのHRMシステムが注目され始めた当時は，従来の制度と比較し，職務等級制度等自体の特徴を検討する意義は大きかった。しかし，グローバル経営が理想ではなく現実の課題となっている今日，HRMシステム自体を対象とする議論はそれほど意味をなさなくなっているのではないか。つまり，今日明らかにすべきことは，それらのHRMシステムをどのように"機能させるか"という視点であり，グローバル経営の遂行を支えるHRMシステムとして"何を担保しなければならないか"ということにあると考えられる。にもかかわらず，日本企業における成果・能力を勘案したHRMシステム（成果主義HRM）の活用については，根強い懐疑論が展開されている。本書では，成果主義HRMに対する批判的見解を示す研究を懐疑論と位置づけている。それらの議論では，欧米文化にもとづいた成果主義HRMシステムは，日本企業には適さない，HRMシステム自体に問題があるとの前提にもとづいた見解が示されている。しかし，これら懐疑論の問題点は"グローバル競争"という変数を考慮していないことにある。そのため，HRMシステムの善し悪しに関心が寄せられ"平面的"な議論しか展開されていない。本書では，成果主義HRMシステムをうまく活用できない理由は，HRMシステム自体に問題があるというよりも，HRMシステム改

革を行う企業が成果主義HRMシステムをどのように"導入"し，どのように"運用"するか，という点にあると考えている。したがって，成果・能力を観察したHRMシステムに対する懐疑論や，グローバル市場でビジネス展開を図るMNCsのHRMシステムはこうあるべきであるとの規範論には，実際にどのように機能させるか（導入，運用を図るか）というHRMシステムの"階層構造側面"に対する認識が不足しているといえるだろう。ましてや，日本企業本社及び海外子会社においてこれまで活用されてきたHRMシステムは，日本的経営システムと共に発展してきたという経緯がある（e.g., 金原，1988；安保他，1991）。そのため，HRMシステムだけを改革しても，うまく機能しないということは想像に難くない。

③MNCsの国際戦略，HRMシステム，成果の三者間の関係性

　先行研究では，国際戦略，HRMプラクティス，成果の三者の関係を明らかにすることを目的とした実証研究が重ねられている。しかし，本書では，GHRM研究の特徴を踏まえ，戦略適合の立場から，日本企業を対象に，MNCsの志向する戦略が，HRMシステムの構成要素及び成果にどのような影響を及ぼすのかということについて，これら三者の関係を実証的に考察する。グローバル経営の遂行を支えるHRMシステムとして担保されるべき要素とは何かを明らかにすること，これが本書の第3の研究目的である。

　本書では，HRMシステムという視点から，これら3点を明らかにすることが，IHRM研究，GHRM研究，特に日本企業を対象としたそれら先行研究との"リサーチギャップ"を埋めることに繋がると考えている。

2. 本書の研究方法

　以上の3つの目的を明らかにするために，本書では以下の研究方法を採用した。まず，第1の目的であるHRMシステムという視点から日本企業のGHRMの問題を解明することに対しては，IHRM研究，GHRM研究に関連する先行研究を幅広くレビューすることにより，これまで培われてきた知見

を得るとともに，それらとのリサーチギャップを探索することに努めた。また，本書ではMNCsのグローバル経営，グローバル戦略のあり方も考察対象としているため，IHRM研究の範疇に限らず，グローバル経営・ビジネス関連書籍，戦略論，知識経営論，ナレッジ・マネジメント等の先行研究のレビューも行い，さまざまな角度から日本企業のGHRMへの問題を解明するよう努めた。

　文献レビューを踏まえて，第2，第3の目的を明らかにするために，本書では，質的アプローチ，量的アプローチを採用した。これらを統合して活用することにより，知見の妥当性を高めること（トライアンギュレーション）やそれぞれのアプローチが持つデメリットを補うことが可能となる（Punch, 2005, 邦訳, pp.340-341）。本書では，GHRMシステム自体の考察というよりも，むしろ，グローバル経営という文脈において"なぜ"GHRMシステムが必要となるのか，さらに，それを"どのように"機能させるか，という点に大きな関心を持っている。そのため，本書第5章，第6章では，日本企業2社を取り上げ，説明的ケーススタディを行った（e.g., Yin, 1994）。なぜならば，本書のような視点からの学術的考察は十分に行われているとはいえない状況にあるからである。質的アプローチは，「文脈や過程，生々しい経験，現場での根拠づけ等に敏感であり，調査者が研究されている対象そのものに，できるだけ近づこうと試みるのに適した手段である」（Punch, 2005, 邦訳, p.334）。このような柔軟性を持つ一方で，質的アプローチは，収集できるサンプル数が少ない，量的アプローチに比べて再現性に欠ける等の問題があることが指摘されている。他方，量的アプローチは，「質的アプローチが抱えるこれらの問題点を補い，変数及び変数同士の世界に移しかえることによって，リアリティを概念化するのに適した手段である」（Punch, 2005, 邦訳, p.334）。質的アプローチの抱える諸課題を踏まえて，第7章では実証分析を行った。このように，本書では，両アプローチを活用することにより，外的妥当性を高めるよう努めた。

3. 本書の位置づけと本書における主要概念のとらえ方

3-1. 日本企業のIHRM研究をHRMシステムという視点からとらえる意義

　HRMシステムには，職能資格制度と職務等級制度の2種類があるとされている。職能資格制度とは，従業員の保有能力（職務遂行能力）に着目し，その能力に応じて従業員を格付けし，給与を支払う制度である。日本企業固有の制度として考えられており，その名称や運用は各企業によって異なる（宮本，1999, p.74）。他方，職務等級制度とは，従業員の遂行する職務を注視し，その職務に対して格付けを行い，給与を支払う制度である。

　このように，HRMシステムによって，"人"を重視するのか，"職務"を重視するのかは異なる。したがって，活用するHRMシステムによって，HRMプラクティスに対する考え方やその活用の仕方，さらには従業員に求める適切な反応，行動（e.g., Schuler et al., 1993；Bowen and Ostroff, 2004）も異なってくると考えられる。にもかかわらず，IHRM研究及びGHRM研究の先行研究の多くでは，MNCsの活用するHRMシステムの"システム"としての役割や機能という観点からの考察は十分に行われてはいない。[2] 以下では，Pudelko and Harzing（2011）の研究を取り上げ，なぜ本書がHRMシステムという視点から日本企業のGHRMをとらえるのか，その必要性について指摘したい。

　大規模な量的調査にもとづき，他国との比較研究を通じて，日本企業のIHRMの特徴を考察した研究としてPudelko and Harzing（2011）をあげることができる。彼らは，今日の日本企業のHRMモデルが，アメリカ企業とドイツ企業のどちらのHRMモデルの方向性へ改革されているのかを明らかにすることを目的に，日・米・ドイツ企業の本社，海外子会社双方の視点から実証研究を行っている。彼らは，日本企業本社は米国企業のモデルを志向しつつあり，日本企業の在米・在独海外子会社のHRMは，本国のHRMプラクティスの活用を取りやめて，アメリカ企業のHRMプラクティスの活用に近づいている特徴があると指摘する。本書の考察対象は，日本企業本社におけるGHRMであるため，ここでは海外子会社のIHRMについての彼等の

議論は取り上げない。

　Pudelko and Harzing (2011) は，HRMシステムという言葉を使用しているものの，その考察対象はHRMプラクティスの比較であり，日本企業におけるHRMシステムの実態（HRMシステム改革が行われている現状）について，十分に把握し，取り上げてはいない。そのため，日本企業本社におけるHRMモデルは米国企業のモデルに近づきつつあるという解釈についての違和感（現実とのギャップ）を否めない。

　例えば，第1に，なぜ日本企業は，ドイツ企業ではなく，アメリカ企業のHRMモデルに近づきつつあるのかという点について，彼らはドイツ企業のHRMプラクティスはアメリカ企業のそれにより近づいているからだと指摘する（Pudelko and Harzing, 2011, p.51）。しかし，彼らは，なぜドイツ企業がアメリカ企業のHRMモデルに近づきつつあるのかということについては説明していない。第2に，彼らは，在米日本子会社ではアメリカ企業のHRMプラクティスが活用されており，日本本社でアメリカ企業のHRMモデルを志向するようになったのは，海外子会社から日本本社へ企業のHRMプラクティスの逆移転が行われたからであると解釈している。しかし，なぜ，どのように海外子会社から本社へのHRMプラクティスの逆移転が行われたのかという点についても，彼らは十分な説明をしてはいない。

　ここで1つ指摘することができることは，コンサルティング・ファームの存在とその役割である。次節で詳しく考察するが，1990年代以降，日本企業本社においてグローバル競争への対応という観点から長年活用してきた職能資格制度から職務等級制度へとHRMシステム改革が行われており，それを取り上げる研究は少なくない（e.g., 笠原・西井，2005；樋口，2006；安田，2007）。特にグローバルなビジネス展開を念頭に置いた日本企業では，多くの場合，人事系コンサルティング・ファームの支援を受けて，HRMシステム改革が行われている。これらの状況を考慮すると，第1のなぜ日本企業及びドイツ企業のHRMモデルがアメリカ企業のそれに近づきつつあるのか，という解釈として，グローバル企業としてビジネスを展開するにあたり，コンサルティング・ファームの提供する人事関連サービスを利用し，グローバルに適用可能性の高いHRMシステム及びHRMプラクティスが日本企業，

ドイツ企業で活用されている，という見解を示すこともできる。さらに第2の海外子会社から日本本社へのHRMプラクティスの逆移転が行われたという点については，逆移転というよりも，先に在米日系海外子会社は，現地企業で活用されているHRMシステム（職務等級制度）及び現地企業のHRMプラクティスへの現地適応を進めており（e.g., 林，1988），日本企業本社でグローバル市場を念頭においたHRMシステム及びHRMプラクティスの構築の重要性の認識が高まり，コンサルティング・ファームの支援を受けながらそれらの構築が進められた，という解釈も成り立つ。

このように，欧米研究者を中心としたIHRM研究において，HRMシステムという観点からの考察が少ない理由として，欧米系企業では，職務等級制度が主として活用されており[4]，取り立ててHRMシステムに注目する必要性がないという実情があるのかもしれない。他方，日本企業では，職能資格制度から職務等級制度へと論理の異なるHRMシステムへの改革が行われているため，HRMシステムの役割への関心は高いと考えられる。

他方，日本人研究者による日本企業のIHRM研究においても，HRMシステムという観点からの研究は十分に蓄積されているとはいえない。HRMシステムという観点から日本企業のIHRM問題を明らかにした代表的な研究として安室（1992）をあげることができる。しかし，安室（1992）を除いて，日本企業のIHRMの課題に対してHRMシステムという切り口から取り上げている研究はほとんど見当たらない現状にある。HRMシステムという観点から日本企業のグローバル化をとらえると，立ち遅れた現状にあることが明白となる。

このように，本書では，HRMシステムに注目するが，その意義については以下のように整理することができる。第1に，HRMプラクティスは，HRMシステムを基盤として運用されるため，IHRMのグローバル化を図る上では，グローバルに適用可能性の高いHRMシステムを活用する必要があることである。林（1988）は，海外子会社における日本企業のHRMについて，海外子会社の置かれている環境によって，現地化されているかあるいは大きな修正が加えられていると指摘する。しかしながら，林（1988）の研究では，能力に応じた職務給が採用されていたとしても，そこに年功給が加味

されていたり，年功的な昇進が行われている，すなわち全人格的な評価を捨てきれない企業側の思いがあることを明らかにしている。林（1988）の研究は，HRMプラクティス（上記の例でいくと報酬，評価）を部分的に変更したとしても，その基盤となるHRMシステム，すなわち従業員の評価や格付けに対する"論理"が変わらなければ，HRMプラクティスに対する企業側の考え方，その運用方法や従業員の行動は根本的に変わらないことを暗示している。さらに，SHRM研究やSIHRM研究の視点から考えると，HRMプラクティスの部分的な変更は，他のHRMプラクティスとの不整合（inconsistency）を引き起こし，企業業績や競争力の向上を阻害することに繋がる可能性がある。したがって，本書では，職能資格制度，職務等級制度というHRMシステムの観点から日本企業のIHRMのグローバル化という問題を扱う。

　第2の意義は，HRMシステムは，グローバル企業がグローバル経営を遂行する上で，知識や技術，それを保有する人材の拠点間（本社―海外子会社間，海外子会社間）の配置・異動を行うためのインフラストラクチャーとしての機能役割を担うと考えられるからである（e.g., Bartlett and Ghoshal, 1989；Rosenzweig, 2006；白木, 2006；Dickmann and Baruch, 2011；Kasahara and Nishii, 2013a；笠原・西井, 2013）。拠点間の人材の配置・異動を行うためには，グローバルマネジャーとして配置され，異動する人材の識別，人材配置，人材の能力開発・キャリアプロセス，評価，処遇等の点に関して公平性を担保することが必要となる（e.g., Dickmann and Baruch, 2011, p.36）。したがって，日本企業では，本社―海外子会社間，さらには海外子会社間でのHRMシステムの標準化の程度はおそらく低い状況にあり，これが日本企業の抱えるIHRMの諸課題と深く繋がっているのではないかとわれわれは考えている。

3-2. 本書における主要概念のとらえ方

　本書では，GHRM研究の特徴を，グローバル市場でビジネス展開を行うMNCsを対象としており，グローバル経営の遂行という観点からHRMのあり方を考察すること，すなわちグローバル統合，現地適応の論理を明らか

にすることにあるととらえている。ここで，本書で取り扱うGHRM及びグローバルに適用可能性の高いHRMシステムの定義を行いたい。本書では，GHRMを，「グローバル戦略の遂行に向けて，多様なバックグラウンドを持つ人材を本社及び海外子会社の主要なポストに配置し，活用することを通じて，彼らを引きつけ，能力開発し，保持（retain）することを目的にグローバルHRMプラクティス及びローカルHRMプラクティスを体系的にマネジメントすること」と定義する。

　これまで，グローバルな適用性の高いHRMシステムとの表現を用いてきたが，これ以降は，GHRMシステム（Global Human Resource Management System）という用語を用いることにする。その際，GHRMシステムは，上述したGHRMの定義を踏まえて，「多国籍企業のグローバル戦略の達成に向け，複数の国籍・文化的背景を持つ人材を雇用し，国籍を問わず人材の能力を活用するためのHRMシステム」と定義することにする。この定義には，国籍等にとらわれず，能力のある人材に対して活躍する機会を平等に提供し，彼らの能力を最大限に生かすことのできるグローバル企業としての行動姿勢も含まれる。言い換えれば，国籍等の属人的要素にもとづく偏見，本国志向主義的なHRMシステムを捨て去ることを意味する。これまでの議論を踏まえて，本書における主要概念間の関係性を示したものが図iである。

　図iは，グローバル経営，GHRM，GHRMシステムの関係性を示したものである。上述してきたように，GHRM研究の特徴は，グローバル経営の遂行という観点からHRMのあり方を考察することにある。したがって，図iでは，GHRMは，グローバル経営の遂行という観点からHRMのあり方（グローバル戦略とHRMの関係性）を考察するという意味で，グローバル経営の下位概念となっている。さらに，GHRMシステムは，GHRMを実行する上での基盤となるものとしてとらえているため，GHRMの下位概念としてとらえている。

　次に，GHRMシステム，HRMポリシー（HRM policy），HRMプラクティス（HRM practices）の関係性について述べたい。先述してきたように，GHRMシステムは，従業員の評価や格付けの方法を決めるものであり，HRMプラクティスの基盤となるものである。HRMポリシーとは，企業の人材マ

図ⅰ 本書における主要概念間の関係性

```
グローバル経営
  GHRM
  グローバル戦略と
  HRMの関係性を重視
    GHRMシステム
```

出所：筆者作成。

ネジメントに対する共通の見方や方針を表すものである。人材の獲得，育成，評価，活用，退社に至るまでの人材の諸活動全般を統合する企業の本質的な考え方を表すものであり，個別企業における人材マネジメント上の共通原理や中核理念が表現されたものといえる。しかし，HRMポリシーは明文化されることは少なく，制度として組み込まれたものでもない。むしろ明文化された個別のHRMプラクティスを計画・実行する基本路線や骨子に相当するものである。採用，配置，評価，報酬，人材開発等の諸機能の枠を越えた（ないしは総括する）人材マネジメント上の全般的な考え方を指したものとしてHRMポリシーと呼ぶ場合が多い[6]。HRMポリシーは，外部環境や戦略によって強く影響を受け，安定した市場ドメインを持つ企業等では，HRMポリシーは長期的に固定化している場合もあれば，経営戦略の変更や調整が頻繁になされる企業等では，HRMポリシーは適宜変更や修正が加えられるケースもある。

他方，HRMプラクティスとは，HRMポリシーによって方向づけられた，採用，配置，評価，報酬，人材開発などの制度化ないしは慣行化された個別HRMプラクティスそのもの，ないしはその実施状況を指すものとして考えられている。HRMポリシーとの違いは，HRMプラクティスが，採用，配置，評価，報酬，人材開発などの各個別機能の実行的側面を扱っている点にある。HRMポリシーとプラクティスは，企業の人事機能の中で相互に強く依存し，

連動している(竹内,2008a,pp.165-169)。これまでの議論を踏まえると,GHRMシステム,HRMポリシー,HRMプラクティスの関係性は図iiのように示すことができる。

図iiのピラミッド図(a)は,GHRMシステム,HRMポリシー,HRMプラクティスの関係性を階層的に示したものである。HRMシステムは,HRMプラクティスの基盤となり,従業員の評価や格付けの方法を決める(今野,1996)と考えられているため,GHRMシステムをピラミッドの底辺に置いている。その上に,明文化,制度化されないが,個別のHRMプラクティスを計画・実行する骨子となり,人材マネジメント上の全般的な考え方を指すHRMポリシーを示している。HRMプラクティスは,HRMポリシーによって方向づけられ,採用,配置,評価,報酬,人材開発等の制度化ないしは慣行化されたものと捉えられていることからピラミッドの最上部に示している。他方,(b)は,(a)の関係性を平面上に示したものである。

本書の目的は,GHRMシステムという観点から,GHRMのあり方を検討することにある。したがって,本書の考察対象(位置づけ)は,基本的に図ii中のGHRMシステムとなるが,GHRM概念も含まれる。また,本書におけるグローバル経営を遂行する上でのGHRMシステム,GHRMのとらえ方について述べたい。本書では,GHRMシステムは,知識,技術,それに伴う人材の異動を行うために"標準化"(standardization)されている必要があるとの前提に立っている。

ここで何をもって標準化されているととらえるかを述べる必要がある。例えば,日本的HRMシステムを本社―海外子会社間,海外子会社間で活用することも,1つの標準化のあり方ではある。しかし,これまでも論じてきたように,日本企業のHRMシステムはグローバルな適用可能性が低いという問題を抱えている。したがって,本書では,多様なバックグラウンドを持つ人材に対して,理解と納得性を高めることのできるGHRMシステム,すなわち,職務等級制度及びコンピテンシーマネジメントの活用を,標準化されたHRMシステムと想定する。

標準化されたHRMシステムを活用する対象は,先行研究にしたがって,マネジャークラス(経営幹部層)以上とする(e.g., Bartlett and Ghoshal,

序章　本書の目的と構成

図 ii　GHRM システム，HRM ポリシー，HRM プラクティスの関係性 (a) (b)

(a)

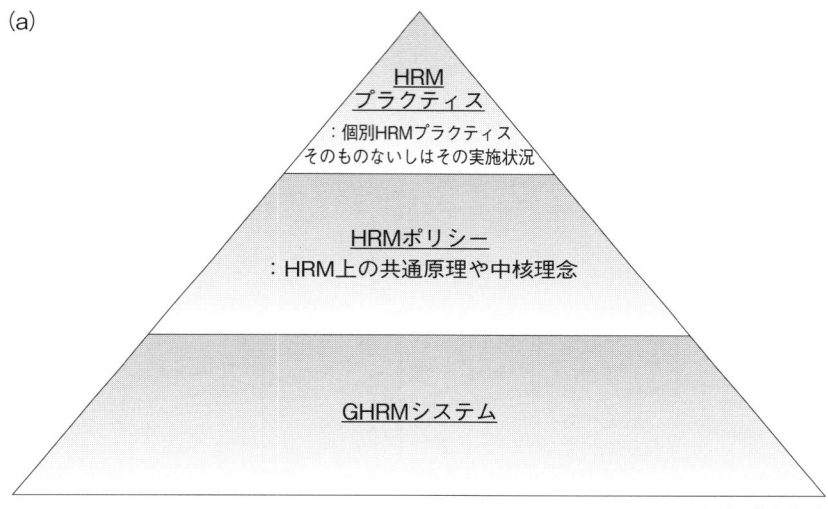

```
        HRM
      プラクティス
   ：個別HRMプラクティス
  そのものないしはその実施状況

        HRMポリシー
   ：HRM上の共通原理や中核理念

        GHRMシステム
```

出所：筆者作成。

(b)

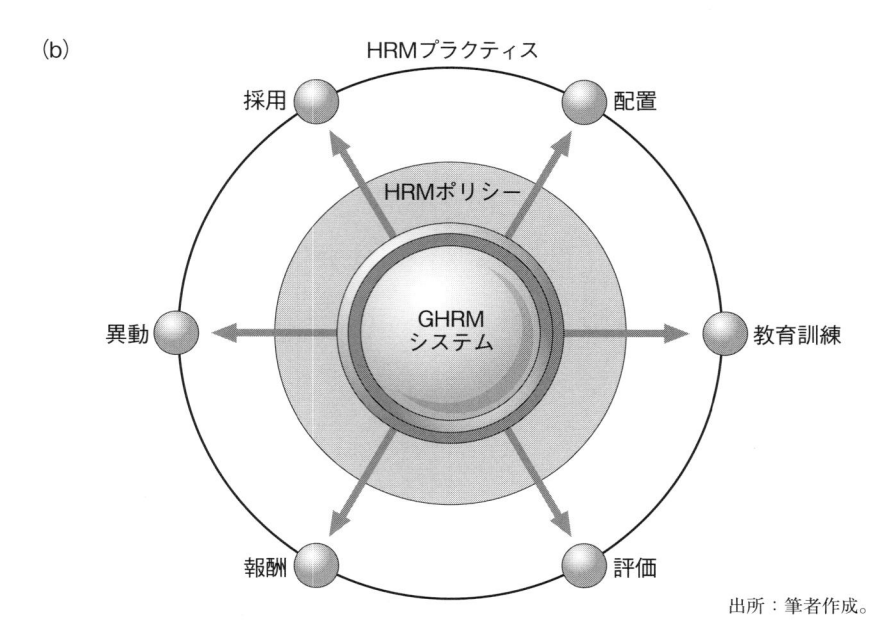

HRMプラクティス

採用　配置　教育訓練　評価　報酬　異動

HRMポリシー

GHRMシステム

出所：筆者作成。

1989；安室，1992；Björkman and Lu, 2001；Rosenzweig, 2006；Dickmann and Baruch, 2011)。なぜならば，先行研究において，経営幹部層以上の人材に主にグローバルな規模での配置（異動），キャリア開発，知識移転・共有を行う役割が期待されているからである。当然ながら，グローバルな規模での異動やキャリア開発を個人が望むか否かについての選択肢は，企業として提供すべきである。しかし，それを望まない個人，すなわち，現地子会社のみでのキャリア構築を考えている個人に対しては，グローバルな規模での異動，配置等を行う必要がないため，現地国で採用されているHRMシステム，HRMポリシー，HRMプラクティスにもとづくマネジメントを行うことに問題はないと考えられるためである。ただし，標準化されたHRMシステムを現地子会社でのキャリア構築を望むHCNsあるいはTCNsに対しても活用するか否かはMNCsの出自，グローバル戦略，ビジネス・モデルによって異なることが想定される（図ⅲ参照）。

　図ⅲは，本社―海外子会社間，海外子会社間における経営幹部層以上を対象としたGHRMシステムの機能イメージを示したものである。標準化されたHRMシステムの活用は，拠点間の人材異動，それに伴う知識移転，知識共有が行われるインフラストラクチャーとなるというHRMシステムの機能を示している。当然ながら，海外子会社から本社，あるいは他の海外子会社への人材の異動は，当該子会社に本社や他の海外子会社が必要とする知識や技術等を備えている必要がある（e.g., 白木，2006, p.268；Kasahara and Nishii, 2013a；笠原・西井，2013)。

　グローバルな規模で標準化されたHRMシステムを活用することがグローバル市場でビジネス展開を図るMNCsにとって重要であるならば，同様のHRMシステムを各国MNCsが活用した場合，どこに企業としての差別化を図り，強みを創出し，それを担保すればよいのだろうか。この点は，本書に残された今後の研究課題であるが，他社との差別化を図り，競争優位を創出し，それを担保するのは，HRMプラクティスの設計，マネジメントにあると考えている。HRMプラクティス（経営幹部層以上の人材が対象）は，各社によって，グローバルに共通化され，提供される施策もあれば，各国の現状に合わせてローカルにカスタマイズされ，提供されるHRMプラクティス

図iii　GHRMシステムのインフラストラクチャーとしての機能イメージ

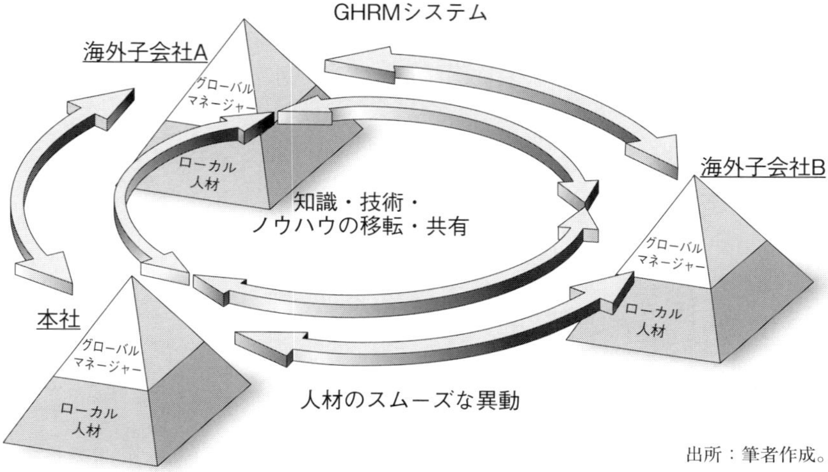
GHRMシステム
海外子会社A
グローバル
マネージャー
ローカル
人材
海外子会社B
グローバル
マネージャー
ローカル
人材
知識・技術・
ノウハウの移転・共有
本社
グローバル
マネージャー
ローカル
人材
人材のスムーズな異動

出所：筆者作成。

もあると考えられる。それは，各社の志向するグローバル戦略によって，グローバル・ローカルに重視すべきHRMプラクティスは異なると考えられるからである（e.g., Kasahara and Nishii, 2013a；笠原・西井，2013）。ただし，各国の現状に合わせてローカルにカスタマイズされ，提供されるHRMプラクティスは，当然ながら，“グローバル経営の遂行を念頭に置き，グローバル戦略を反映して”実行される必要がある。日本企業がグローバル企業へと発展するためには，グローバル経営の遂行という観点から一貫性のあるGHRMシステムを構築し，活用することを真剣に考える必要がある。これまでの議論を示したものが図ivである。

図ivは，グローバル戦略とグローバルHRMとの関係性を示した図であり，グローバル戦略とGHRMの整合性を図ることがグローバル経営を遂行する上で重要であるというこれまでの議論を示している。ここでGHRMは，グローバル企業（図中では本社―海外子会社A～Dと表記）のグループ全体で，経営幹部層以上では標準化されたHRMシステムを活用し，これをベースとし，採用・配置，教育訓練，業績評価，インセンティブ等のHRMプラクテ

図iv　グローバル戦略とGHRMとの関係性に関する概念イメージ

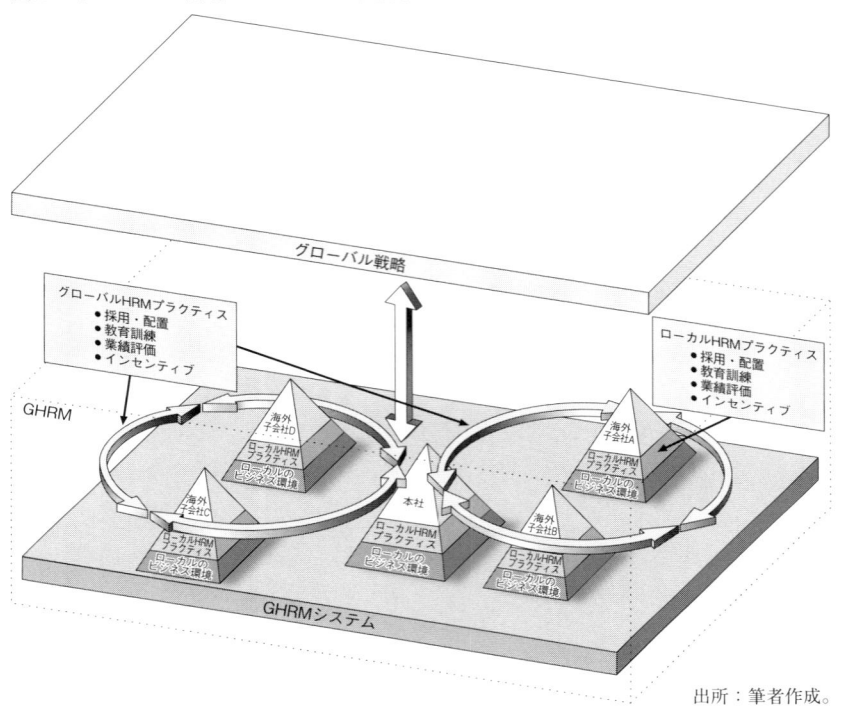

出所：筆者作成。

ィスが，グローバル・ローカルに運用・実施されることととらえている。グローバル戦略とGHRMとの整合性が図られて初めて，本社―海外子会社間，海外子会社間での知識，技術，人材の異動が行われる。本社や各海外子会社はそれらの立地する環境に応じて，グローバル経営・グローバル戦略の遂行という観点から，ローカルにカスタマイズされたHRMプラクティスを運用する。ただし，ローカルHRMプラクティスは，グローバル経営の遂行という観点から設計され，運用される必要がある。一方で，グローバルに提供されるHRMプラクティスも運用する。本書では，グローバル戦略とGHRMシステムとの関係性に焦点を当て議論を展開している。そのため，グローバル戦略の遂行に向けたグローバル及びローカルHRMプラクティスの役割等については今後の研究課題となる。[7] 各国MNCsの実情は異なるが，HCNs,

TCNsを含めたグローバルマネジャーを適切にマネジメントするためには，グローバルな適用可能性があり，公平性を担保することができる仕組み（e.g., Dickmann and Baruch, 2011；Schuler and Jackson, 2005）が必要となる。

4. 本書の構成

　以上のような研究方法及び主要概念のとらえ方にもとづき，本書の問題意識，研究課題を明らかにすることを目的とし，本書は理論的考察（第Ⅰ部）と実証的考察（第Ⅱ部）の2部から構成されている。本書は，2008年3月に神戸商科大学（現兵庫県立大学）に提出した学位請求論文をベースとし，それに加筆・修正を行ったものである。

　第Ⅰ部には，第1章から第4章が含まれる。第1章では，日本企業のGHRMという問題に取り掛かる予備考察として，IHRM研究の発展系譜をたどりながら，どのようにIHRM研究が台頭し，どのような研究が行われてきたのか，さらにこれらの考察を踏まえて，GHRM研究の特徴及びGHRM研究の位置づけについて明らかにする。

　第2章では，日本企業の抱えるIHRMの諸課題を踏まえ，グローバル経営における経営現地化問題について検討する。なぜ経営現地化が求められるのかということに関してIHRM研究での2つの視角，発展段階論的視角及び戦略類型論的視角を取り上げ，先行研究における経営現地化の規定要因について概観する。さらに，なぜ日本企業において経営現地化が進展しにくいのかということに関して，日本的経営システム，日本的HRMの観点からその問題について接近し，日本企業の抱えるIHRMの諸課題について明らかにする。

　第3章では，日本企業本社のIHRMのグローバル化という問題を取り上げ，考察する。本書では，職務等級制度及びヘイ・システム，コンピテンシーマネジメントをGHRMシステムとして想定しているため，これら先行研究及び概念を取り上げ，理論的に考察する。また，GHRMシステムとして，それらシステムにはどのような点にグローバルな適用可能性があるのか，について考察する。

図v　本書における章構成（関係図）

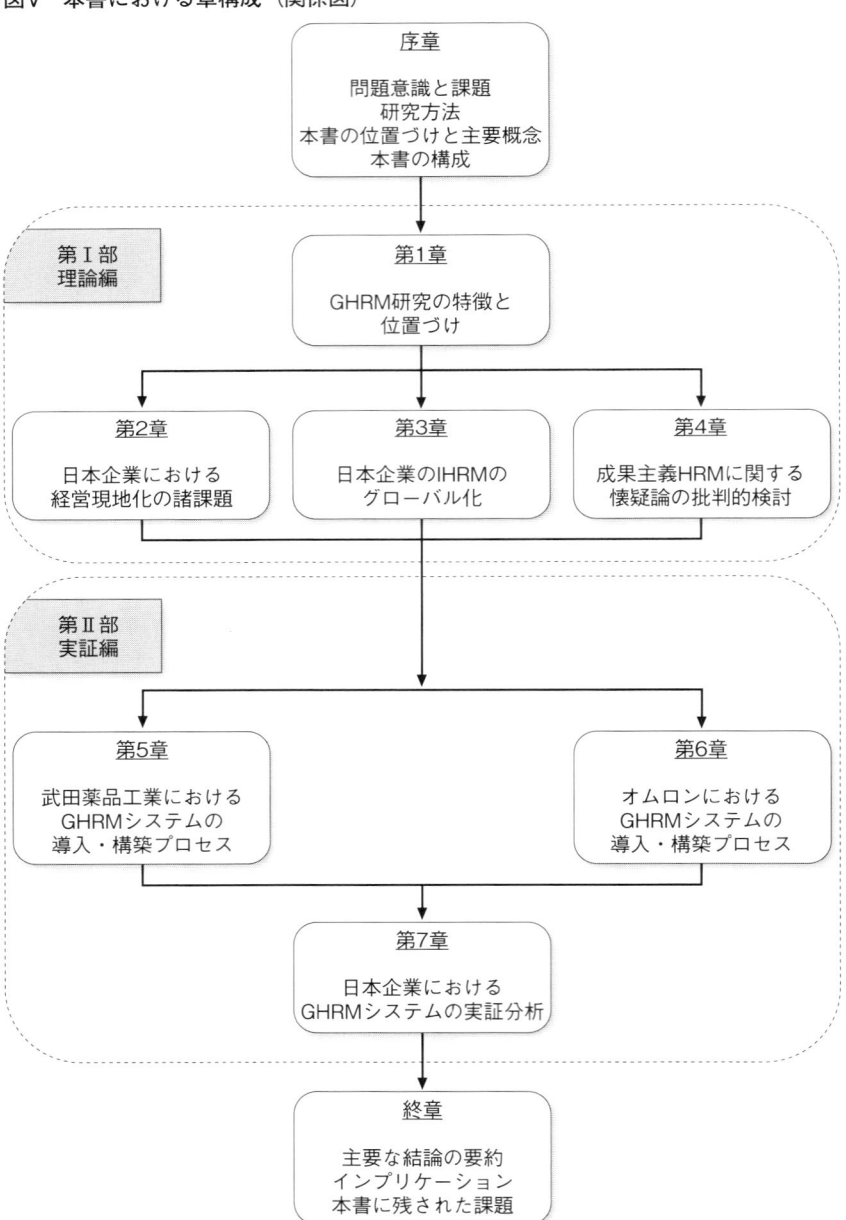

```
序章
問題意識と課題
研究方法
本書の位置づけと主要概念
本書の構成
```

第Ⅰ部 理論編

```
第1章
GHRM研究の特徴と位置づけ
```

```
第2章
日本企業における経営現地化の諸課題
```

```
第3章
日本企業のIHRMのグローバル化
```

```
第4章
成果主義HRMに関する懐疑論の批判的検討
```

第Ⅱ部 実証編

```
第5章
武田薬品工業におけるGHRMシステムの導入・構築プロセス
```

```
第6章
オムロンにおけるGHRMシステムの導入・構築プロセス
```

```
第7章
日本企業におけるGHRMシステムの実証分析
```

```
終章
主要な結論の要約
インプリケーション
本書に残された課題
```

第4章では，日本企業におけるGHRMシステムへの改革に関する議論，及びそれに伴う成果主義HRM研究への懐疑論の批判的検討を行う。それに際し，Cappelli（1999）の研究に依拠し，成果主義HRMに関する懐疑論の論点を批判的に検討する。その後，日本企業におけるGHRMシステムへの改革の検討課題を取り上げる。

　第5章から第7章までは，第Ⅱ部実証的考察のパートである。第5章・第6章では，GHRMシステムへの改革を行った日本企業の事例を取り上げ，"なぜ"GHRMシステムへの改革が行われたのかという背景，また"どのように"GHRMシステムへの改革が進められたのか，という導入プロセスについて説明的ケーススタディを行う。各章では，取り上げた事例企業の考察結果及び発見事実について述べる。特に，第6章ではこれまでの2社のケーススタディを踏まえて，仮説的な発見事実について言及する。

　第7章では，これまでの議論を踏まえて，日本企業におけるGHRMシステムの概念モデルを示し，実証研究を行い，日本企業の実態を明らかにする。

　最後に，終章では，本書のまとめとして，結論の要約・意義，今後の研究課題を示す。

　本書は2008年に上梓した筆者の学位請求論文に加筆修正を加え，これまでの研究成果を総合したものである。本書で紹介する章の初出は以下の通りである。紙幅の関係上，割愛せざるを得なかった情報等もあるため，関心のある方は以下の論文も参照されたい。

序章　書き下ろし
第1章　「グローバル人的資源管理の検討課題：国際人的資源管理研究の発展系譜を踏まえて」『四国大学紀要・人文社会編38号』，pp.113-137，2012年。
第2章　「日本企業における経営現地化の諸課題」『アジア経営研究』No.1，pp.99-110，2013年。
第3章「コンピテンシーマネジメントの競争優位獲得のメカニズム―コンピテンシー概念にもとづく人事制度を中心に―」神戸商科大学大学院『星陵台論集』第38巻第2号，pp.63-80，2002年。「日系多国籍企業

のグローバル化のプロセス―人的資源管理の視点から―」(兵庫県立大学大学院学園都市キャンパス研究会)『星陵台論集』第38巻第2号，pp.79-95，2005年。
第4章「成果主義人事管理に関する史的考察―人事管理の変遷を中心に―」兵庫県立大学大学院学園都市キャンパス研究会,『星陵台論集』,第37巻第2号，pp.1-16，2004年。
第5章「武田薬品工業におけるグローバル人事制度への改革プロセス―コンピテンシーマネジメントと成果主義にもとづく人事制度の構築―」神戸商科大学大学院『星陵台論集』第36巻第1号, pp.15-39, 2003年。
第6章「グローバル企業の人事制度に関する概念フレームワークの構築に向けて―オムロンのケーススタディを中心に―」兵庫県立大学経済経営研究所,『研究資料』No.195, pp.1-28, 2005年。
第7章　書き下ろし
終　章　書き下ろし

注

1) 近年，ビジネス活動のグローバル化に伴い，TCNsの積極的活用が注目されてきているが，その研究はまだ発展途上にあることが指摘されている (e.g., Collings *et al.*, 2009)。
2) 竹内 (2008b) は，海外の主要経営系学術ジャーナルに掲載された日本の人的資源管理研究を抽出し，それらの文献のレビューから論文の特性別の経年推移を中心に過去・現在の日本の人的資源管理研究の動向を明らかにしている。竹内によると，欧米研究者を中心とする日本企業のHRM研究は，1980年代には，探索的な視点から，どの部分が特殊的で（より欧米のスタンダードから乖離し），どの部分が普遍的か（より欧米のスタンダードに近いか）という観点から行われ（竹内，2008b，p.187)，また，1990年代には，日本企業のHRMシステムの移転可能性や実際の移転状況を対象とする研究が蓄積されてきたことを明らかにしている（竹内，2008b，p.194)。2000年以降では，日本企業やその従業員サンプルを使った欧米発の理論の検証や，日本企業やその従業員をベンチマークとした他国（特にアジア諸国や一部のヨーロッパ諸国等）の企業・従業員行動との比較検討等が行われていると指摘している（竹内，2008b, p.195)。詳しくは竹内（2008b）を参照されたし。
3) 特に，ヘイ・グループが提供するHRMシステム（ヘイ・システム）はフォーチュン1,000社の過半数以上の企業において採用されている（Hay groupウェブサイト)。
4) 筆者自身の在日外資系（欧米系）子会社へのインタビュー調査では，本社―海外子会社

において職務等級制度が標準的なHRMシステムとして運用されている。また，白木（2006）は直接的にHRMシステムの考察を行ってはいないが，彼の日本企業の在ASEAN日系企業に関する考察結果では，標準化された評価制度等のHRMシステムは，欧米系に比べた場合その構築が立ち遅れていることが指摘されている（白木，2006，pp.263-264）。

5) 第1章にて述べるように，本書では，田端（2007）の研究によって示されているグローバル戦略の定義に依拠している。ただし，第7章で行う実証分析の際には，MNCsの国際戦略の操作化を行う必要があるため，この限りではない。

6) 竹内（2008a）は，個人－環境適合（person-environment fit: P-E fit）の枠組みに依拠したWerbel and DeMarie（2005）の研究を取り上げ，HRMポリシーとプラクティスとの関係を次のように説明している。例えば，企業が従業員個人の職務遂行能力と企業側がその職務に求める要件との整合性をより強調するポリシーを打ち出している場合，個別のHRMプラクティスは，個人単位，個人ベースでの知識・スキル・能力を高める人材開発やそれらを評価・処遇するHRMプラクティスが採られ，他方，企業側が個人の所属する職場や，参加するプロジェクト・チーム内での適用をより強調するポリシーを持っている場合，個別のHRMプラクティスは職場・集団単位での高い成果をあげられるようなプラクティスが採られるという（竹内，2008a，pp167-169）。

7) 笠原・西井（2013）では，グローバルな規模でビジネス展開を図っている知識集約型企業を対象とするGHRMとは何かを明らかにすることを目的に，探索的ケーススタディを行っている。探索的ケーススタディを通じて，知識集約型企業のGHRMは，標準化されたサービスを提供するために，標準化されたHRMシステムをグループ全体で活用していること，グローバル・ローカルのHRMプラクティスが考察対象企業の競争優位を生み出すように設計され，運用されているという特徴があることを明らかにしている。さらに，知識集約型企業ではビジネスの特質（知識を提供し，クライアントから報酬を得る）から，知識創造に貢献する人材の採用，インセンティブ（recognition），教育訓練の3つのHRMプラクティスが重要であることを明らかにしている。詳しくは，笠原・西井（2013）を参照されたし。

第 I 部

理論的考察

第1章

GHRM研究の特徴と位置づけ
国際人的資源管理研究の発展系譜を踏まえて[1]

はじめに

　グローバリゼーションの波がとめどなく押し寄せてきている今日，MNCsの人材を対象とする研究の重要性はますます高まっている。しかしながら，IHRM研究では，IHRMという概念のとらえ方が論者によって多様に解釈されており，曖昧さを多分に残している。この背景には，国内市場を対象とした企業の人的資源管理研究におけるアプローチの違い（人的資源管理：HRM：Human Resource Manegementと戦略的人的資源管理：SHRM：Strategic HRM）がある。なぜならば，IHRM研究はHRM研究及びSHRM研究をMNCsへ拡張した研究領域としてとらえられているからである。IHRMの研究領域においてもIHRMと戦略的国際人的資源管理（SIHRM：Strategic IHRM）というアプローチの違いがみられ，使用される用語や概念はいまだコンセンサスが得られていない。そこで，本章では，先行研究のレビューを通じて，IHRM研究が台頭してきた背景とその発展系譜をたどり，SHRM，IHRM，SIHRM研究の位置づけ及び議論を整理し，GHRM研究の特徴及び研究の位置づけを示すことを目的とする。

1. IHRM研究台頭の背景

　IHRMという言葉が広く使用されるようになったのは，1980年代以降のこ

とである (e.g., Evans and Doz, 1989；Evans and Lorange, 1989；Adler, 1991；Adler and Bartholomew, 1992；Schuler et al., 1993；Dowling et al., 1994)。1980年代以降は，HRM 分野において2つの変化がみられた時期であった。1つは，企業経営において戦略が重視されるようになり，経営戦略論の影響を受け SHRM 研究が台頭してきたことである (e.g., Schuler and Jackson, 1987；Wright and McMahan, 1992；岩出，2002；蔡，2002)。もう1つは，企業の関心が国内市場から海外市場へとシフトし始めたことを背景に，IHRM 研究が台頭したことである (e.g., Schuler and Jackson, 2005；Björkman and Stahl, 2006)。以下では，SHRM 研究の台頭についてみていくことにし，IHRM 研究の台頭については次節で説明する。

そもそも，戦略という概念は軍事の領域に端を発したものである。この概念が経営の領域で使用されるようになったのは，1960年代以降のアメリカにおいてであった（白石，2005，p.2）。産業革命以降に大規模な繊維工業が成立し，工場で多くの人員を雇用するに至っても，また19世紀後半になって，銃のコルトやミシンのシンガーという金属製品を量産する企業が登場しても，経営は戦略を必要としなかった。それは，経営の課題が戦略というよりも，オペレーションのマネジメントにあったからである（三品，2004，pp.5-6）。しかし，1960年代に入り，巨大企業の多角化とそれに伴う事業部制組織の導入が行われるようになると，企業はどのような方向で多角化を進めていくか，どのように資源配分を行うかといった課題に直面するようになった（三品，2004，p.7）。こうして，企業経営における経営戦略（全社戦略）の重要性が認識されるようになった。しかし，1970年代に入ると，アメリカ産業は国際的競争力の低下に直面する（中橋・當間，2001）。その一因は，日本企業と比較すると，現業部門から遊離した財務重視のトップ・マネジメントや本社計画スタッフが，短期的な財務成果を志向し，事業部門の売買を中心とする戦略を展開し，技術革新や製品改善，人材育成に対して十分に資源を投資してこなかったことにある。そして，企業の競争力を高めるためには現業の事業を重視すべきであり，特に個々の事業の競争力の源泉を分析しなければならないという問題意識が芽生え，競争戦略論が展開されるようになった（中橋・當間，2001，p.5）。

アメリカ産業の国際競争力の低下は，企業経営における競争戦略への関心の高まりだけではなく，人的資源管理分野にも影響を及ぼした。アメリカ産業の再生への取り組みとして，QWL（quality of working life）活動，日本的経営・エクセレント・カンパニー（e.g., Guest, 1987, 岩出, 2002）への関心が高まり，従業員は重要な資源であり，競争優位の源泉となるとの認識が高まった。これらの関心の高まりを背景に，1980年代半ば以降SHRM研究は台頭した。SHRM研究の生成に影響を与えた研究は，産業組織論をベースに競争戦略論を展開したPorter（1980）の研究と，企業が保有する経営資源の特性に競争優位の源泉を見出す資源ベース理論の2つである。競争戦略論は，競争優位の源泉とは何か，それはどのように"生み出され"，"獲得"され，"持続"されるのかを明らかにしようとする（e.g., 中橋・當間, 2001）。Porter（1980）の研究は，人的資源のより効果的で競争的な活用に関するフレームワークを提供したと考えられており，企業戦略とHRMとの整合性を重視する"戦略適合"（strategy fit）のSHRM研究を生み出す契機となった（岩出, 2002, pp.47-48）。Schuler and Jackson（1987）は，Porter（1980, 1985）の競争戦略の概念に依拠し，3つの基本的な競争戦略（革新戦略，品質向上戦略，コスト削減戦略）を提示し，各戦略に対応するHRMプラクティスの類型化を行っている。しかしながら，戦略適合を主張する多くの研究では，論者によって多様な戦略概念及び測定尺度が用いられており，なぜ特定の戦略を追及する企業が，特定のHRMプラクティスを重視するのかという因果関係が十分に説明されていないという課題が残されている。

　他方，資源ベース理論は，企業が保有する資源に持続的競争優位の源泉を求める理論であり，その資源の特徴を明らかにしようとする（e.g., Barney, 1991）。Barney（1991）は，企業の競争優位の源泉は，企業資源の異質性と移転困難な資源にあるとし，資源が競争優位性を持つには，有価値性（valuable resource），希少性（rare resource），模倣困難性（imperfectly imitable resource），代替可能性（substitutability）の4つの要件を満たす必要があると指摘した。Wright *et al.*（1994）は，Barney（1991）の4つの要件に依拠し，SHRMの先行研究，特に企業戦略とHRMとの整合性を重視する研究（e.g.,

Schuler and McMillan, 1984；Schuler and Jackson, 1987；Ulrich, 1999）を批判的にとらえ，HRM プラクティスに競争優位があるのではなく，人的資本（human capital pool）にこそ持続的競争優位の源泉があるとの見解を示している。これに対し，人的資本をいかに活用するかが重要であり，その意味で HRM こそが持続的競争優位の源泉であるとする主張（e.g., Grant, 1991；Boxall, 1996）やその双方を統合する見方を提示する研究もある（e.g., Kamoche, 1996）。資源ベース理論に依拠する研究が抱えている課題は，上述してきたように，論者によって競争優位の源泉とみなされる資源が異なる点に求めることができるだろう。このように概念の曖昧さは残されているが，資源ベース理論を援用する研究の蓄積は，持続的競争優位の源泉として人的資本や HRM をとらえる前提的な仮説（e.g., Wright and McMahan, 1992）を構築した（岩出，2002，p.56）。

　以上，SHRM 研究の生成に影響を与えたと考えられる戦略適合及び資源ベース理論に依拠した先行研究を概観してきた。次に，SHRM 研究と HRM 研究との差異がどのようにとらえられているのかについてみていこう。

　SHRM 研究では，HRM システムを構成する採用，教育訓練，人事考課等の HRM プラクティス間での整合性，すなわち"内的整合性"（internal fit）と HRM システムと企業の追及する"戦略"との整合性，すなわち"外的整合性"（external fit）を図ることが強調されている（蔡，2002，p.32）。しかしながら，内的整合性，外的整合性をどの程度重視するのかは論者や論者の依拠するアプローチによって異なっている。例えば，戦略適合を重視する研究（e.g., Miles and Snow, 1978；Schuler and Jackson, 1987；Dyer and Holder, 1988）は，コンティンジェンシーアプローチと呼ばれ，外的整合性が重視されている。そのため，考察対象となる HRM プラクティスは，従業員の業績向上や有効活用に直接かかわる施策（選考・配置・異動，評価，報酬，能力開発）に限定してとらえられており，内的整合性は十分に考察されていないという批判がある（岩出，2002，p.106）[5]。

　このようなアプローチの違いはあるものの，多くの論者によって内的整合性と外的整合性を強調することこそが，SHRM 研究と HRM 研究の相違であるとの見解が示されている（e.g., Guest, 1987；Schuler and Jackson,

1987；Lengnick-Hall and Lengnick-Hall, 1988；Wright and Snell, 1998；Schuler, 1992；Wright and McMahan, 1992；蔡, 2002)。例えば，Wight and McMahan（1992）は，HRM研究の特徴として，HRMプラクティスは個別に扱われ，プラクティス間の体系的な調整はほとんど行われていなかったと指摘する。すなわち，内的整合性が十分に考慮されておらず，また，各HRMプラクティスは個別のテクニカルイノベーションを通じて進化してきたため，HRM研究とは個別機能のテクニカル知識を合算したものにすぎないと指摘する（Wright and McMahan, 1992, pp.296-297)。それに対し，SHRM研究では，HRMは企業戦略に完全に統合されたもの（Guest, 1987)として理解されており，企業戦略を策定し，その遂行に向け従業員の行動に影響を及ぼすこと（Schuler, 1992)が重視される。したがって，効果的なHRMを利用することで企業業績の向上を図ることができる（Schuler and Jackson, 2005)と考えられている。

　このように，SHRM研究とHRM研究の相違を示す研究があるが，さらに検討しなければならないことは，SHRM研究の位置づけである。Schuler and Jackson（2005）は，SHRM研究は内的整合性，外的整合性を重視している点でHRM研究から本質的にシフトした（Schuler and Jackson, 2005, p.3）と述べている。しかし一方で，SHRM研究はHRM研究の全領域をカバーするものではなく，企業の競争優位の達成に必要なHRMのあり方をマクロ組織レベルから論じているに過ぎない。すなわち，作業条件，企業内福利厚生，労使関係，雇用諸法への取り組みといった運用面への関心は薄いとの見解もある（岩出, 2002, p.155-158)。岩出（2002）の主張に依拠すると，SHRM研究は，HRM研究の一研究領域と解釈することができる。しかし，近年ではHRMという概念を用いる論題の元，戦略適合の視点から内的整合性，外的整合性を検討する研究も多くみられ，研究領域及び概念（HRM, SHRM）の境界は曖昧になってきている（e.g., Guest, 1997；Akingbola, 2006；Dany et al., 2008；Wang and Shyu, 2008；Kim and Lee, 2012)。そこで，本稿では，岩出（2002）の研究に準じ，SHRM研究はHRM研究の一部ととらえるが，HRM研究及びHRM概念においても戦略的役割が含まれるものととらえることとする。

SHRM 研究と HRM 研究との相違は何かという議論は，MNCs を対象とする IHRM 研究においても，IHRM 研究と SIHRM 研究との差異は何かという議論に引き継がれている。次節では，HRM 研究と IHRM 研究の違いについて説明し，IHRM 研究の位置づけを明らかにする。

2. IHRM 研究の台頭：1980 年代における初期の IHRM 研究

2-1. HRM 研究と IHRM 研究の差異

IHRM という概念が作られ，広まってきたのは 1980 年代以降のことである。IHRM 研究は，HRM 研究をベースに台頭してきたと考えられている（e.g., De Cieri et al., 2001；Brewster and Suutari, 2005）。HRM 研究を拡張した初期の研究は異文化問題（e.g., Laurent, 1986）や HRM の比較研究（e.g., Brewster, 1998, 2006；Hendry, 2003；Rowley et al., 2004）に関心を寄せていたが，その後，MNCs の HRM に関する幅広い考察は，IHRM 研究として広く認識されるようになった（De Cieri and Dowling, 2006, p.15）。

まず HRM 研究と IHRM 研究の差異についてみていきたい。IHRM 研究では，HRM を一国内の人材マネジメントを対象としているものと位置づけている（De Cieri et al., 2001, p.69）。それに対し，IHRM は，複数国でビジネス活動を行う MNCs の人材マネジメントとしてとらえられている（e.g., Morgan, 1986；Dowling, 1988a, 1988b；Dowling, 1999；De Cieri et al., 2001）。具体的には，IHRM 研究は，MNCs が（1）複数国で事業展開し，（2）複数の国籍を持つ従業員を内包していること（e.g., De Cieri et al., 2001；Morgan, 1986），（3）経営手法や経営慣行の海外移転を通じて，国境を越えた調整を行うという複雑性に対処していること（e.g., Gregersen and Black, 1996）にその特徴があるととらえられている。Morgan（1986）は，Phatak（1983）の定義を踏まえ IHRM を人的資源管理の諸機能，従業員のタイプ，企業が活動する国の3つの次元の相互作用としてとらえている（図1-1参照）。

既述したように，MNCs の内部の人材には，PCNs, HCNs, TCNs という多様な人材が含まれる。IHRM 研究においては，これらの複数の国籍と多

第Ⅰ部　理論的考察

図1-1　国際人的資源管理のモデル

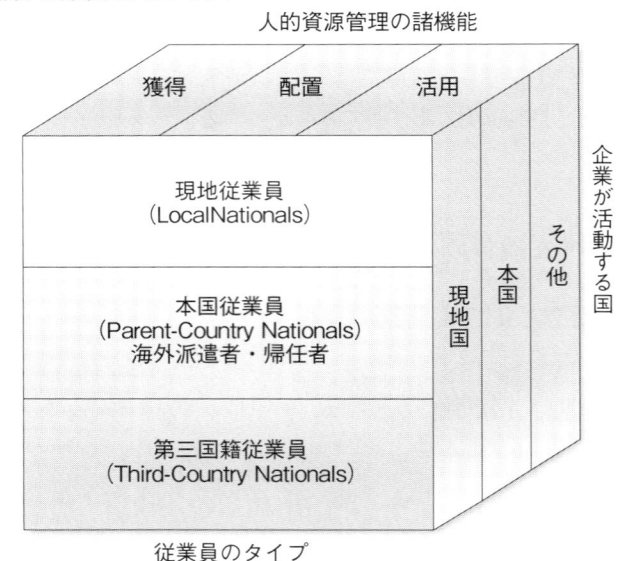

人的資源管理の諸機能：獲得、配置、活用

従業員のタイプ：現地従業員（Local Nationals）、本国従業員（Parent-Country Nationals）海外派遣者・帰任者、第三国籍従業員（Third-Country Nationals）

企業が活動する国：現地国、本国、その他

出所：Morgan（1986, p.44）から筆者作成。

様な文化的背景を持つ従業員をどのようにマネジメントするかが重視され、このような複雑さがHRM研究とIHRM研究の違いと考えられている（e.g., Dowling, 1988b；De Cieri *et al.*, 2001）。

2-2．海外派遣者を対象とした研究

　IHRM研究の源流は、1960年代後半に見出すことができる。Perlmutter（1969）の研究は、IHRM研究において最初に出版された影響力のある論文であった（Björkman and Stahl, 2006, p.1）。彼は、MNCsの多国籍化の基準として、海外子会社数、海外子会社の所有形態、総売上高に占める海外売上比率等の客観的基準だけでは多国籍化の進捗度は的確に測れないとし、本社のトップ・マネジメントが海外子会社に対しいかなる経営志向性を有するかを示す姿勢基準を提示した。いわゆるEPGモデルである。ここでEとは、本国志向型（ethnocentric）の企業であり、PCNsの方が外国籍人材よ

34

りも優れた知識や能力を持ち，また信頼できると考える性向の下，世界中でPCNsを中心的地位に置き，人事考課と業績評価は本社基準を採用するという特徴を持つ。Pとは，現地志向型（policentric）であり，各国文化は大きく異なっており，外国人には理解しがたいため，現地事業が収益を上げている限り，本社は介入すべきではないという姿勢を指す。したがって，現地志向型企業の主要なポストはほとんどHCNsによって占められ，雇用契約や人材開発もHCNsによって担われる。Gとは，世界志向型（geocentric）であり，意思決定に際し，世界的なシステム・アプローチ（報酬プログラム，経営人材のインベントリー，業績評価等）を用い，各地域を統合しようとする姿勢である。本社と海外子会社は自らを有機的な世界統一体の一部と考え，主要な地位には世界中から人材が登用される（Perlmutter, 1969；Heenan and Perlmutter, 1979）。このように，Perlmutter（1969）は企業が多国籍化する過程を発展段階の視点から示したが，いずれの志向を選択するかは経営者の経営志向性によるため，企業の多国籍化のプロセスは必ずしもE→P→Gという順序をたどるとは限らないとしている[9]。

　Perlmutter（1969）の研究を背景に，初期のIHRM研究では主に2つの領域，すなわち，海外派遣者を対象とした研究とHRMの比較研究に焦点が当てられた。海外派遣者を対象とした研究が生成した契機は，Thomas and Lazarova（2006）によると，1961年に米国の国際協力団体であるPeace Corps[10]が誕生したことにある。Peace Corpsは軍隊以外で初めてさまざまな国における大規模な人材マネジメントに携わった団体であった。Peace Corpsは，彼らの活動に参加するメンバーの異文化適応を支援するために，社会科学者を活動に参加させ，異文化適応についての調査を行わせた。Peace Corpsの取り組みに関する研究では，異文化における"調整"の重要性が指摘された。Peace Corpsの取り組みが契機となって，1970年代から1980年代にかけて行われた海外派遣者に関する研究（e.g., Hays, 1972, 1974；Howard, 1974；Miller and Cheng, 1978；Tung, 1981, 1982；Mendenhall and Oddou, 1985；Black, 1988）では，調整は海外派遣において極めて重要な課題であると考えられた（Thomas and Lazarova, 2006, pp.247-248）。特に，初期の研究では，異文化環境に適応することができるか，という観点から海外派遣に選抜される

個人の特性に焦点が当てられ，海外派遣の成功要因を特定化することに関心が寄せられた（Schuler and Jackson, 2005, p.27）。調整は，カルチャーショックを克服するという観点から概念化されていたが（Oberg, 1960），後に，「予測可能で満足する環境への熱望や苛立ち，無力感，不安等の兆候を含むカルチャーストレスに適応する正常過程」（Church, 1982），また「新たな環境の多様な側面に関する個人の心理的な心地よさの程度」（Black and Gregersen, 1991, p.498）等と定義された（Thomas and Lazarova, 2006, p.249）。Tung（1981, 1982）は，海外派遣における"調整"の問題を取り上げた初期の研究の1つである。彼女は，日・米・欧のMNCsにおける海外派遣の対象となるマネジャーの選抜・訓練に関する比較調査を実施した。そして，専門的・技術的能力による選抜の問題点を指摘し，異文化適応研修が軽視されているという実態を明らかにした。

　また，海外派遣を行う企業の動機に関する研究も行われている。Edström and Galbraith（1977）は，事業拠点を越えてマネジャーの海外派遣を行う企業には3つの動機があると論じた。それは，適任者を容易に確保し，訓練することができない場合に行われる"ポジションの補充"，次に重要な国際ビジネスを遂行する組織の責任を負うポジションに配置する"管理者の育成"，最後に，"組織開発"（国境を越えた社会化のプロセス），すなわち，組織や意思決定プロセスを修正し，維持するための手段としての異動である。後に，彼らの研究は，MNCsの国際ビジネス戦略や経営，組織構造に関する研究（e.g., Hedlund, 1986；Praharad and Doz, 1987；Bartlett and Ghoshal, 1989）に引き継がれることになる（Björkman and Stahl, 2006, p.3）。1990年代以降になると，海外派遣者に関する研究では，マネジャー，上級管理者，プロフェッショナルの海外派遣をどのように成功させるかという問題意識のもと，海外派遣の意義，海外派遣者の役割・特性，選抜方法，異文化教育訓練，報酬，成果の問題，海外派遣の失敗をもたらす要因等を明らかにすることに関心が寄せられた（e.g., Black *et al.*, 1991；Caliguiri, 2000；Black *et al.*, 1999；Adler and Bartholomew, 1992；Harvey, 1998）。

2-3. HRMの比較研究

　他方，HRMの比較研究は，国によってHRMにどのような"違い"があるのかを理解し，説明することを目的としている（Brewster, 2006, p.68）。HRMの比較研究には2つのパラダイムがあると考えられている（Brewster, 2006, p.69）。1つは普遍的パラダイム（universalist paradigm）であり，SHRM研究のように，企業戦略とHRMとの関係性から説明しようと試みるものである。SHRM研究の中でも，ベストプラクティスアプローチやコンフィギュレーションアプローチを採る研究がこのパラダイムに当てはまると考えられる。なぜならば，Brewster（2006）によると，このパラダイムに立脚する研究者は，HRMにはベストプラクティスがあるととらえ，HRMのコンセプトは米国のパターンに収斂（convergence）するという前提に立っているからである。もう1つは，コンテクスチュアルパラダイム（contextual paradigm）であり，文脈的に特有のものは何か，またなぜそうなのかを理解することに焦点を当てるものである（e.g., Clark and Mueller, 1996；Whitley, 1999）。コンテクスチュアルパラダイムにおいて，国による違いは，文化的要因，制度的要因の2つの説明的要因から考察されている（Sorge, 2004；Brewster, 2006）。文化的要因とは，国家的価値は社会に深く埋め込まれており，その社会に属する行為者にとっては見えにくいが，公平である，不公平であるといった価値前提には答えられるもの，ととらえられており，HRMはこれらの文化的な差異が表面化したものと考えられた（e.g., Hall, 1976；Hofstede, 1980, 1991；Laurent, 1986）。しかし，企業に影響を与えている文化の内容を特定化することや，たとえ特定できたとしてもそれが企業行動にどのような影響を与えているのかを説明すること，さらに同一の社会に属する全ての個人が同様の信念や価値観を有しているとは限らない等，文化的要因を持って説明しようとする研究の限界も指摘されている（e.g., Lane, 1989）。

　これに対して，制度的要因では，社会によってビジネスシステムやマネジメントスタイルは異なるとし，その原因を社会の制度的な特色に求め（須田, 2005），広範囲に及ぶ諸制度がHRMに影響を与えるととらえるものである。

この要因には2つの見解がある。1つは，諸制度は世界に共通した特徴に対処したものであり，収斂を生み出すとする見解である。この見解は，普遍的パラダイムに立脚する研究である。例えば，これらの研究では，労働市場の規制緩和のポリシー等は米国から欧州へと広がり，後に他国へも普及する，つまり米国型へ収斂していくと考える。

　もう1つは，ほとんどの国にはその国特有の制度があるため，これらの違いが国家的差異を生み，その差異を維持する（non convergence）との見解である（Brewster, 2006, p.69）。この見解を採るのが，制度論を援用した"ビジネスシステム"（e.g., Lane, 1989；Whitley, 1992a, 1992b；Wilkinson, 1996；Ferner and Quintanilla, 1998；Quintanilla and Ferner, 2003）や"制度的同型化"（e.g., DiMaggio and Powell, 1983, 1991；Scott, 1987, 1995）の概念を用いて国の違いや企業行動を説明しようとする研究である。これらの研究は，1990年代以降に本格的に行われるようになった。

　本節では，ビジネスシステム，制度的同型化の概念を説明し，具体的な研究については次節で紹介することにする。ビジネスシステムとは，特定の社会的・歴史的文脈において，市場経済における経済活動を効果的に組織化する方法であり（e.g., Whitley, 1992a, 1992b；安藤, 2003），長期間にわたって形成されるものと考えられている。したがって，経済のグローバリゼーションが進展しても，各国独自のビジネスシステムはある程度維持されるととらえられている。他方，制度論とは，社会形態の安定性のベースとなっているものを理解し，社会形態に付随する意味を理解することに関心を寄せ（Scott, 2003, p.119），社会的に構築された信念，規則，規範が組織を越えて行使される影響をとらえようとするものである（Björkman, 2006, p.463）。制度論における制度には，①文書化された公式の制度と，②ある社会に長年定着して社会習慣となり，あたかも制度のように機能している社会的特色の2つの側面が含まれる。制度論では，特に②が重視される。また，制度論では，組織の存続・発展には外部環境（技術的環境，社会習慣などの制度的環境）への適応が不可欠であるとの認識に立っている（須田, 2005, p.56）。

　DiMaggio and Powell（1983）は，社会あるいは組織フィールドを共有する企業は，制度的環境に調和し，適応する圧力，すなわち，制度的同型化

(institutional isomorphism）の圧力の下に存在すると指摘した。"組織フィールド"とは，全体として制度的営みの認識された領域を構成する組織——キーサプライヤー，生産物の消費者，規制機関，同様のサービスや製品を提供する他企業等——と定義される（DiMaggio and Powell，1983，p.148）。この組織フィールドにおいて，同型化が生じると考えられている。彼らは，制度的同型化を促す要因として，強制的同型化（coercive isomorphism），模倣的同型化（mimetic isomorphism），規範的同型化（normative isomorphism）の3つをあげている。強制的同型化とは，依存関係にある他の組織や，社会の文化的期待によって行使される公式，非公式の圧力から生じるものである。模倣的同型化とは，不確実性への組織の対応として，組織フィールドにおいて，より正当性があり成功を収めたと理解される同様の組織のモデルを模倣することによって生じる同型化である。模倣は，従業員の異動や離職等を通じて間接的に普及していくと考えられている。規範的同型化とは，主に専門職業化（professionalization）から生み出される同型化である。専門職業化とは，ある職業に従事する人々が，自分たちの仕事の状態や方法を規定し，自らの仕事の自律性を正当化するための認識にもとづく集団的な奮闘（collective struggle）ととらえられている。このような専門職業化は，正当性を生み出す大学教育機関や組織を越えたプロフェッショナルネットワークの進化から生じる。大学や専門教育機関は，組織的な規範を開発する中心となっており，組織を越えて同様のポジションに就く個人の集団を生み出し，プロフェッショナルの間で同じような姿勢や気質を身に付けさせると考えられている[11]。

このように，HRMの比較研究では，収斂化，非収斂化という観点から議論が展開されたが，90年代前後になると，MNCsが直面しているグローバル統合（global integration / consistency / standardization），現地適応（local responsiveness / customization / adaptation），いわゆる二重の圧力（dual pressure）がIHRMに与える影響はどのようなものかを明らかにすることに多くの関心が寄せられるようになった。その中の1つの研究視角として，ビジネスシステムや制度的同型化の制度要因を援用したIHRM研究が本格的に行われるようになった。

第Ⅰ部　理論的考察

3. 近年のIHRM研究におけるグローバル統合・現地適応の議論：1990年代以降

3-1. IHRMへの制度的同型化の与える影響に関する研究

　グローバル統合，現地適応を用いたフレームワークのルーツは，Thompson（1967）やLawrence and Lorsh（1969）の研究にあるといわれている。Prahalad（1976）の論文は，MNCsにこのフレームワークを最初に適用した研究であった（Hannon et al., 1995, p.533）。1980年代以降になると，グローバル統合，現地適応のフレームワークは多くの論者によって使用され，2重の圧力がMNCsのマネジメントやHRMのポリシー，HRMプラクティスへどのような影響を与えているかに関する議論が展開されてきた（e.g., Doz et al., 1981；Prahalad and Doz, 1987；Bartlett and Ghoshal, 1989；Evans and Lorange, 1989）。Bartlett and Ghoshal（1989）は，産業，企業，機能，タスクといったさまざまな次元を用いて，グローバル統合，現地適応のフレームワークを拡張した。そして，彼らは，MNCsは世界的な学習を通じて競争優位を獲得するためにグローバル統合，現地適応を同時に追求する状況に直面しているとし，理想型の組織モデルとしてトランスナショナルコーポレーションを提示した。しかしながら，MNCsへの2重の圧力に関する初期の研究は，主に組織理論の観点から議論が展開され，IHRMの役割はあまり重視されていなかった。

　IHRMへの2重の圧力の影響を取り上げた研究は，Evans and Lorange（1989）であった。彼らは，HRMプラクティスは，本社―海外子会社間におけるHRMポリシー，HRMプラクティスの内的整合性と現地適応の2重の圧力によって形成されるということを指摘した。近年は，IHRMへの2重の圧力に関する議論が盛んに行われているが，これらの研究は大別して2つの視角から行われているといえる。第1は，MNCsの本社―海外子会社間のHRMの類似性，すなわち，IHRMへの制度的同型化の与える影響を考察する研究視角であり，第2は，MNCsの国際戦略とHRMとの関係性を明らかにしようとする戦略類型論的研究視角である。

第1の制度論的視角に立つ研究では，社会学的制度論に依拠し，本社―海外子会社間，または進出先国の各国MNCsの海外子会社間のHRMプラクティスの類似性を考察することによって，グローバル統合・現地適応の程度を検討しようとする（e.g., Rosenzweig and Singh, 1991；Rosenzweig and Nohria, 1994；Hannon *et al.*, 1995；Björkman and Lu, 2001；Björkman, 2006；Rosenzweig, 2006）。IHRM研究において，最初に制度論を援用したのは，Rosenzweig and Singh（1991）の研究である。彼らは，MNCsの海外子会社は現地の制度的環境への適応と，MNCグループとしての内的整合性の2重の圧力に直面していることを指摘した。彼らの研究を皮切りに，IHRM研究において制度論に依拠した研究が展開されることとなった。

　制度論に依拠した研究の多くは，本社―海外子会社間のHRMプラクティスに対する2重の圧力の影響をさまざまな次元（MNCsの出身国，進出国・現地国，戦略，従業員の階層等）を用いて明らかにしようとする（Rosenzweig, 2006, p.40）。代表的な研究の1つであるRosenzweig and Nohria（1994）は，MNCsの米国子会社への実証研究を通じて，米国子会社のHRMプラクティス（福利厚生，年間有給休暇，幹部賞与，意思決定への参画機会，経営幹部層の男女比率，教育訓練）が本社と現地企業のどちらとの類似性が高いのかを明らかにした。彼らは，6つのHRMプラクティスの内，有給休暇，福利厚生，経営幹部層の男女比率，教育訓練は現地の慣行に近いものが利用されていたことを明らかにした。Björkman and Lu（2001）は，中国国有企業とヨーロッパMNCsの製造ジョイントベンチャーのケーススタディから，そこでのHRMプラクティスは，ヨーロッパMNCsの親本社のHRMプラクティスとの類似性が高いことを明らかにした。その理由として，彼らは，彼らの研究対象が一般従業員ではなく，プロフェッショナルやマネジャーを対象としていたためかもしれないと述べている。

　このように，制度論的視角に立つ研究は，本社―海外子会社間のHRMプラクティスの内的整合性，現地適応の程度を明らかにすることに関心を寄せている。しかし，HRMプラクティスの類似性に焦点を当てるが故に，国際戦略がIHRMに与える影響は十分に検討されていない。ただし，制度論を援用した研究では，HRMプラクティスのグローバル統合を促進する可能性を

指摘している。Rosenzweig（2006）は，組織の上層部の人材は統合された労働力として一貫性のあるマネジメントを行う必要性が高まるだろうと指摘する（Rosenzweig, 2006, pp.41-42）。また，Björkman（2006）は，海外子会社の設立形態（グリーンフィールド投資）や海外子会社における派遣者数等は，HRMプラクティスのグローバル統合を促す要因となる可能性があると指摘する（Björkman, 2006, p.466）。これらの研究は，本社―海外子会社間のHRMプラクティスの類似性という視点を越え，MNCグループにおける経営幹部層を対象とするHRMプラクティスのあり方は標準化の方向に向かいつつあることを示唆している。

しかし一方で，Ferner and Quantanilla（1998）は，制度論に依拠した研究は，MNCsが受ける同型化の圧力の違いを十分に考慮していないと指摘する（Ferner and Quantanilla, 1998, p.714）。彼らは，IHRMは，各国のMNCsに固有（country of origin）のビジネスシステムの影響を受けており，それを反映したHRMを海外子会社において運用していると主張する。そして，MNCsが受ける同型化として，次の4つを示している。第1は，ローカル同型化であり，これは海外子会社が現地国において他の企業から受ける同型化である。第2は，コーポレート同型化であり，本社が海外子会社に対して与えるグループとしての国際的な適合への圧力である。第3は，クロス・ナショナル同型化である。これは，本国の制度的環境を具現化する本社のマネジメントが，後に現地国の子会社に伝わるとする同型化である。しかし，本社は本国の制度的枠組みに埋め込まれていると考えられるため，コーポレート同型化を拡張したもの，ともとらえられる。第4は，グローバル・インターコーポレート同型化である。これは，主要なMNCsが国際市場において競合他社から受ける圧力である。DiMaggio and Powell（1983）が指摘する模倣的同型化であり，成功を収めたと考えられる環境下で生み出されたモデルへの対応と考えられている（図1-2参照）（Ferner and Quantanilla, 1998, p.713）。

このように，1990年代以降，制度論を援用した研究が行われているが，これらの研究にはいくつかの限界点があることを指摘することができる。第1に，研究者によって分析されるHRMプラクティスや分析レベル（従業員

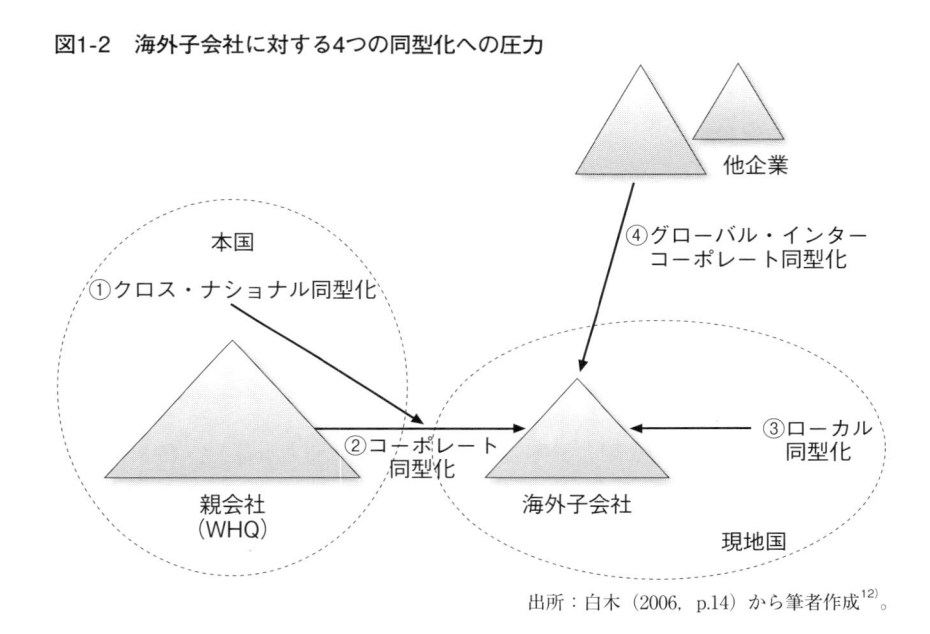

第1章　GHRM研究の特徴と位置づけ

図1-2　海外子会社に対する4つの同型化への圧力

本国
①クロス・ナショナル同型化
親会社（WHQ）
②コーポレート同型化
海外子会社
③ローカル同型化
現地国
他企業
④グローバル・インターコーポレート同型化

出所：白木（2006, p.14）から筆者作成[12]。

の階層等）は異なるため，研究者の関心によって，多様な解釈が生み出される可能性があることである。第2に，これらの研究では，MNCsの国際戦略とHRMとの関係性が十分に考察されていないことである。なぜならば，制度論に依拠した研究の多くでは，本社─海外子会社間のHRMプラクティスへのグローバル統合，現地適応の影響，すなわち，どのようなHRMプラクティスが現地適応，またはグローバル統合の程度が高いかという議論に主な関心が寄せられているからである。

第3に，第2の限界点とも関係するが，制度論を援用する研究では，MNCsの国際戦略は十分に考慮されず，HRMプラクティスを個別でとらえているために，"グローバル戦略の遂行"という観点から，なぜ特定のHRMプラクティスの現地適応あるいはグローバル統合の程度が高いのかという"コンテクスト"を窺い知ることができないことである。一部のMNCsでは，グローバル戦略の遂行に向けて，対象とする人材によって，グローバル採用，ローカル採用に分けて行っているケースや，経営層，経営幹部層を対象とする教育訓練は，グローバルに行っているケースがある（Kasahara and

Nishii, 2013a；笠原・西井, 2013)。第4に，先行研究では，グローバル統合，あるいは現地適応が図られている場合，MNCsにとってどのようなプラスの効果があるのか，さらにはそれがMNCグループ全体にとってどのような意義があるのか，といったマクロ的な考察は十分に行われていない。

このような限界点はあるものの，制度論を援用した研究は，MNCsの国際戦略とHRMとの適合関係をとらえる研究では十分に指摘されてこなかった"HRMプラクティスの標準化"を促進する要因について言及している点は評価できるだろう。

3-2. MNCsの国際戦略とHRMとの関係性をとらえる研究：SIHRM研究の台頭

第2の研究視角であるMNCsの国際戦略とHRMの関係性に関する研究は，理想とするIHRMは，本社の戦略によって異なるとの前提に立っている (e.g., Schuler et al., 1993；根本・諸上，1994；Hannon et al., 1995；Taylor et al., 1996；De Cieri and Dowling, 1997；Dickmann and Müller-Camen, 2006)。本章第1節にて，企業の戦略とHRMとの関係性をとらえる研究として，SHRM研究を取り上げたが，1990年代に入ると，Schuler et al., (1993) の研究を皮切りに，SIHRMの概念や理論的フレームワークが提唱された (e.g., Schuler et al., 1993；Taylor et al., 1996)。まず，SIHRM研究の代表的な研究を概観し，次にIHRM研究とSIHRM研究の差異（位置づけ）について検討する。

SIHRMは，MNCsの国際戦略を達成するためのHRMポリシー，HRMプラクティスを生み出し，実行することに焦点を当てたIHRM研究の一部であり (Briscoe et al., 2012, p.30)，戦略的な視点を包含するという意味でIHRM研究が発展したものと考えられている (Schuler et al., 2002, p.43)。Schuler et al. (1993) は，一国内あるいは国内の文脈において定義されているHRMの定義をMNCsの文脈に拡張し，SIHRMを「多国籍企業の戦略的活動に起因する人的資源管理の諸課題，諸機能，ポリシー及びプラクティスであり，多国籍企業の国際的な事業や目標に影響を与えるもの」と定義して

第1章　GHRM研究の特徴と位置づけ

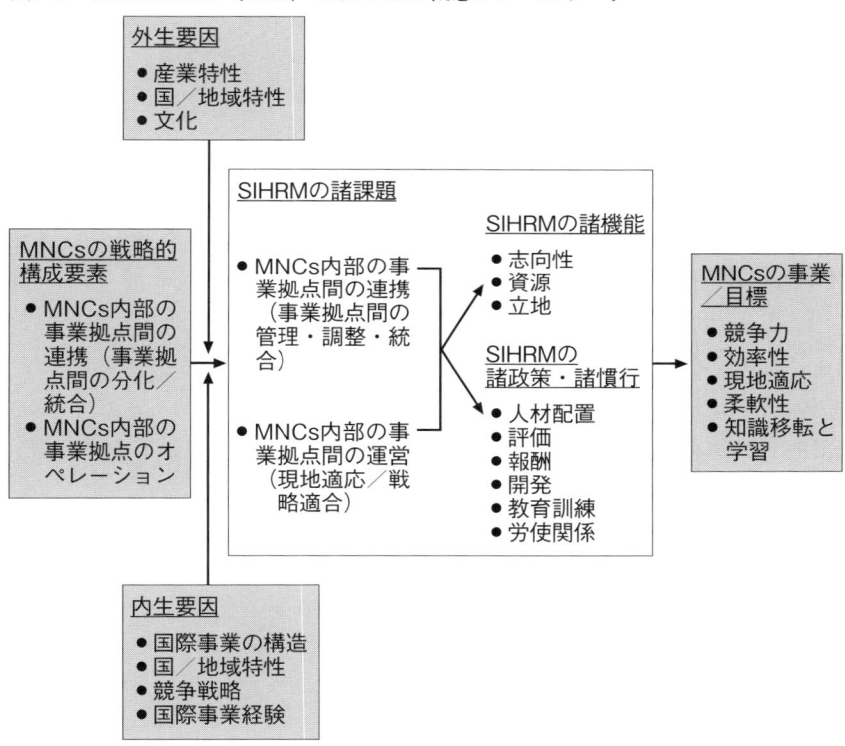

図1-3　Schuler *et al.*（1993）のSIHRMの概念フレームワーク

外生要因
- 産業特性
- 国／地域特性
- 文化

MNCsの戦略的構成要素
- MNCs内部の事業拠点間の連携（事業拠点間の分化／統合）
- MNCs内部の事業拠点のオペレーション

SIHRMの諸課題
- MNCs内部の事業拠点間の連携（事業拠点間の管理・調整・統合）
- MNCs内部の事業拠点間の運営（現地適応／戦略適合）

SIHRMの諸機能
- 志向性
- 資源
- 立地

SIHRMの諸政策・諸慣行
- 人材配置
- 評価
- 報酬
- 開発
- 教育訓練
- 労使関係

MNCsの事業／目標
- 競争力
- 効率性
- 現地適応
- 柔軟性
- 知識移転と学習

内生要因
- 国際事業の構造
- 国／地域特性
- 競争戦略
- 国際事業経験

出所：Schuler *et al.*（1993, p.722），Schuler *et al.*（2002, p.44）から筆者作成。

いる（Schuler *et al.*, 1993, p.422）。彼らは，SIHRMの概念フレームワークの構築を試みる中で，MNCsの戦略活動に影響を及ぼすと考えられるHRMの"諸課題"，"諸機能"，"ポリシー"及び"プラクティス"がSIHRMの重要な構成要素であると述べている（図1-3参照）。

彼らは，Porter（1980, 1985）の競争戦略の概念に依拠し，3つの基本的な競争戦略を提示し，各戦略に応じてHRMプラクティスは異なるとするIHRMの類型化を行っている[13]。

第1は，競合他社とは異なる製品やサービスを開発することを目指した革新戦略である。第2は，製品やサービスの品質を高めることを重視する品質向上戦略である。第3は，コスト削減により競争優位の獲得を目指すコスト

45

削減戦略である。彼らは，どの戦略を重視し，実行するかという戦略選択は，HRMプラクティス等のあり方及び戦略要件に合致した行動を従業員に採ることを求めるという意味で従業員行動に影響を及ぼすととらえている。しかし，Schuler *et al.*（1993）の研究は，概念フレームワークの提示及び仮説の導出に焦点を置いているため，戦略の違いがどのようなHRMプラクティスの違い及び従業員行動の違いを生み出すのかという点は十分に議論していない。また，IHRM研究とSIHRM研究の相違についての明確な言及もなされていない。

　Taylor *et al.*（1996）は，先行研究（Schuler *et al.*, 1993；Lado and Wilson, 1994）を踏まえ，IHRMを「人的資源を引き付け，開発し，維持するためのMNCsにおける一連の明確な諸活動，諸機能，諸過程」と定義している。SHRM研究の特徴である戦略とHRMの関係性を踏まえて，SIHRMを「MNCsの目標や国際事業に影響を及ぼす人的資源管理の諸課題，諸機能，ポリシー及びプラクティス」と定義している（Taylor *et al.*, 1996, pp.960-961）。つまり，MNCsの国際戦略との繋がりを重視している点が，IHRMとは異なるととらえているのである。Taylor *et al.*（1996）は，資源ベース理論を援用し，本社の国際戦略と発展段階論にもとづくトップ・マネジメントの信念（e.g., Perlmutter, 1969）がSIHRMの志向性を規定するとするSIHRMの概念モデルを提唱している（図1-4参照）。

　図1-4のモデルにもとづき，彼らは3つのSIHRM志向性（適応志向，輸出志向，統合志向）を示している。ここで志向性とは，「IHRMシステム，特に海外子会社で活用されるHRMシステム全体の設計においてMNCのトップ・マネジメントが採用するアプローチあるいは理念」と定義され，MNCsがIHRM機能をどのようにマネジメントするかという方法を規定するととらえられている（Taylor *et al.*, 1996, p.966）。

　適応志向は，MNCsのトップ・マネジメントが海外子会社の現地の環境を反映したHRMを生み出そうとするものであり，MNCグループとしての内的整合性は低く，現地環境との外的整合性は高いと想定されている。次に輸出志向はトップ・マネジメントが本社のHRMシステムを海外子会社に全面的に移転することを好む志向性であり，MNCグループの内的整合性は高いが，

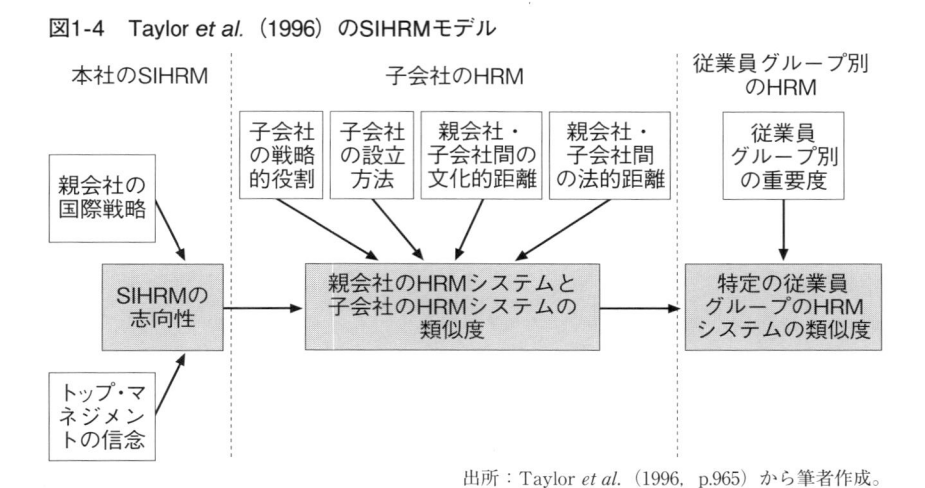

第1章　GHRM研究の特徴と位置づけ

図1-4　Taylor *et al.*（1996）のSIHRMモデル

```
本社のSIHRM           子会社のHRM                      従業員グループ別
                                                        のHRM
                ┌────┬────┬─────┬─────┐
                │子会社│子会社│親会社・│親会社・│      ┌─────┐
                │の戦略│の設立│子会社間│子会社間│      │従業員│
┌────┐        │的役割│方法 │の文化的│の法的 │      │グループ別│
│親会社の│       │    │    │距離  │距離  │      │の重要度│
│国際戦略│       └──┬─┴──┬─┴──┬──┴──┬──┘      └──┬──┘
└──┬─┘           │    │    │     │             │
   │            ↓    ↓    ↓     ↓             ↓
┌──▼─┐        ┌──────────────┐      ┌──────┐
│SIHRMの│ ──→  │親会社のHRMシステムと│ ──→ │特定の従業員│
│志向性 │       │子会社のHRMシステムの│      │グループのHRM│
└──▲─┘        │    類似度        │      │システムの類似度│
   │            └──────────────┘      └──────┘
┌──┴───┐
│トップ・マ│
│ネジメン │
│トの信念 │
└─────┘
```

出所：Taylor *et al.*（1996, p.965）から筆者作成。

外的整合性は低いと想定されている。最後に，統合志向は，MNCのグループ全体で最適なHRMを採用し，活用しようとする志向性ととらえられている。統合志向は，MNCグループとしての内的整合性は高く，適度の外的整合性を図ろうとするものと想定されている（Taylor *et al.*, 1996, pp.966-967）。

　これらのSIHRMの概念モデルを提示した研究に対し，IHRM研究の視点から，グローバル統合，現地適応のフレームワークを用いた戦略類型論的視角に立つ研究も行われている。Hannon *et al.*（1995）は，海外子会社のHRMの戦略類型を示している。彼らは，Jarillo and Martines（1990）のビジネス戦略の類型を援用し，海外子会社を受容型（receptive：グローバル統合は高いが現地適応は低い），能動型（active：グローバル統合・現地適応がともに高い），自主型（autonomous：グローバル統合は低いが現地適応は高い）の3つに分類した。そして，現地国における海外子会社の自律性の程度とMNCs内部の整合性の程度という観点から海外子会社のHRM戦略の類型化を行っている。彼らは，海外子会社が本社に重要な資源の提供を受けている場合には，公式な調整メカニズムを通じた管理が行われ，本社と海外子会社のHRMは一致する傾向にあること，他方，海外子会社への資源等の依存度が高い場合には，現地適応を重視したHRMが海外子会社で利用され

47

る傾向があると結論付けている。

　また，Dickmann and Müller-Camen（2006）は，MNCsのHRMポリシー・HRMプラクティスの標準化の程度とナレッジ・ネットワーキング（知識等の移転をサポートするMNCs内部のコミュニケーション／調整メカニズム）の2軸を用いてその高低からIHRMを類型化している[14]。Dickmann and Müller-Camenは，Bartlett and Ghoshal（1989）の研究をベースに，標準化の程度が高く，ナレッジ・ネットワーキングの程度が低いグローバルHRM，標準化の程度が低く，ナレッジ・ネットワーキングの程度が高いコグノフェデレート（cognofederate）HRM，双方の程度が高いトランスナショナルHRM，双方の程度が低いマルチドメスティックHRMがあることを示した。彼らの研究の1つの貢献点は，トランスナショナルHRM，グローバルHRMでは，"HRMの標準化の程度が高くなる"と想定していることにある。

　このように，SIHRMの概念を提唱する研究及び戦略類型論的視角に立つ研究は，MNCsの国際戦略とHRMポリシー，HRMプラクティスとの関係性を強調する。しかし，一方で，これら先行研究はなぜ特定の国際戦略が特定のHRMプラクティスを重視するのか，という点についてはほとんど明らかにしていない。

　以上の考察を踏まえて，IHRM，SIHRMの概念規定を行いたい。SIHRMの概念やその分析フレームワークに関してのコンセンサスは未だ得られていないようである。例えば，De Cieri and Dowling（2006）は，SIHRMはMNCsを対象としたSHRM研究であり，そのように表現する方が適切である（De Cieri and Dowling, 2006, p.15）との見解を示している。また，Pucik（1992）は，「HRMの諸活動は，ますます（MNCsの）戦略実行プロセスに必要不可欠な構成要素となってきており，オペレーションあるいは戦略の方向性について従来のHRM諸活動を説明することは，意味をなさなくなってきた」と指摘する（Pucik, 1992, pp.61-65）[15]。Pucik（1992）の指摘を踏まえると，HRMの諸活動はMNCsの国際戦略を遂行する役割を担っており，あえて，IHRM，SIHRMと区別する必要はないのかもしれない。したがって，本書では，IHRMという概念にはMNCsの戦略実行を担う役割が含まれているものと解釈し，IHRMという用語，概念を用いることにする（図

1-5参照)。

図1-5　IHRM研究の位置づけ

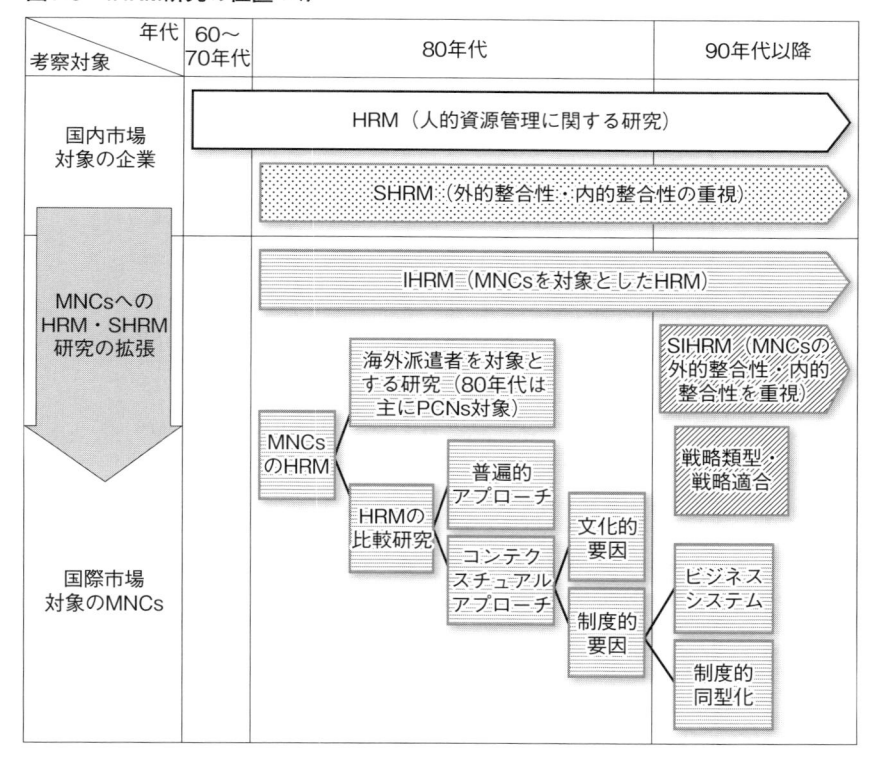

考察対象 \ 年代	60〜70年代	80年代	90年代以降
国内市場対象の企業	HRM（人的資源管理に関する研究）		
		SHRM（外的整合性・内的整合性の重視）	
MNCsへのHRM・SHRM研究の拡張 ↓		IHRM（MNCsを対象としたHRM)	
			SIHRM（MNCsの外的整合性・内的整合性を重視）
		海外派遣者を対象とする研究（80年代は主にPCNs対象）	
		MNCsのHRM	
		HRMの比較研究 → 普遍的アプローチ／コンテクスチュアルアプローチ → 文化的要因／制度的要因	戦略類型・戦略適合／ビジネスシステム／制度的同型化
国際市場対象のMNCs			

出所：筆者作成。

図1-5は，本節で考察してきた先行研究を踏まえてIHRM研究の位置づけを示したものである。まず，国内企業を対象とした研究として，60年代半ば以降に台頭してきたHRM研究と，80年代以降に台頭してきたSHRM研究があるが，SHRM研究は，HRM研究の一研究領域であることを示すために，HRM研究の下部に図示している。さらに，左端にある考察対象の箇所で国内市場対象の企業から国際市場対象のMNCsへ引かれている矢印は，HRM研究，SHRM研究をMNCsへと研究対象を拡張した概念としてIHRM研究，SIHRM研究がとらえられていることを示している。

第Ⅰ部　理論的考察

　IHRM研究の下部には，IHRM研究が80年代以降に台頭してから今日に至るまでの研究の発展系譜について示している。また，90年代以降に台頭してきたSIHRM研究はIHRM研究の一研究領域であることを示すためにIHRM研究の下部に図示している。本稿では，IHRM研究には戦略的役割が含まれているととらえているが，戦略類型論的視角に立つ研究は，SHRM研究の流れを汲んでいるため，SIHRM研究の中に位置づけている。

　以上，本節では，1990年代以降のIHRM研究を明らかにすべく，IHRMへの制度的同型化の与える影響及びSIHRM研究及び戦略類型・戦略適合に関する議論について概観してきた。しかし，今日，多くのMNCsは，グローバルな規模でビジネスを展開し，多様なバックグラウンドを持つ人材をマネジメントしなければならない現実に直面している。1990年代に提唱されていたグローバル経営は，もはや理想ではなく，実際的に対処しなければならない課題となっている。このような現状から，MNCsの国際戦略の違い，制度的環境の違いへの関心は，IHRM研究において「グローバル企業」として備えるべきHRMとは何かという新たな課題をもたらした（Schuler and Jackson, 2005, p.27）。次節では，これまでの議論を踏まえて，グローバル企業を対象としたHRM，すなわちGHRM研究の特徴及び研究の位置づけを示す。

4. IHRM 研究からグローバル企業の HRM へ

4-1. GHRM 研究の特徴及び研究の位置づけ

　グローバル企業という言葉や概念は，論者によって多様に使用されており，今のところコンセンサスは得られていない。本書では，グローバル企業を，グローバル経営を遂行している企業と広くとらえることにする。以下，田端（2007）の研究に依拠し，議論を進めていくことにする。

　田端（2007）は"グローバル戦略"と"グローバル経営"を区別してとらえている。"グローバル戦略"とは，グローバル産業での優位を確保するためにとられる戦略で，どのように市場を開拓していくか，どのようにオペレ

ーションを組み立てていくか，に係る決定を中心としている。また，"グローバル経営"とは，分散配置された相互に連携しあう拠点からなる企業の営み，経営のあり方を指している。グローバル経営は，ローカル市場への適応と矛盾するものではなく，各国の拠点が適応的行動を積極的にとっていても，拠点間の連携の中から一国の拠点だけでは達成できない強みを引き出せていたら，それは，グローバル経営であるといえる。そして，グローバル経営は，必ずグローバル戦略を伴うが，グローバル戦略にはグローバル経営を伴わない場合（海外に事業拠点を持っていなくてもグローバル戦略を展開することは可能なため）がある（田端，2007，p.18）。田端（2007）は，グローバル経営には2つの要件があると指摘する。第1は，複数の国に事業拠点が分散配置されていることであり，第2の要件は，調整（連携）が行われていることである。事業拠点が分散配置されていても，それらが何らの調整もないままに独立した動きをしているならば，それは一国レベルのビジネスの集合になってしまう。企業が真にグローバルな存在であるためには，必ずグローバルなレベルでのレバレッジがなければならない[16]（田端，2007，pp.19-20）。

　グローバル企業のHRMというコンテクストに置き換えて考えてみると，田端（2007）が指摘するように，分散配置された事業拠点間の調整を行うに際し，グローバルなレベルでのレバレッジが必要とされると考えられる。換言すれば，グローバルな競争優位を生み出すために，どのようなHRMプラクティスはグローバルに統合され，また現地適応されるべきか（e.g., Govindarajan and Gupta, 2001, p.3；Schuler and Jackson, 2005, p.27）ということに関する論理が必要とされるととらえることもできるだろう。

　上述してきたように，IHRMの初期の研究では，海外派遣者，特にPCNsの海外派遣についての考察が行われてきたが，もはや特定の人材にのみグローバル戦略の達成を期待するというマネジメントは，グローバル企業にとっての最重要課題ではなくなってきた。もちろん，海外派遣者の役割が喪失したわけではないが，MNCsにとって派遣コスト等の増加は，海外派遣者への依存を減らす動機となりつつある（e.g., Pucik, 1992；Schuler and Jackson, 2005）。グローバル企業にとって，HCNs，TCNsをどのように育成し，彼らの能力を最大限に活用するかが重要な課題となってきている。つ

まり，グローバルなプレゼンスを活かし，それを競争優位に繋げるためには，本社─海外子会社といった垣根を越えて，多様なバックグラウンドを持つ人材の能力を活用することが喫緊の課題となっているのである。このような認識は，1990年代以降に本格的に研究が行われるようになった知識社会やナレッジ・ワーカーに関する研究の台頭によってますます高まった。特に2000年以降になると，グローバルな規模で優秀な頭脳や才能を持つ人材の獲得競争が過熱し，特定の先進国（欧米諸国）以外の多種多様なバックグラウンドを持つ人材の活躍が注目され，彼らをどのように引き付け，リテンションを図るのかということに多くの関心が寄せられている（e.g., Florida, 2005, 2007；Friedman, 2005）。

MNCsがグローバル市場で競争優位を生み出すためには，グローバル経営[17]の遂行・達成を促すようにHRMの役割を変化させる必要があるとの認識の下，GHRMという用語が使用され始め，その概念化が試みられている（e.g., Pucik, 1992；Stroh and Caligiuri, 1998；Brewster and Suutari, 2005；Brewster et al., 2005；Kiessling and Harvey, 2005；Schuler and Jackson, 2005；Dickmann and Müller-Camen, 2006；Taylor, 2006；Scullion et al., 2007；Collings et al., 2009）。GHRMは論者によって多様にとらえられておりコンセンサスは得られていない。しかし，これらの議論に共通する前提をいくつか導き出すことはできる。

第1は，MNCsの組織がネットワーク型組織であり，グローバル経営を行う必要性に迫られているという前提である。従来のMNCsが本国の優位性を移転することによって競争優位を生み出していたのに対し，今日のMNCsはネットワーク型組織であり，本社─海外子会社から生み出された競争優位がMNCsのグローバルな競争優位に繋がっているという前提に立っている。第2に，グローバル経営の遂行に伴いHRMにグローバル戦略の"実行"という役割がより期待されていることである。第3は，本社─海外子会社の枠を越え，HRMの指針（principle）やHRMプラクティスの統一性，標準化が求められるようになってきていることである。第4は，このようなMNCsにおいて，年々，本社─海外子会社の垣根を越え，グローバル経営を遂行するグローバルマネジャーの育成，役割が高まってきているとの前提であ

る。第5に，MNCs内における知識移転，知識共有の重要性の高まりと共に，HRMがそれらを促進する役割を果たすようになってきているという前提である。このように，GHRM研究では，グローバル経営の遂行という観点から，HRMの役割をとらえることに力点を置く。

　グローバルマネジャーの育成，役割が注目された背景には，PCNsを対象とした海外派遣にかかわるコストの削減，HCNsのキャリアに関する不満の解消やグローバルアサイメントを通じて，グローバル戦略を遂行する役割を担う経営幹部層の予備要員を拡大するというビジネスニーズがあった（Pucik, 1992, p.69）。グローバルマネジャーには，海外子会社のマネジメント，調整，管理，グローバル戦略の遂行，知識の移転，共有等の役割が期待されている。Bartlett and Ghoshal（2003）は，MNCsにおけるスペシャリストとしてのグローバルマネジャーには4つのタイプがあるとし，マネジャーの役割を次のように分類している。第1は，ビジネスマネジャーであり，MNCsの諸活動の調整をする一方で，世界規模での効率性と競争力を高めるという責任を担うことが期待されている。第2は，カントリーマネジャーであり，現地市場の嗜好性を察知し，現地の制度的，規制的変化に対処することが求められる。第3は，ファンクショナルマネジャーである。彼らは，世界中から最先端の知識やベストプラクティス等を見出し，専門知識を移転する役割を担うと考えられている。第4は，コーポレートマネジャーであり，世界規模のオペレーション（トランスナショナル・マネジメント）に対して責任を負う。そのため，組織全体のリーダーとしての役割が期待され，競争優位の源泉となる優秀な人材をスカウトし，重要な人材をサポートする役割を担うと考えられている。

　上述してきたように，グローバルマネジャーを活用し，グローバル経営の遂行を促すために，GHRM研究では，各HRMプラクティスの役割がどのように変化してきているのか，あるいは変化させるべきかという議論が展開されている。これらの議論では，IHRM研究と同様に，グローバル統合，現地適応のフレームワークを用いている。しかしIHRM研究と異なる点は，単にHRMポリシー，HRMプラクティスのグローバル統合，現地適応の程度をとらえるのではなく，グローバル経営の遂行という観点から，それらHRMプ

ラクティスのグローバル統合,現地適応の倫理を明らかにしようと試みている点にある(e.g.,Pucik, 1992;Schuler and Jackson, 2005;Rosenzweig, 2006;Dickmann and Baruch, 2011)。

Rosenzweig(2006)は,「グローバルマネジャークラスの人材をスムーズに機能させるためには,キャリア評価,昇進,報酬の整合性を図ることが重要である」と指摘する(Rosenzweig, 2006, pp.41-42)。また,Dickmann and Baruch(2011)は,「HRポリシーやプラクティスを標準化することは,例えば,優秀な人材の識別,開発,キャリアプロセスという点に関して,現地人材の『グラスシーリング』の認識を避け,公平性を担保していると認知させることが可能となるだろう」と指摘する(Dickmann and Baruch, 2011, p.36)。このように,MNCsのある一定階層以上(経営幹部層)の人材を対象とするHRMポリシー,HRMプラクティスは標準化されるとの見解が示されている。以上の議論を踏まえて,GHRM研究の位置づけを示したものが図1-6である。

図1-6では,GHRM研究に関する先行研究を踏まえて(e.g., Pucik, 1992;Stroh and Caligiuri, 1998;Brewster and Suutari, 2005;Brewster *et al.*, 2005;Kiessling and Harvey, 2005;Schuler and Jackson, 2005;Dickmann and Müller-Camen, 2006;Taylor, 2006;Scullion *et al.*, 2007;Collings *et al.*, 2009),GHRM研究を1990年代以降に台頭してきた研究領域として位置づけている。また,本章第1節で考察してきたように,IHRMという概念にはMNCsの戦略実行を担う役割が含まれているとのPucik(1992)の主張を踏まえて,GHRM研究は,IHRM研究及びSIHRM研究をグローバル企業へと拡張した研究領域として位置づけている。IHRM研究とGHRM研究を区別してとらえた理由は,IHRMの初期の研究では主に海外派遣者(主にPCNs)を対象とする研究と各国MNCsのHRMの特殊性や同質性に着目したHRMの比較研究が中心に行われていることにある。他方,GHRM研究では,PCNsのみならず,HCNs,TCNsを含むグローバル人材を対象とするHRMの役割が注目されており,グローバル経営の遂行という観点からHRMのあり方を検討しようとする点がIHRM研究との違いであると考えられることによる。

第1章 GHRM研究の特徴と位置づけ

図1-6　GHRM研究の位置づけ

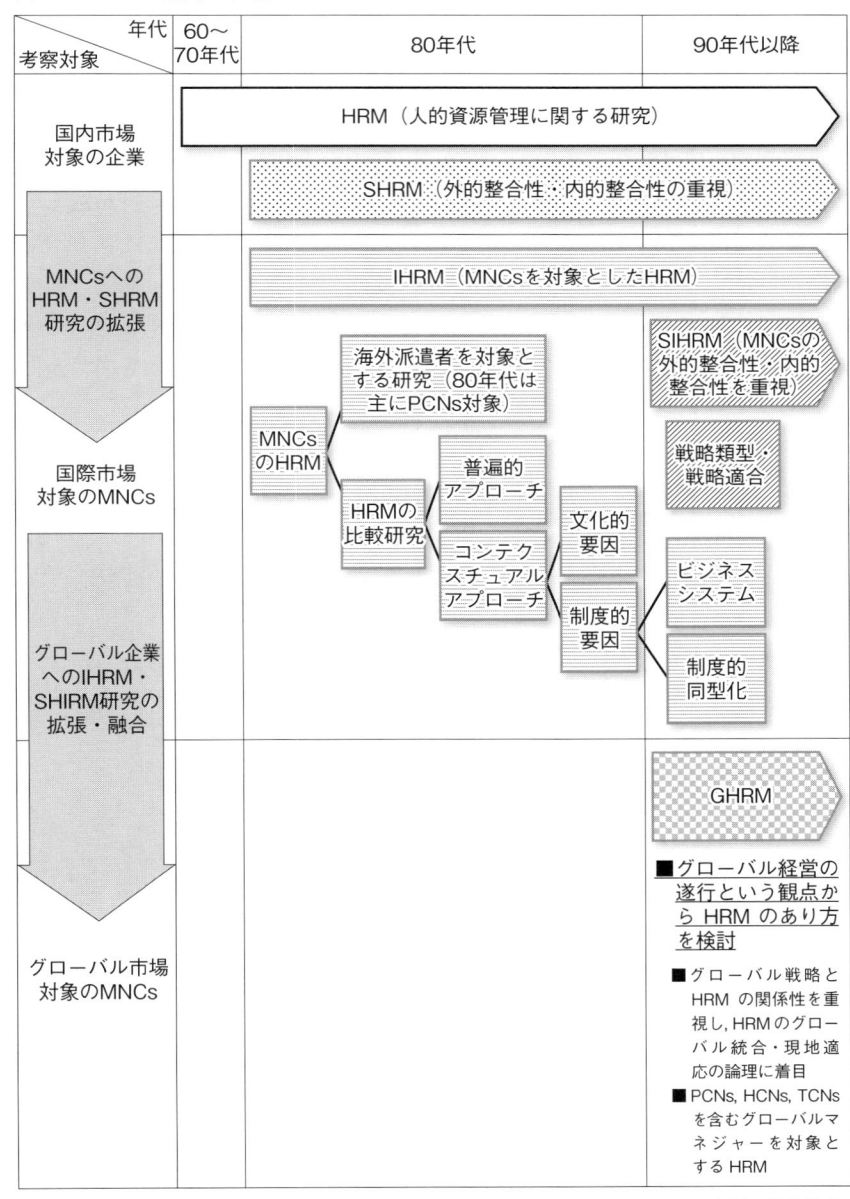

考察対象 \ 年代	60〜70年代	80年代	90年代以降
国内市場対象の企業	HRM（人的資源管理に関する研究）		
		SHRM（外的整合性・内的整合性の重視）	
MNCsへのHRM・SHRM研究の拡張		IHRM（MNCsを対象としたHRM）	
国際市場対象のMNCs		海外派遣者を対象とする研究（80年代は主にPCNs対象）／MNCsのHRM／HRMの比較研究／普遍的アプローチ／コンテクスチュアルアプローチ／文化的要因／制度的要因	SIHRM（MNCsの外的整合性・内的整合性を重視）／戦略類型・戦略適合／ビジネスシステム／制度的同型化
グローバル企業へのIHRM・SHIRM研究の拡張・融合			GHRM
グローバル市場対象のMNCs			■グローバル経営の遂行という観点からHRMのあり方を検討 ■グローバル戦略とHRMの関係性を重視し，HRMのグローバル統合・現地適応の論理に着目 ■PCNs, HCNs, TCNsを含むグローバルマネジャーを対象とするHRM

出所：筆者作成。

55

小括

　本章では，企業活動のグローバリゼーションの進展に伴いIHRM研究はますますその重要性を増しているにもかかわらず，IHRMという用語や概念は多分に曖昧さを残しているとの問題意識から，先行研究のレビューを通じてIHRM研究台頭の背景及びその発展系譜について考察した。ただし，IHRM研究といってもその内容は多岐にわたっており，本章ではIHRM研究の概要を示したに過ぎない。これらの先行研究を踏まえて，本章では，GHRM研究の特徴及びその位置づけをIHRM研究の発展系譜を踏まえながら明らかにした。

　本書の考察対象は，本書の問題意識と課題でも示したように，日本企業におけるGHRMである。この課題を明らかにすることを目指して，次章では，先行研究で指摘されてきた日本企業の抱えるIHRM上の問題の1つである，経営現地化問題に焦点を当てる。経営現地化に関する先行研究を踏まえて，なぜ日本企業において経営現地化が問題とみなされているのか，また本書のキー概念であるHRMシステムという視点の意義を明らかにすることが次章の目的である。

注

1) 本章は，2012年に『四国大学紀要』人文社会編38号に掲載した「グローバル人的資源管理の検討課題：国際人的資源管理研究の発展系譜を踏まえて」（笠原，2012a，pp.113-137）に加筆・修正したものである。
2) SHRM研究が台頭する以前は，1960年代半ばまで主流であったとされる人事・労務管理（PM：Personnel Management）研究，1980年代半ば頃まで主流であったとされる人的資源管理（HRM：Human Resource Management）研究がある。しかし，本稿ではIHRM研究の発展経緯について論じるものであり，それと深い関わりがあると考えられるSHRM研究から議論を始めることとする。
3) 1970年代から1980年代半ば頃までの時期は，人的資源管理分野の研究では，PMからHRMへ人材マネジメントの論理が変化しているとする研究が盛んに行われている（e.g.,

Tichy *et al.*, 1982；Beer *et al.*, 1985；Guest, 1987；Ferris *et al.*, 1995）。これらの研究では，"PM と HRM との差異とは何か"ということに議論の焦点が当てられている。例えば，PM から HRM への変化の1つの要因として，労働者観の変化が指摘されている（岩出，2002；蔡，2002）。PM では労働者をコストとみなし，怠業をいかに防ぐかという観点から管理・監督が行われたが，HRM は人的資本論と行動科学の影響を受け，人材は投資価値のある資源とみなされるようになり，いかに従業員を組織にコミットさせるかが重視されるようになった（蔡，2002）。Guest（1987）は，PM と HRM の相違の説明を試みており，その見解には3つのアプローチがあると指摘している。1つは，単に PM を HRM と呼び変えたとするものであり（e.g., Legge, 1978），第2のアプローチは，PM 部門の仕事の特徴や人材の役割を再概念化，再組織化する1つの方法として HRM という用語を用いるものである（例えば Beer *et al.*, 1985 に代表されるハーバード学派）。第3のアプローチは，PM と HRM は一線を画すととらえるアプローチである。このアプローチでは，HRM の戦略的な役割（e.g., Alpander, 1982；Tichy *et al.*, 1982）や人的資源の積極的な活用（e.g., Ross, 1981）の重要性が指摘されている。ただし，Tichy *et al.*（1982）の論文タイトルは"Strategic Human Resource Management"であり，SHRM の視点から PM と HRM の相違を論じている。以上のようなアプローチの相違から，PM と HRM は何が，どのように異なるのかという相違についてのコンセンサスは十分に得られていないようである。

4）Schuler and Jackson（1987）は，企業が追求する戦略によって求められる従業員の役割行動は異なるとの認識から，3つの戦略に応じて必要とされる従業員の役割行動を示し，HRM プラクティスの特徴を類型化している。詳しくは Schuler and Jackson（1987）を参照されたし。

5）その他には，ベストプラクティスアプローチ（普遍的アプローチ）とコンフィギュレーションアプローチがある。ベストプラクティスアプローチは，HRM と企業業績との関係を重視し，経営戦略を含むあらゆる状況・組織に普遍的に妥当する「最善の HR 施策」があるという前提に立ったものである（e.g., Beer *et al.*, 1985；Walton, 1985；Lawler, 1986；Pfeffer, 1994, 1995）。このアプローチは，ハーバード大学の研究者たちが中心となり，1960年代以降の QWL 運動の伝統を引き継ぐ形で展開されており，アメリカ経済の構造的変化が新たな HRM を要求しているとの認識に立っている（岩出，2002, p.67）。このアプローチが最も重視していることは，組織や仕事への従業員コミットメントの確保を通じて彼らの献身的な努力を引き出すことであり，それを可能とする HRM プラクティスの特定化が研究の焦点となっている（e.g., Pfeffer, 1994）。したがって，経営戦略は企業が直面する環境の一要素程度にとらえられており，内的整合性も，従業員のコミットメントの確保という方向と矛盾してはならないという程度でとらえられている（岩出，2002, p.84）。

コンフィギュレーションアプローチは，ベストプラクティスアプローチにおける最善の HRM プラクティスを追及しながらも，コンティンジェンシーアプローチに適合する要件を生み出していこうとするアプローチである（e.g., Huselid, 1995；Deley and

Doty, 1996；Youndt *et al.*, 1996)。このアプローチでは，HRM システムは個々の HR 施策の寄せ集めではなく，組織目標の達成を可能とするための計画的な HRM プラクティスのパターンとして理解し，内的整合性，すなわち，HR 施策の "編成" (configuration) を第一義的に構想する。次に外的整合性の要件を満たす HRM 編成を追及しようとするものである (岩出，2002, p.109)。

6) 彼らは，Fombrum *et al.* (1984)，Galbraith and Nathanson (1978) の研究を踏まえて，初期の HRM 研究は，企業戦略と HRM プラクティスとの整合性を図る必要性を認識していたが，あくまでも HRM プラクティスを個別のもの ― 'strategic selection'，'strategic appraisal'，'strategic development'，'strategic rewards' ― として扱っているにすぎないことを指摘している (Wright and McMahan, 1992, p.298)。

7) 彼らは，業績評価の領域の研究者は，評価プロセスの精度や有効性を最大化するための多様なテクニックの研究を行うことに長けているが，評価システムと選抜プログラムとの関係性の理解にはほとんど研究の関心を払っていないと指摘している (Wright and McMahan, 1992, p.297)。

8) SHRM 研究には 3 つのアプローチがあると述べたが，当然ながら依拠するアプローチ，研究者によって成果変数は異なる。詳しくは岩出 (2002) を参照されたし。

9) 後に，Heenan and Perlmutter (1979) は 4 つ目のカテゴリーである地域志向型 (regiocentric) を付け加えている。

10) Peace Corps は，ケネディ大統領のニューフロンティア政策の 1 つとして 1961 年に誕生した国際協力団体であり，発展途上国の人的資源の開発や経済発展のためにボランティア活動を行っている (Peace Corps のウェブサイト参照：http://www.peacecorps.gov/)。

11) 近年では，規範的同型化を促す要因として，学術研究者の存在やコンサルティング・ファーム，アメリカやイギリス等の大学院で実施されている人的資源の専門家を育成することを目的とした認定プログラム (certification program) 等が指摘されている (e.g., Pfeffer, 1994；Kuruvilla *et al.*, 2003；Björkman *et al.*, 2007)。

12) Ferner and Quantanilla (1998) の研究では，各同型化の圧力は個別に描写されている。白木 (2006) はそれらを体系的に捉え直し，図示しているため，本章では，白木 (2006) の図を援用した。

13) Schuler *et al.* (1993) の概念フレームワークの MNCs の競争戦略は，Schuler and Jackson (1987) の研究成果で取り上げたモデルを MNCs に援用したものである。彼ら自身も指摘しているが，Schuler and Jackson (1987) のモデルは，国内市場 (米国) を対象にしたものであり，その有効性は明らかにされていない。

14) Dickmann and Müller-Camen (2006) は，ドイツ MNCs6 社のケーススタディを通して，IHRM の類型化を行っている。彼らは，標準化の程度の測定項目として，HR ガイドラインと 5 つの HRM プラクティス (採用・選抜，教育訓練，キャリアマネジメント，業績評価，報酬) を取り上げている。また，ナレッジ・ネットワーキングの測定項目として，IHRM 計画から構成される官僚的調整 (bureaucratic coordination) と国際的プロジェ

クトグループや海外派遣者から構成される社会的調整（social coordination）を設定している。詳しくは，Dickmann and Müller-Camen（2006）を参照されたし。
15) 文中の（MNCs の）という言葉は筆者が付け加えたものである。
16) 田端（2007）は，グローバルなレバレッジとして，オペレーションの効率を上げることと，どこかの機会をとらえてイノベーションを起こし，これを製品もしくは技術・ノウハウという形で他の拠点に移転することの2つを指摘している。しかし，同様のレバレッジを達成しようとする場合にも，活動のフォーメーションの違い，組織として調整をどのようなやり方で進めるかという違いがあり，企業の出自（出身国の文化の影響や，海外展開したときの歴史的背景）が影響すると論じている（田端，2007, pp.20-21）。詳しくは田端（2007）を参照されたし。
17) 本論文でグローバル経営という用語を使用する場合，田端（2007）の研究に依拠し，グローバル戦略を伴う（含む）ものとする。ただし，引用もしくは先行研究の議論に応じて，グローバル戦略と表記する場合もある。

第2章

日本企業における経営現地化の諸課題[1]

はじめに

　本章の目的は，グローバル経営の遂行という観点から経営現地化問題に焦点を当て，なぜ経営現地化が日本企業において進展しにくいのか，ということについての検討課題を明らかにすることである。

　マネジメント諸機能の中で，人事機能は分権化の程度が高い機能であると考えられてきた（e.g., 根本，1988；Harzing, 2001）。それは，進出国によって，労働市場や労働観，雇用関係法等が異なるためである。MNCsは，このような現地環境への適応（現地適応）を行う一方で，MNCsとして一貫性のあるマネジメントを行うこと（グローバル統合）も同時に求められている。多国籍企業論に代表される従来の議論では，本国で生み出された優位性を海外子会社に移転するという側面が強調されてきた。しかし，今日のMNCsは，すでに複数国でビジネス展開を図っており，本社―海外子会社の垣根を越え，MNCsがグループとしてどのように優位性を生み出すかが重大な関心事となってきている。MNCsがグループとして優位性を生み出すためには，グローバル経営という視点が必須となる。

　本章で中心的に取り上げる経営現地化には，資本の現地化，人材の現地化，技術の現地化，原材料・部品の現地調達，経営管理的スキル（金原，1988，pp.52-53），また経営権の現地化，流通機能の現地化，輸送手段の現地化（坂本，1982）等の諸側面がある。それらの中でも本章では，人材の現地化に焦点を当てる。その理由は，IHRM研究の視点から日本企業のグローバル経営

のあり方をとらえた場合，分散配置された拠点間の調整は，欧米企業に比べて，主にPCNsによって行われており，その結果，海外子会社に従事するHCNsの当該子会社及び本社あるいは他国の海外子会社を含めたグローバルな規模でのキャリア構築等の機会が限定されているという現状にあることが明らかとなるためである。

　これまで，IHRMのあり方は，発展段階論的視角（e.g., Perlmutter, 1969；Franko, 1973；Heenan and Perlmutter, 1979；花田, 1988a, 1988b；Adler, 1991）及び戦略類型論的視角（e.g., Schuler et al., 1993；根本・諸上, 1994；Hannon et al., 1995；Taylor et al., 1996；Dickmann and Müller-Camen, 2006）からとらえられてきた。いずれの視点においても目指すべき理想型が示され，グローバル統合・現地適応の観点から，各発展段階，各戦略類型に応じたIHRMの特徴が指摘されている。発展段階論的視角での最終到達点であるグローバル化段階，戦略類型論的視角でのグローバル戦略・トランスナショナル戦略（グローバル企業，トランスナショナル企業）に位置づけられる企業では，国籍等の属人的要素にかかわらず優秀な人材が経営層，経営幹部層のポジションに登用されることが想定されている。しかし，経営現地化に関する先行研究では，欧米企業に比べ，日本企業では，経営現地化が遅れているという実態や，本社―海外子会社においてTCNsの活用がほとんどないという現状が明らかにされている。これは，日本企業のIHRMの特徴の1つとして指摘されている本国からの派遣者を通じて，海外子会社の直接コントロールを行うことと深く関係している。この日本人派遣者に依存した海外子会社の直接コントロール方式は，物理的限界にあると指摘されており，1980年代以降から，経営現地化を図るべきであるとの議論が繰り返し展開されてきた。しかし，残念ながら，今日においても日本企業における現地化問題は十分な解決に至っていない。経営現地化への取り組みは，MNCsがグローバル化段階へと移行する上で不可欠な「プロセス」であり（e.g.,Scullion and Collings, 2006, p.89），グローバル経営を実行する上で避けることのできない重要な課題と認識されている。

　ただし，日本企業の経営現地化に関する先行研究は，必ずしもグローバル経営という観点から考察されてきたわけではない。グローバル経営という観

点よりも，日本企業における経営現地化の"実態"に関する考察が中心である。本書では，経営現地化が進展しづらい一因として，日本企業には本社—海外子会社間でグローバル経営の遂行という観点から経営幹部層を対象とした"一貫性のある"HRMシステムが構築されていないために，経営現地化が進展しにくいのではないか，との問題意識を持っている。日本企業がグローバル市場に活路を見出し，生き残りを図るためには，本国あるいはPCNsを対象としてきたIHRMのあり方を再考しなければならない。

1. 経営現地化に関する議論

1-1．なぜ経営現地化が求められるのか

海外子会社における人材の現地化の方法には次の2つの方法がある。1つは，HCNsを従業員として雇用する「雇用の現地化」であり，もう1つは，HCNsを経営者に登用する「経営現地化」である。雇用の現地化とは，子会社のロワー・マネジメントレベル（役職をもたない従業員層，ブルーカラー層）とミドル・マネジメントレベル（役職従業員層，ホワイトカラー層）の従業員に全てHCNsを充てることであり，経営の現地化とはトップ・マネジメントレベル（経営者層）にHCNsを起用することである（茂垣，2006, p.142）。雇用の現地化はほぼ進められている状態にあり（e.g., 吉原，1989），今日，検討課題として取り上げられているのは経営現地化である。経営現地化は，次の2つの側面からその必要性が論じられてきた。第1は，外資系企業と受入国側の利害が対立する問題としての側面であり（e.g., 金原，1988；石田，1994），第2は，HCNsをどのレベルまで登用し，活用するかというMNCs側の問題としての側面である。本章では，第2の側面に焦点を絞って，以下の議論を進めていく。

MNCs側の問題として取り上げられる経営現地化に関する議論では，積極的にHCNsやTCNsという多様なバックグラウンドを持つ人材を活用する重要性が指摘されている。この議論は，海外派遣者の活用の問題と併せて展開されてきた。そもそも企業が海外派遣を行う動機には，適任者を容易に確保し，

訓練することができない場合に行われる"ポジションの補充"，重要な国際ビジネスを遂行する組織の責任を負うポジションに配置する"管理者の育成"，組織や意思決定プロセスを修正し，維持するための手段としての異動である"組織開発"がある（Edström and Galbraith, 1977）。Sparrow et al.（2004）は，Edström and Galbraith（1977）の研究にもとづき海外派遣者を活用する理由を明らかにしている。第1は，専門知識を持つHCNsが不足していること，第2は，海外派遣者のキャリア開発や彼らを国際経営人材（international cadre of managers）として育成すること，第3は，専門知識を持つ人材の移転，海外子会社のコントロール，グローバル政策の調整を行うこと，である。

経営現地化と深くかかわる問題には，PCNsが海外子会社の重要なポジションを占有するという状況にある。PCNsが海外子会社の重要なポジションに就く理由として次の3点が指摘されている。第1は，PCNsは本国の目標，戦略，諸施策，諸慣行に熟知し，管理的・技術的専門知識を保有していること（e.g., Harzing, 2004；Scullion and Collings, 2006），第2は，本社と海外子会社との調整役を果たし，本社の意向に従い海外子会社のマネジメントをコントロールすることが可能だと考えられてきたこと（e.g., Phatak, 1983；Dowling and Schuler, 1990；Harzing, 2004；Scullion and Collings, 2006），第3は，海外子会社への派遣は，優秀なPCNsのキャリア構築の機会としてとらえられていること（e.g., Harzing, 2004；Scullion and Collings, 2006）である。しかし，PCNsを海外子会社に派遣することにより，HCNsの現地環境への適応の難しさ，海外派遣者の選抜，教育訓練，派遣コストの増大，PCNsを基幹職に登用することによるHCNsの昇進可能性の減少・モチベーションの低下等の諸問題が発生する。これらの諸問題は，MNCsにHCNsの活用を積極的に行う動機をもたらしていると考えられている。HCNsを活用するメリットとしては，第1に，彼らは法的，政治的環境及び現地国のビジネス慣行に精通しているため，現地国の要求に迅速に対応することができることであり，第2は，PCNsやTCNsに比べて雇用コストは低く，彼らにMNCsの海外子会社における昇進可能性を提供することによって，彼らのコミットメントやモチベーションを高めることが可能となること等である（e.g., Harzing, 2004；Scullion and Collings, 2006）。

ただし，HCNsを当該子会社の主要なポジションに登用することは，これまでPCNsが担ってきた役割（MNCグループとしての海外子会社の役割を理解しコントロールすること，本社との円滑なコミュニケーションを図ること等）をHCNsが担うことを意味する[2]。したがって，経営現地化の進展を図ることができるかどうかは，海外派遣者を削減した場合にも本社と海外子会社間で首尾一貫したオペレーションが保障されるかどうかにかかってくる（吉原，2002，p.148）。しかし，MNCsにとってグローバル経営が理想ではなく，実際的な課題となってきた今日，極度の経営現地化は支障をきたしかねない。なぜならば，国境を越えた人材配置の削減は，グローバル戦略の達成に必要な幅広いスキルを持つマネジャー層を削減することにも繋がると考えられるからである（Pucik, 1992, pp.69-75）。したがって，各国海外子会社経営幹部層の全てのポストにHCNsを登用すべきとする極度の経営現地化論には留意しなければならない。

　PCNsの海外派遣に伴う諸問題への対応という視点からだけではなく，グローバル経営の遂行という観点からも，経営現地化の進展は求められている。1990年以降，HCNs, TCNsを含めて，グローバル戦略の実行を担う人材であるグローバルマネジャーの育成・活用の重要性が指摘されるようになってきた（e.g., Adler and Bartholomew, 1992；Abbas and Robert, 1996；Black et al., 1999；Stanek, 2000；Evans et al., 2002；Bartlett and Ghoshal, 2003；Townsend and Cairns, 2003；Scullion and Collins, 2006）。グローバルマネジャーは，「グローバルなコンテクストにおいて，戦略を立案，実行し，資源やアイデア，技術を効果的に組み合わせて活用し，情報を創造・調整することのできる人材」（Black et al., 1999，邦訳，p. iii）としてとらえられている。グローバルマネジャーは，グローバル戦略の実行を通じて，MNCsの競争優位の構築に貢献すると考えられている。年々，グローバルマネジャーのビジネスニーズは高まっているが，子どもの教育問題や生活の質の向上に対する意識の高まり等から海外勤務を忌避する傾向がみられ，グローバルマネジャーが多くのMNCsで不足しているという現状にあることが指摘されている（e.g., Scullion and Collings, 2006, pp.90-92）。したがって，グローバルな規模でビジネス活動を行うMNCsにとって，グ

ローバル戦略を遂行する経営幹部層及びその予備要員の拡充は喫緊の課題となっている（Pucik, 1992, p.69）。

1-2. 日本企業を対象とした経営現地化の規定要因

日本企業における経営現地化の規定要因について述べる前に，日本企業における海外派遣者数の推移について確認したい。

図2-1は，日本企業の海外派遣者数の推移を示したものである。本調査統計は，欧米企業との比較を行っていないため，日本企業が多くの人材を海外に派遣しているとは一概にはいえない。しかし，図2-1は，2012年度の全体数でみても約21万人が海外に派遣されていること，また，日本企業は，北米，欧州（西）を抑え，アジア地域に多くの海外派遣者を派遣していることを示している（2012年度は146,073名）。アジア地域の内，中国への派遣者

図2-1　日本企業の海外派遣者数の推移

日本人海外派遣者数（人）

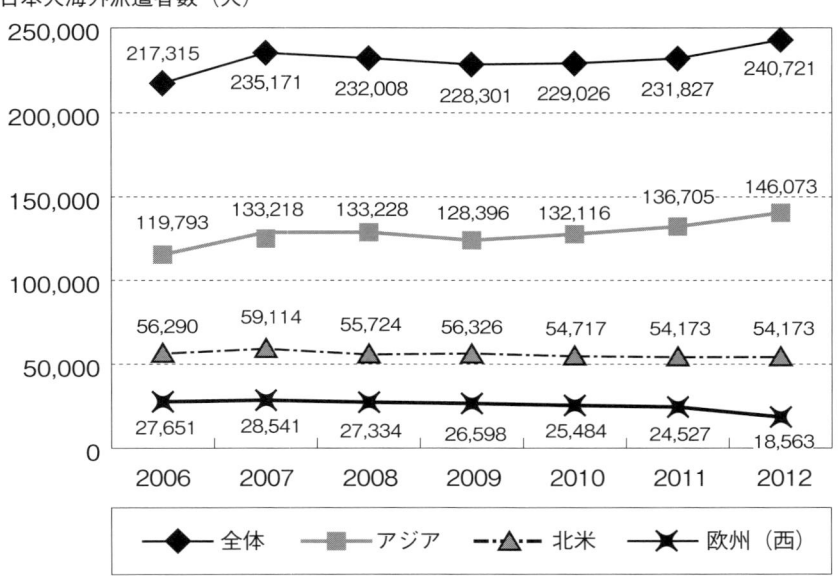

年度	全体	アジア	北米	欧州（西）
2006	217,315	119,793	56,290	27,651
2007	235,171	133,218	59,114	28,541
2008	232,008	133,228	55,724	27,334
2009	228,301	128,396	56,326	26,598
2010	229,026	132,116	54,717	25,484
2011	231,827	136,705	54,173	24,527
2012	240,721	146,073	54,173	18,563

出所：海外在留邦人数調査統計（2006年度〜2012年度）外務省データ（http://www.mofa.go.jp/mofaja/took/tokei/hojin/）から筆者作成[3]。

が78,168人となり，半数以上を占めている現状にある（海外在留邦人数調査統計2012年度版）。先行研究では，海外派遣者の活用と経営現地化は密接な関係にあることが指摘されてきた。それでは一体経営現地化に影響を与える要因としてどのようなものがあるのだろうか。永野（1992）によると，経営現地化に影響を与える要因として，日本型職務構造仮説と操業年数仮説の2つが提唱されているという。以下，それぞれみていこう。

　永野（1992）によると，日本型職務構造仮説とは，石田（1985，1989），佐藤（1984a，1984b）によって提唱されており，次のような内容である。日本企業の職務構造は極めて柔軟になっており，職務領域が曖昧に設定されている。そのため，入社以来の教育訓練やOJT（On-the-Job Training），さらにローテーションを通じて，柔軟な職務への対応を可能にする従業員を育成してきているが，日系海外子会社ではそのような育成プロセスを経ていないHCNsを活用せざるを得ない現状にあり，そこに曖昧な職務構造という特性のあるシステムを持ち込むため，結果として経営現地化が進展しない，という仮説である（永野，1992，pp.592-593）。

　佐藤（1984a，1984b）は，公式的現地化，実質的経営現地化の2つの指標を用いて，インドネシアの日系企業15社を対象に経営現地化の現状にみられる特徴と経営現地化を規定する要因について考察を行っている。公式的現地化とは，経営組織の中でどの職能のどの職位まで現地人が就いているかということによって現地化の実態を測ろうとするものであり，実質的経営現地化とは，現地人管理職や監督職にどの程度の権限が与えられているかということから現地化の実態をみようとするものである（佐藤，1984a，p.3）。佐藤（1984b）は，日本企業の海外子会社において実質的経営現地化が遅れる理由を日本型職務構造の特性に求めている。彼は，実質的経営現地化の遅れは，出向者を代替しうる人材が十分に育っていないことに起因すると指摘する。日本企業が求める管理職の人材像は，企画能力及び問題解決能力があり，部門間の調整力を持ち，自分の職務領域にこだわらず，多能的で率先垂範的な態度を持つ人材（佐藤，1984b，p.12）であるという。このような人材像は，日本型職務構造に結びついており，この職務構造を前提とするために，日本企業では，職務記述書（マニュアル化・公式化）を厳密かつ詳細に作成する

という志向が欧米企業に比べて弱く，人を媒体とした技術等の移転に依存する傾向があると指摘する。したがって，操業段階ごとに最も必要とされ，かつ比較的移転が容易な職務から順次移転されるが，移転が相対的に難しい管理業務ないし開発・改善業務を行う段階になると，経営現地化のテンポは遅くなり，特に経営トップと生産部門における実質的経営現地化が遅れると指摘する。

　一方，操業年数仮説とは，海外子会社の操業年数が経営現地化に影響を及ぼしているととらえる仮説である。永野（1992）は，アジアに進出している日系企業の部長職以上を対象とする分析を通じて経営現地化の決定要因の特定化を試みている。永野（1992）の研究の貢献点は，製品マーケット別（製品・サービスの主たる供給先を現地市場対象，現地の日系企業対象，日本や第三国対象に分類）に海外子会社の役割をとらえ，それと操業年数が経営現地化にどのような影響を及ぼしているかを明らかにしたことにある。彼の分析結果によると，①現地市場を対象に製品・サービスを提供している現地子会社では，操業年数仮説が当てはまるが，②それ以外の企業，特に日本や第三国への輸出を中心とする現地子会社では，操業年数の長さは，日本人比率の低下に結びつかないことが示されている。②の結果に対して，永野は，世界市場を対象とする製品を供給する現地子会社の管理職には，高度な専門知識が求められ，また日本本社で立案される企業の世界戦略と現地生産を連動する必要があるため（日本本社との連携の必要性），経営現地化が進みにくいのではないかと説明している。以上が操業年数仮説を提唱する研究の概要である。

　加えて，多国籍内部労働市場という概念から，日本人派遣者活用の決定要因について考察している研究がある。白木（2006）は，多国籍内部労働市場（内部労働市場の国際的外延化）という概念を提示し，日本企業のIHRMの特性を明らかにしようと試みている。その分析の1つの試みとして，日本人派遣者の決定要因についての考察を行っている。彼の分析結果によると，以下の4つの場合，すなわち，日本企業側出資比率が100％またはそれに極めて近い場合，日本本社の経営理念やHRMシステム（経営システム）を積極的に海外子会社に導入しようとする場合，現地子会社におけるローカル大卒比率

が高い場合には日本人派遣者比率は高くなるという。他方，以下の2つの場合，すなわち，現地子会社におけるHCNsが部課長，もしくはそれ以上の役職を担当できるまでに育成されている場合，現地法人の社長にHCNsあるいはTCNsが登用されている場合には日本人派遣者比率は低くなるという。白木（2006）自身も指摘しているが，彼の調査結果の興味深い点は，海外子会社におけるローカル大卒比率が高いと，日本人派遣者比率も高くなるという点である。この解釈として，白木は，高学歴人材の蓄積が進むほど現地法人が取り扱う製品・技術・サービスレベルが高くなり，その結果，日本本社からの技術並びに経営管理ノウハウの移転が盛んに行われると説明している。

これまで概観してきた先行研究において日本企業の経営現地化に影響を与えると指摘されてきた要因は，表2-1に要約される。

表2-1　日本企業における日本人派遣者活用の規定要因

本国・親会社の特性		海外子会社の特性
－	経営理念の積極的な移転（白木，2006）	＋／－ 操業年数（佐藤1984a，1984b；永野，1992）
－	日本型職務構造に基づく技術・管理ノウハウ・HRMシステム（経営システム）の積極的な移転（白木，2006）	－ 出資比率（白木，2006）
		－ 教育レベル（現地国籍人材の大卒比率）（白木，2006）
		＋ 日本企業の求める人材の充足（佐藤，1984b；白木，2006）
		＋／－ 製品マーケット別の海外子会社の役割（永野，1992）

出所：筆者作成。

表2-1中のマイナス（－）は，経営現地化の進展に負の影響（日本人派遣者の活用）を及ぼすと考えられていることを示し，プラス（＋）は，経営現地化の進展に正の影響を及ぼすと考えられていることを示している。

これまでの議論から，日本企業における経営現地化の進展は，主に日本型職務構造を前提とするマネジメントを海外子会社で実行していることに影響を受けていることがわかる。そこで，次節では，日本企業のIHRMの特質という視点から経営現地化の諸問題について検討する。

2. 日本企業の IHRM の特質がもたらす経営現地化の諸問題

　日本型職務構造にもとづくマネジメントが海外子会社で行われている背景には、日本本社で生み出された技術や生産システムが日本企業の競争力を構築していると考えられていることにある。日本企業の生産システムや技術移転は、長期雇用、柔軟な職務構造、人の要素を重視した賃金体系、OJTによる教育訓練等の日本的経営システム[4]によって支えられてきた（e.g., 金原, 1988；安保他, 1991；岸, 2010）。

　金原（1988）は技術移転の視点からOJTの果たしている役割と、海外子会社と本社の技術移転に関するギャップについて次のように指摘している。日本企業におけるOJTによる教育訓練の普及は、日本における終身雇用制、外部労働市場の未発達、新卒者の定期採用がその背景に存在している。OJTは、それらの要因にもとづいて、技術者及び熟練者の長期的な内部育成、労働市場の内部化を促すべく制度化された。OJTは、もともと作業技術、操作技術の熟練を高める方法であったが、日本企業におけるOJTの発達はそれに止まらず、技術は動的で絶えず進化するものであるとの考え方と強く結びつき、生産ラインの現場において技術改良や技術開発を推進するものとして制度化された。多くの日本企業では、技術内容が文書化され、マニュアル化されることによって遂行される技術は静的技術ととらえられ、それでは厳しい技術競争、市場競争に生き残ることができないと考える。しかし、OJTは絶えざる改善を追求するが故に、現地国側に技術移転についての未完了感を常に残し、また職務内容、権限・責任、職務評価基準が曖昧なため、技術移転が行われにくいものと判断されるという側面がある。それにもかかわらず日本企業がOJTによる技術移転を行うのは、それが日本企業の優れた品質管理を生み、国際競争力を維持する上で不可欠であるとみなされているためである（金原, 1988, pp.66-70）。したがって、日本本社にとってOJTを通じた技術移転は継続的・動的な取り組みとなり、海外派遣者を通じた移転を行う動機や理由となっている。

　安保他（1991）は、北米に立地する日系製造企業450社を対象とした実証

研究を通じて海外派遣者の役割を次のように説明している。1つは，海外派遣者のオールラウンドな目配りとさまざまなレベルでの媒介機能，そして技術・ノウハウがあらゆる隙間を埋め，本社―海外子会社間のギャップをカバーしており，日本的経営を体現していること，第2は，それに際して，通常の職制を持たないコーディネーターあるいはアドバイザーとして活躍する海外派遣者は，日本本社で作り出したシステムの本質ないし論理を海外子会社の環境条件を理解した上で，現地子会社に修正しながら適応させるという点で中心的な役割を果たしていることである。このように，海外派遣者の果たす役割は，日本的経営システムの強みと深く結びついているため，非合理な日本的特殊要因として機械的に分離することは実際には実現しにくいと指摘する（安保他，1991，p.262）。

　岸（2010）は，台湾に進出した日本製造業の台湾人長期勤続マネジャーを対象としたインタビュー調査から，日本企業にとって優秀な人材は，高い野心を持った即戦力となる人材ではなく，日系企業のなかで独特に働く「暗黙知」を積極的に獲得したHCNs（結果的に企業内部に残った人材）であり，彼らが「優秀な人材」として日系企業経営の中核となる仕事を任されることになると指摘する（岸，2010，p.47）。岸の議論では，日本的経営システムは日本企業の強みであり，日本的経営システムへの深い理解をもったHCNsを蓄積することが経営現地化を促進し，日本企業の競争力を高めるとの論理が働いている。岸（2010）の議論を踏まえると，日系海外子会社において経営現地化の進展を図るためには，HCNsに日本的経営システムの特殊性を受け入れ理解してもらうことが必須となる。しかし，裏を返せば，日本的経営の特殊性になじめない外国籍人材にとっては居心地の悪い企業となり，転職という道を選ばざるを得ないのかもしれない。日本的経営システムを理解し，体現できる人材，あるいはその可能性を持つ限られた人材のみでグローバル経営を実行することは実質的に難しいのではないだろうか。転職によってキャリア構築を図る傾向の高い外国籍人材に対して，日本的経営システムへの理解を求め，海外派遣者を代替する人材へと育成するには相当の時間を要することになる。どれだけの人材が転職をせずに日本企業に留まるかは未知数である。少なくとも，経営現地化という観点からみると，日本的経営システム

は大きな制約要因となっている（e.g., 金原，1988）。

3. 経営現地化に向けた HRM システムの諸課題

3-1. 日本的 HRM の海外子会社への適用可能性に関する議論

　前節でみてきたように，日本企業のHRMは，日本的経営システムと深く結びついており，その結果，海外子会社の経営は，海外派遣者による直接コントロールによって行われるという特徴があった。これは，日本の社会文化的土壌や文脈の中で培われてきたHRMを国際市場に適用してきたことに起因すると考えられる（HRMの国際化：IHRM）。しかし，このマネジメント方法は，日本企業がグローバル市場でビジネスを展開するにつれ齟齬をきたすようになっていることは先行研究で指摘されてきた通りである。したがって，日本企業は，日本の社会文化的土壌や文脈の中で培われ，発展させてきたIHRMをグローバル市場での競争を念頭に置き，グローバル経営の遂行という観点から再考しなければならないのである。すなわちIHRMのグローバル市場への適用（IHRMのグローバル化）である。本章第2節で検討してきたように，グローバル経営の遂行には，PCNsだけではなく，HCNs，TCNsを含めた人材の育成・活用が前提となり，グローバル統合，現地適応という観点から一貫性のある調整が求められる。

　以下では，先行研究において，日本的HRMの海外子会社への適用可能性についてどのような議論が展開されてきたのか，また実際に，日本企業の海外子会社，特に経営幹部層以上を対象とした場合，日本企業のIHRMにはどのような問題があると認識されているのか，ということについて考察する。日本企業のHRMの海外子会社への適用可能性についての議論は，必ずしもグローバル統合・現地適応という視点に立つものではないが，先行研究でその適用可能性がどのようにとらえられてきたのかを理解することは，次章で取り上げるIHRMのグローバル化を検討する足がかりとなる。

　日本的HRMの海外子会社への適用可能性に関する議論は，適用可能と主張する研究と適用は困難であると主張する研究に大別できる[6]。適用可能と主

張する研究は，主に小池・猪木（1987），小池（1999），石田（1985，1989，1994）である。小池・猪木（1987），小池（1999）は，日本的生産システムの中心的な特質を作業現場の"技能"形成に求め，変化と異常への"対処能力"を中核とする知的熟練の重要性を指摘している（小池・猪木，1987，p.12）。彼らによると，知的熟練は企業特殊的熟練であり，長期勤続を前提とした幅広いOJTによって身に付くものであるという。そして，企業内で経験を積む知的熟練の形成方式やそれにもとづいた働き方，すなわち，長期雇用，専門のなかで幅広く仕事を経験し技能を高めること，査定つき定期昇給つきの社内資格給などは他国にも大いに存在し，普遍性があると指摘する（小池，2005，pp.233-234)[7]。

　石田（1985，1989，1994）は，日本型HRMはブルーカラーには成果を挙げているが，上級人材の管理では問題点があると指摘し，海外子会社への適用には部分的な修正を必要とする修正日本型HRMを提唱している。石田によると，マネジャーや専門職等の上級管理者を対象に，理念（人的資源の重視，共同体志向，階層平等主義）を適用することは可能であるという。しかし，制度・慣行については，現地市場を反映した次のような修正が必要であるという。①採用は経験者のキャリア採用と新卒採用の併用，②教育訓練はOJTを中心としつつもOff-JTの強化，③職能間異動は本人の了解のうえで行い適度に専門化したキャリアの形成，④開放的内部昇進，⑤能力・業績重視の評価システムとフィードバックの実施，⑥職務・業績重視の給与システム，⑦雇用安定（慎重な採用，配置転換，ある程度の残業等による補完が必要），⑧情報共有（上下間，部門間），⑨経営参加，である（石田，1989，pp.34-35）。

　このように日本的HRMは海外子会社に適用可能（部分的な修正を含めて）ととらえる研究がある一方で，適用は困難であると主張する研究がある（安室，1986；吉原，1996；白木，2006）。安室（1986）は，Hall（1976）によって示された"コンテクスト"概念を援用し，文化の相違や経営システムの相違を"程度"の違いとしてとらえている。コンテクストとは，「人間同士の関係づけにかかわる側面を人間相互の情報を処理するプログラミング機能として取り出したもの」である（安保他，1991，p.12）。社会構成員間で共有情

報があり，情報の伝達に多大な労力をかけなくても効率的に行うことが可能な日本などは高コンテクスト社会であるため，日本の経営システムでは職務遂行に必要な最小限度以下の情報が提供されるという。しかし一方で，アメリカやドイツ等の低コンテクスト社会では，社会構成員は個別化，分断化，専門化された機能を担っており，共通理解を形成するためには，コミュニケーションを通じて必要な情報を形成していく必要があるため，職務記述書等の形式で公式化されているという（安室，1986，pp.112-114）。このように，安室（1986）は，コンテクストの違いがあるため，海外子会社への移転・適用は困難であるとし，管理方式の公式化が不可欠であると指摘する。

　吉原（1996）は，日本企業において経営現地化が遅れている理由を，海外子会社に日本的経営を持ちこみ，実践している点に求めている。経営現地化を進めるためには，日本本社の国際化（日本本社における海外経験を積んだ人材の育成・蓄積，HCNsの意思決定への参加，英語によるコミュニケーション等），すなわち日本的経営の部分的，あるいは大幅修正を図る必要があると指摘する。

　白木（2006）は，本社において形成された内部労働市場の国際的外延化，すなわち，多国籍内部労働市場が機能（循環）するためには，海外子会社に独自の技術・ノウハウ及び人的資源が蓄積される必要があると指摘する。つまり，海外子会社独自の技術・ノウハウが蓄積されて初めて本社―海外子会社間の双方向的な人の移動，ノウハウの移動が行われると主張する。日本企業では，日本人という国籍を優先するフィルターがかけられており，円滑に多国籍内部労働市場を循環させるためには，国籍にかかわらず優秀な人材が異動できるインフラストラクチャー（評価制度の共通化・透明化，本社による多国籍優秀人材の登録・育成への支援）を備える必要があるとの見解を示している。

　さらに，白木（2010）はアジア地域に立地する欧米企業と比較した場合の日本企業の人材構成とキャリアについて次のように指摘する（図2-2参照）。
　トップ・マネジメントを含むマネジメント層の国籍は，欧米企業ではHCNsと海外からの派遣者から構成されており，海外派遣者の国籍は必ずしも本社所在の国というわけではない。とりわけ欧州企業はTCNsを多く含み，

第Ⅰ部　理論的考察

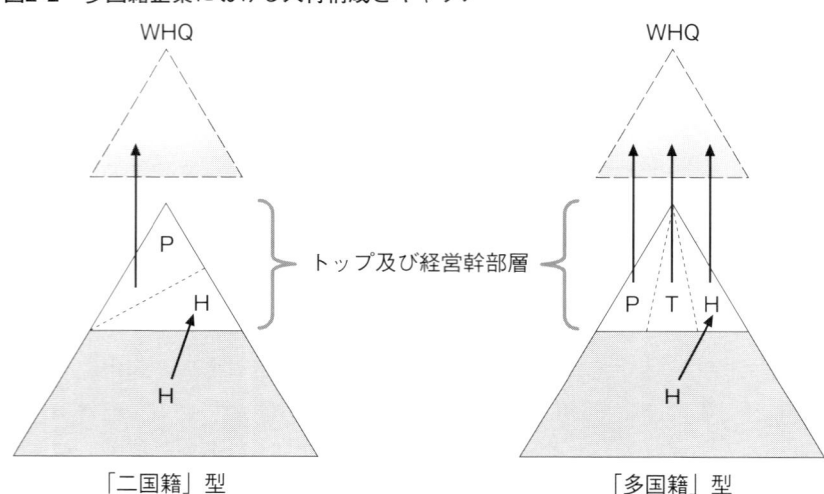

図2-2　多国籍企業における人材構成とキャリア

```
         WHQ                              WHQ
         [三角形]                          [三角形]

          P                                P T H
            H         トップ及び経営幹部層
          H                                  H
       「二国籍」型                        「多国籍」型
```

注：WHQとは世界本社，PはPCNs，HはHCNs，TはTCNsを指す。
出所：白木（2010，p.156）を参考に筆者作成。

多国籍人材の育成と活用が進んでいる。シニア・マネジャー並びに若手幹部候補者の世界本社での識別と登録が行われ，若手幹部候補者には他部門・他職能での勤務に加えて，国外勤務経験の付与が実施されていることも現地企業の多国籍化に大きく寄与している。一方，在アジア日系子会社の人材構成は，日本人派遣者とHCNsにほぼ限定されており，実態として二国籍企業の域を出ていないという特徴を持つ。これらのことから，白木は，アジア地域における海外子会社の日米欧間の違いは，派遣者の数や比率ではなく，その国籍構成において大きく異なる点にあると指摘する（白木，2010，pp156-157）。これまでの議論を踏まえると，白木（2006）は，多様な人材を活用することのできるHRMを構築する必要があるとの認識を持っているととらえられる。

　以上，日本的HRMの海外子会社への適用可能性に関する議論を概観してきた。さまざまな見解が示されているが，本書では，安室（1986），吉原（1996），白木（2006）の研究にもとづき，公式化の程度が高く，国籍等の属人的要素にかかわらず優秀な人材を活用できるHRMを構築することが，グローバル市場で活躍するMNCsにとって重要であるととらえる。以下では，実際に，

日本企業の海外子会社において，日本企業のIHRMがどのようにとらえられてきたのかについて概観する。

3-2. 日本企業の海外子会社におけるIHRMの諸課題

海外子会社のHRMのあり方は，そのほとんどが現地化しているか，大きな修正を受けているという（林, 1988, p.154）[8]。林（1988）によると，HCNsにとって受け入れ難い日本的HRMの要素としては，職務遂行能力, 業績以外に協調性，責任感，忠誠心，向上意欲等の全人格的評価が行われる点，日本企業特有の人間関係を形成することを目的とした組織文化への同化志向，日本の意思決定への参画等であるという（林, 1988, pp.144-154）。特に，全人格的評価によって処遇が影響されるような仕組み，すなわち，職務遂行能力以外の評価によって処遇が影響されるような仕組みは，国内経営とは異なり，年齢や人種等の属人的要素による差別ととらえられ，法的問題へと発展する可能性がある。しかし，日系海外子会社では全人格的な評価は捨てきれない気持ちがあり，さまざまな形で存在しているという[9]。年功制度の実態について，藤野（1998）は，東南アジア日系製造企業11社へのインタビュー調査から，対象企業11社のうち大半の日系製造企業において，日本的な職能給制度が採用されていたり，またはその年功的運用が行われていること，職務給が採用されていたとしても年功給が加味されていたり，最低滞留年数を伴う年功昇進システムが採用されていることを明らかにしている（藤野, 1998, pp.125-126）。どの程度日本的HRMの要素を海外子会社のHRM, 特に評価・給与に反映させるかは，進出先国によって異なるようである。例えば，アジアの海外子会社の場合には，日本的要素をある程度反映した評価・処遇が，米国に立地する海外子会社の場合には，現地環境を反映した（成果を勘案した）評価・処遇が行われている等である[10]。しかし，このような対応は，進出先国の環境に適応してはいるが，MNCグループとしてIHRMの整合性が図られているとはいえない。これは，IHRMの特徴ととらえられるが, 同時にグローバル経営を行う上でIHRMが抱える課題ともいえる。

白木（2006）の調査結果によると，日本企業は，欧米企業と比べ，一定ラ

ンク以上の人材に対し，世界的にグループ企業内で共通の評価制度を導入し，公平な評価に結びつけようとする動きは皆無だったことが指摘されている（白木，2006, p.262）。MNCグループで共通の評価制度を確立し，活用している背景には，MNCsの出自の影響が少なからずあると考えられる。しかし，グローバル経営の遂行に向けて，MNCsは，国籍を問わず優秀な人材を登用し，活用するための，公平な評価，処遇を行う仕組みを確立する必要がある（Adler and Bartholomew, 1992, pp.60-62；Pucik, 1992, p.76）。

　これらの調査が行われてから久しい。したがって，日系海外子会社におけるIHRMのあり方も変わっている可能性はある。しかし，これらの議論は，本国でうまく機能してきた日本的HRM，具体的にいえば，HRMシステム（職能資格制度）を海外子会社へ移転し，運用することによって，それ自体が抱える問題，すなわちグローバルな適用可能性の低さが浮き彫りとなり，それがHCNsのモチベーションの低下，流出，ひいては国籍による差別という雇用訴訟問題を引き起こす原因となっていることを示唆している。もっともHCNsの活用，経営幹部層への登用機会の提供という問題に対しては，従来はPCNsが主な対象とされてきた国際人材の育成を目的とする国際教育を，HCNsを含めて行うようになってきてはいるようである（e.g., 安室，1992；茂垣，2000）。まだその機会は少ないとの指摘はあるが，日本本社への逆出向制度や地域異動制度等が設けられてきている（茂垣，2000, p.9）。このように，HCNsを含めた国際教育の提供，実施は，グローバル企業にとって重要な要件となる。しかし，グローバルに活躍する人材の育成を目指したHRMプラクティスレベルでの取り組みは，HCNsと日本人海外派遣者間の処遇格差の問題（e.g., 安室，1992；藤野，1998）や日本企業のIHRMが抱える問題に対する根本的な解決策であるとはいえない。

　経営現地化の進展を考えた場合，本社及び海外子会社間でグローバル経営の遂行という観点から経営幹部層を対象に，一貫性のあるHRMシステムを構築する必要がある。多様な人材を活用するためには，対象となる人材の識別，配置，能力開発，キャリアプロセス，評価，処遇等に関して"公平性"を担保することが重要となり（e.g., Dickmann and Barush, 2011, p.36），これらHRMプラクティスの基盤となる公式化の程度の高いHRMシステムの構築

が必要となる。このような見解は，理論的見地からだけではなく，実務的見地からもその重要性は認識され，日本企業においてその取り組みが行われるようになっている。

小括

　本章では，グローバル経営という観点から経営現地化問題に焦点を当て，なぜ日本企業では経営現地化が進展しにくいのか，という課題について検討してきた。日本企業における経営現地化の諸課題は，日本型職務構造にもとづくIHRMの特質に起因しており，その結果，海外子会社の経営は，海外派遣者による直接統制によって行われるという特徴があることを明らかにした。それは日本企業の競争力を形成してきたと考えられているが，日本企業がグローバル経営を実行する時，日本的HRMを海外子会社で運用することには多くの摩擦が伴う。日本企業が，グローバル経営を遂行し，グローバル市場で競争優位を高める上で，多様なバックグラウンドを持つ人材をグローバルに活躍する人材へと育成し，活用することは欠かせない。したがって，グローバル企業にとって，多様な人材をマネジメントするためには，外国籍人材が理解し，納得できるHRMシステムを構築することが必須となる（e.g., Keely, 2001）。次章では，日本企業本社におけるHRMシステムのグローバル化について考察していく。それに際し，本書における重要な視点であり，一貫して主張する点でもある"HRMシステム"という観点から，議論を展開していく。

注

1) 本章は，2013年に『アジア経営研究』No.1に掲載された「日本企業における経営現地化の諸課題：HRMシステム改革の重要性」（笠原，2013，pp.99-110）に加筆・修正を加えたものである。
2) 近年，TCNsの活用についての議論も行われるようになってきた。TCNsを活用するメリット，デメリットとして次の点が指摘されている。メリットとしては，TCNsはキャ

第Ⅰ部　理論的考察

　　　リアの一環として海外子会社に派遣されるが，それは給与や再配置コストが PCNs より
　　　も低く，言語障壁が低くなる可能性があること，また，TCNs の出身国における雇用機
　　　会が限定されている場合，PCNs よりも海外勤務を引き受ける可能性が高いと考えられ
　　　ることである。デメリットとしては，経営現地化という観点からとらえると，海外子会
　　　社における TCNs の活用は HCNs の昇進可能性を狭めることに繋がり，現地国の反感を
　　　招く要因とみなされる場合があることである。しかし，TCNs が現地子会社で必要とさ
　　　れる管理的・技術的専門知識を持っている場合には，現地国にメリットをもたらすと考
　　　えられている（Harzing, 2004, p.254）。このようなメリット，デメリットが指摘され
　　　ているが，TCNs の役割についての研究はいまだ発展途上にある（Collings et al., 2009,
　　　p.1257）。
3) 図 2-1 の海外派遣者数は，各年度の海外在留邦人数調査統計の，長期滞在者（民間企
　　　業関係者，本人）の数値を用いている。
4) ここで，日本的経営システムとは，日本の文化的・社会的要素に影響を受けている経
　　　営システムを意味する。日本的経営システムは，終身雇用制，年功序列制，企業別労働
　　　組合を対象とする雇用システム，集団主義といった意思決定システム等多様な観点から
　　　取り上げられている（e.g., 佐藤（徹），2002；武田・武田，2006）。ここでは，日本的経
　　　営システムを探求することが目的ではないため，雇用システム（日本企業の HRM）に
　　　焦点を当て，議論を進めていくことにする。
5) 海外子会社での経営現地化を図るべく，日本企業では管理職の人材育成に努めている
　　　が，彼らの転職率の高さも海外派遣者の活用を減らせない 1 つの要因となっているよう
　　　である（e.g., 安保他，1991；園田，2001）。安保他（1991）によると，ブルーカラーの離
　　　職率はアメリカ企業では年間 10％は珍しくないが，スーパーバイザーやホワイトカラー
　　　の管理職層の転職率はしばしばブルーカラーより高いという（安保他，1991, p.261）。
　　　また園田（2001）の調査によると，アジアでは，会社への帰属意識がさほど強くない
　　　HCNs に日本企業や現地企業が悩まされており，その結果，従業員への教育投資に消極
　　　的にならざるを得ない状況があるという（園田，2001, pp.61-63）。
6) 白木（2006）は，日本の HRM システムの導入可能性という視点から，先行研究を導入
　　　積極派，導入消極派，折衷派の 3 つに分類し，折衷派の研究として安保他（1991）を取
　　　り上げている。しかし，安保他（1991）の研究では，日本的経営システムの適用（米国
　　　への移転）とそれを現地子会社（米国）の環境に適応させる（日本的経営システムの修
　　　正ないし米国方式の採用）という見方を提示しているが，彼らの調査結果によると，ア
　　　メリカ的システムの実現を経営全体にわたって追求する"適応"のケースは限られてお
　　　り，適応のケースがある場合でも，多くの面で日本方式の"適用"の方向に軌道修正さ
　　　れているケースがあるという（安保他，1991, p.32）。したがって，本稿では，適用可能
　　　と主張する研究と適用すべきでないと主張する 2 つの視点及びそれらの代表的研究を取
　　　り上げることにした。
7) 小池は，日本方式が海外で通用するためには，長期に技能を高めると得になる仕組み，
　　　例えば技能の向上をきちんと評価し，その評価にもとづき昇進し昇給する等の方策を設

ける必要があると指摘している（小池，2005，p.233）。
8) 林（1988）によると，日系海外子会社では，現地環境を踏まえ，新卒採用原則はほとんど採られておらず，外部労働市場からの人材登用が一般的となっている。管理職には能力給が用いられているが，年功を多少加味している企業も少なくないという。
9) 例えば，仕事の達成度の評価において，職務マニュアルや上司からいわれたことの範囲を越えて自己の判断で仕事が遂行できるといった「総合的判断」などの項目で評価しているケースもあるという（林，1988，pp.149-150）。
10) 筆者のインタビュー調査による。進出先国だけではなく，業界や海外子会社のタイプによっても異なることが想定される。
11) 有村（2007）は，ダイバーシティの観点から，在米日系子会社における女性やマイノリティの昇進可能性の実態について調査を行い，アメリカ企業と比べ，在米日系子会社におけるグラスシーリングが強固であるとの見解を示している。加えて，柏木（1992）の研究を踏まえ，在米日系企業に対する雇用差別訴訟は，以前は女性やマイノリティ，中高年労働者からの訴えが多かったが，最近では白人男性からの訴えが多くなっていると指摘する。ダイバーシティの観点からみても，公平な評価・処遇を行う仕組みを確立することは，グローバル市場でビジネス展開を図るMNCsにとって重要となることを示唆している。
12) 林（1988）は，日本的HRMに対する現地人経営管理者（在米子会社の米国人管理者と在アセアン子会社で働くマレーシア人，インドネシア人管理者）の抱えるフラストレーションの典型的なコメントを取り上げている。詳しくは，林（1988）を参照されたし。

第3章

日本企業のIHRMのグローバル化
HRMシステムのグローバリゼーション[1]

はじめに

　本章の目的は，日本企業本社のIHRMのグローバル化への取り組みとして，職務等級制度及びコンピテンシーマネジメントのHRMシステムについて検討することにある。

　ある外資系企業へのインタビュー調査の中で，日本企業のHRMシステムとアメリカ企業のHRMシステムとの本質的な違いは何か，という話題になり，アメリカでは，"機会の平等"，"結果の不平等"という考え方が広く共有されているという意見が出た。多民族から構成された国だからなのか，平等に機会が与えられない状況は，"unfair"ととらえられる。誰に対しても平等に機会が与えられていることが重要なのであり，その結果は個人の努力，能力に応じて異なるのは仕方がないという解釈になるのだろう。この話は，筆者にとって改めて日本企業のIHRMの問題点を再考する機会となった。

　一般的に日本企業のIHRMは，日本の社会文化的土壌や文脈の中で培われてきたHRMを海外子会社に適用・修正したものと考えられる。そのため一部の外国籍人材を除いて，日本企業のIHRMへの理解や納得性を高めることは難しいという問題を抱えている。ましてや，理解や納得を得られない人材にとって，日本的な評価と，それにもとづく昇進・給与，キャリアのあり方等が決定されることは耐えがたいものに違いない。日本という国籍のフィルターが強くかけられた（e.g., 白木，2006）経営幹部層へのキャリア構築の道のりは，外国籍人材にとってunfair以外の何物でもない。

なぜならば，それに挑戦する機会，すなわち，個人に自らのキャリアをグローバル市場（MNCグループ内）で構築するのか，あるいは当該現地法人で構築するのか（e.g., 安室，1992, p.141），を選択する余地が十分に与えられていないことを意味するからである。これは，逆出向等の教育訓練機会を増やす等のHRMプラクティスレベルの変更で対応できる問題ではないだろう。日本企業がグローバル企業へと発展するには，グローバルに適用可能なHRMシステムを構築することが必要条件となる。

1. HRMシステムのグローバリゼーション1：職務等級制度及びヘイ・システムの活用

本節及び次節では，グローバルな適用可能性の高いHRMシステムとしてわれわれが想定している職務等級制度とコンピテンシーマネジメントについて概観していく。

1-1. アメリカ企業における職務等級制度活用の背景

アメリカ企業で職務等級制度が活用されるようになったのは，第2次大戦後のことである（社会経済生産性本部雇用システム研究センター，2000, p.4）[2]。職務等級制度がアメリカ企業に普及した背景には，アメリカ特有の問題があったことが指摘されている（高橋，1998, pp.163-165）。その問題とは，年齢，性別，人種にもとづく差別の撤廃に関するものであり，1964年に施行された公民権法に起因する。

公平な雇用に関する法律は，1866年に制定された公民権法（The civil rights act of 1866）を起源としている。1866年に制定された公民権法では，人種にもとづいた差別を禁じていた。しかし，白人男性労働者が逆差別（reverse discrimination）[3]の主張を支持するために利用することができる法律であった。米国政府は，女性やマイノリティの雇用状況を改善するために，同一賃金法（1963年：The equal pay act of 1963），公民権法第7編（Title Ⅶ of the civil rights act of 1964），アファーマティブ・アクションの出発点ともいわれる大統領行政命令11246号（1965年：The executive order 11246），年齢差別禁止法（1968年：Age discrimination in employment act）等，雇用差別を禁止する雇用機会均等法（The equal employment opportunity act）を成立させた（有村，2007，p.27）。

　これらの一連の雇用差別禁止法の中で最も米国企業に影響を及ぼしたのは，公民権法第7編とアファーマティブ・アクション（Affirmative action）であると考えられている（e.g., Cenzo and Robbins, 1996；有村，2007）。第7編では，人種，宗教，肌の色，性別あるいは国籍による採用，給与，条件，雇用の特権に関する差別を禁じた。この第7編によって，あらゆる雇用差別が違法であることが法律で明確に規定された。第7編の一連の改正を行うことを目的に，雇用機会均等法やアファーマティブ・アクションが制定された。（Cenzo and Robbins, 1996, pp.65-68）。アファーマティブ・アクションとは，機会均等の実現の推進を図るべく，ある一定の政府業者に対して女性や少数民族（黒人，ヒスパニック，先住民，アジア系，太平洋諸島出身者）をめぐる差別を積極的に是正し（積極的差別是正措置）（Cenzo and Robbins, 1996, pp.65-68），彼らの雇用や教育機会改善のための誠実なる努力とそのための実行計画策定・順守を義務付けた行政命令のことである（有村，2007，p.27）。一連の雇用差別禁止法は，アメリカ企業に公平なHRMシステムの確立とその活用を後押しした要因と考えられる[4]。

1-2. ヘイ・システムの特徴とMNCsで活用されている理由

　前節で，職務等級制度とは，従業員の遂行する職務を注視し，その職務に対して格付けを行い，給与を支払う制度であることを述べた。職務等級制度では，まず職務分析（job evaluation）[5]が行われ，その後職務記述書（job description）によって，各従業員のポジションの職務内容が明確かつ普遍的に定義され，職務が評価される。職務分析にはいくつかの方法があるが，最も安定性のある評価法は点数法（point method）であるという（Cenzo and Robbins, 1996, p.361）。この点数法の中でもヘイ・グループによって開発

されたヘイ・システム（Hay system）は，多くのMNCsで利用されている（Lawler, 1990, p.135)[6]。

ヘイ・システムとは，コンサルティング・ファームのヘイ・グループによって1950年代に開発されたヘイ・ガイドチャート・プロファイル・メソドロジー（以下ヘイ・システム）のことである（e.g., Hay and Purves, 1954；Hay, 1958；Skenes and Kleiner, 2003)[7]。ヘイ・グループは，1943年，アメリカのフィラデルフィア州ペンシルバニアにてエドワード・ヘイによって設立された経営コンサルティング・ファームである。創立者であるヘイは，当時ファースト・ペンシルバニア・バンクの人事部門の責任者であり，異なった種類の職種を共通の尺度で測る方法を模索し，ヘイ・システムを考案した（西井，2004, p.305）。1950年当時，多くの職務評価法があったが，ヘイ・システムでは，あらゆる職務に共通する多くの要因のうち，異なった職務の違いを明らかにするのに必要なのは3つのファクター（ノウハウ，問題解決，アカウンタビリティ）であることを明らかにした点に特徴がある。ヘイ・システムを用いることで，企業は，従来は記述し，評価することが難しいと考えられてきたノンエグゼンプト，エグゼンプトの職務を評価することが可能となった（Skenes and Kleiner, 2003, p.109）。これが他の職務評価法と比べた際のヘイ・システムのユニークな点である[8]。

図3-1は，ヘイ・グループの提供しているサービス及びその提供プロセスを示したものである。これらサービスの中に，ヘイ・システムやコンピテンシーマネジメントの導入・定着支援が含まれている。ヘイ・システムは，ノウハウ（know-how），問題解決（problem solving），アカウンタビリティ（accountability）の3項目によってジョブサイズ（職務の大きさ；職務の企業に対する貢献度の高さ）を相対的に決定する（e.g., 笹島，1995a；今野，1998；Skenes and Kleiner, 2003）。

図3-2は，ヘイ・システムの全体図を示したものである。まず，経営戦略にもとづいて組織構造，さらには職務が決まるが，ヘイ・システムの職務分析では，その職務がどのような作業（課業）から構成されているのかではなく，どのようなアカウンタビリティを期待されているのかという観点から分析する[9]。アカウンタビリティが明確になれば，人材はそれを実現するために行動し，

図3-1 ヘイ・グループの提供するサービス及びその提供プロセスの概要

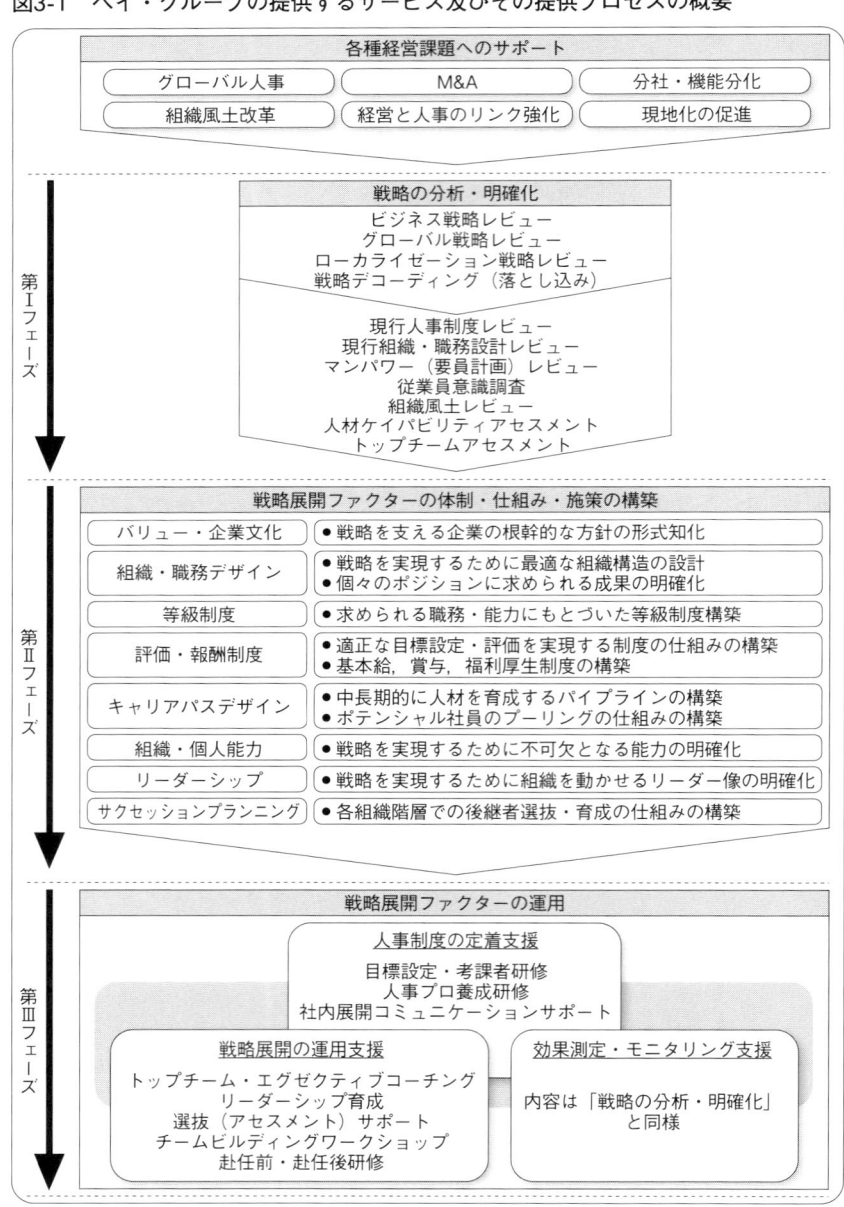

各種経営課題へのサポート
- グローバル人事
- M&A
- 分社・機能分化
- 組織風土改革
- 経営と人事のリンク強化
- 現地化の促進

第Ⅰフェーズ：戦略の分析・明確化
- ビジネス戦略レビュー
- グローバル戦略レビュー
- ローカライゼーション戦略レビュー
- 戦略デコーディング（落とし込み）

- 現行人事制度レビュー
- 現行組織・職務設計レビュー
- マンパワー（要員計画）レビュー
- 従業員意識調査
- 組織風土レビュー
- 人材ケイパビリティアセスメント
- トップチームアセスメント

第Ⅱフェーズ：戦略展開ファクターの体制・仕組み・施策の構築

バリュー・企業文化	●戦略を支える企業の根幹的な方針の形式知化
組織・職務デザイン	●戦略を実現するために最適な組織構造の設計 ●個々のポジションに求められる成果の明確化
等級制度	●求められる職務・能力にもとづいた等級制度構築
評価・報酬制度	●適正な目標設定・評価を実現する制度の仕組みの構築 ●基本給，賞与，福利厚生制度の構築
キャリアパスデザイン	●中長期的に人材を育成するパイプラインの構築 ●ポテンシャル社員のプーリングの仕組みの構築
組織・個人能力	●戦略を実現するために不可欠となる能力の明確化
リーダーシップ	●戦略を実現するために組織を動かせるリーダー像の明確化
サクセッションプランニング	●各組織階層での後継者選抜・育成の仕組みの構築

第Ⅲフェーズ：戦略展開ファクターの運用

人事制度の定着支援
- 目標設定・考課者研修
- 人事プロ養成研修
- 社内展開コミュニケーションサポート

戦略展開の運用支援
- トップチーム・エグゼクティブコーチング
- リーダーシップ育成
- 選抜（アセスメント）サポート
- チームビルディングワークショップ
- 赴任前・赴任後研修

効果測定・モニタリング支援
- 内容は「戦略の分析・明確化」と同様

出所：ヘイ・グループウェブサイトより筆者が作成。

第3章　日本企業のIHRMのグローバル化

図3-2　ヘイ・システムの全体図

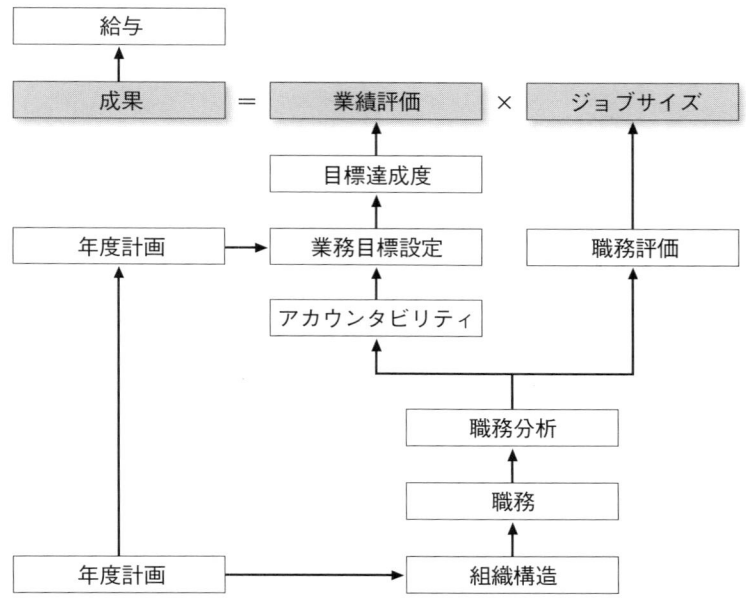

```
          給与
           ↑
          成果    ＝   業績評価   ×   ジョブサイズ
                         ↑              ↑
                      目標達成度
                         ↑
          年度計画 → 業務目標設定      職務評価
                         ↑              ↑
                    アカウンタビリティ
                                        ↑
                                      職務分析
                                        ↑
                                       職務
                                        ↑
          年度計画  →              組織構造
```

出所：今野（1998, p.125）から筆者作成。

　成果を上げ，企業はそれに見合った処遇を行うことが必要となる。この成果は，目標管理による業績評価によって測定されるが，ここで重要な点が2つある。第1は，業績評価のための目標設定である。一般的に，1つの職務は複数のアカウンタビリティ項目から構成されており，年度計画等にもとづいて，各アカウンタビリティ項目に具体的な業績目標が設定される。その結果，その目標に対する達成度に応じて業績を評価することが可能となる。しかし，第2に，同水準の達成度であっても，成果の大きさは職務の難易度や重要度によって異なるはずである。そこで，必要になるのがジョブサイズという概念である。

　ヘイ・システムにおけるノウハウとは，あらゆる職務に求められる能力，スキル，知識を測定する指標であり，専門的ノウハウ（職務遂行において必要な知識，経験，スキル），管理運営ノウハウ（マネジメント力），人間関係ノウハウ（社内外の人に対する働きかけ）の3要素から測定される。次に，

第Ⅰ部　理論的考察

問題解決とは，職務を遂行するにあたり，直面する問題を解決するにあたって，上述したノウハウをどのように駆使して問題解決していくかを測定する指標である。問題解決は，思考の自由度と思考の挑戦度の2要素からその難易度が測定される。最後に，アカウンタビリティとは，職務に求められる責任の大きさを示す指標であり，行動の自由度，最終成果への影響の大きさ（各職務で取り扱う金額の大小），インパクト（取り扱う金額に対する各職務の影響度）の3要素から測定される。これら3項目それぞれについて評価点を算出し，それら評価点の合計点が職務の大きさとなる（e.g., Cenzo and Robbins, 1996）。明らかになったジョブサイズに対応して給与表（サラリー・スケール）が作成される（表3-1参照）。

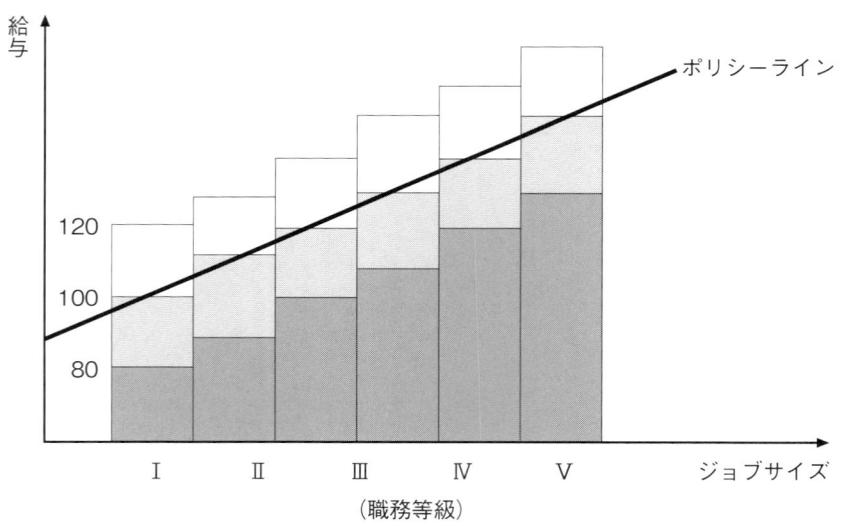

表3-1　ヘイ・システムの給与体系モデル

出所：今野（1998, p.133）から筆者作成。

給与表の作成は，表3-1中で，どの程度のジョブサイズにどの程度の給与を対応させるかを示すポリシーラインを決めることから始まる。その際，次の2点を考慮する必要がある。第1は，ポリシーラインの傾斜をどの程度にするかということである。傾斜をきつくすると，ジョブサイズの違いによっ

て給与が大きく変動することになる。第2は，ポリシーラインの水準をどの程度に設定するかであり，その際には企業業績や同業他社が考慮されることになる。次に，ジョブサイズの点数をある範囲で括り，職務等級を設定する（表3-1横軸）。同一の職務等級に属する職務には同一給与が提供される。ただし，同一職務に従事している場合でも，人によってスキルの習熟度や業績が異なるため，各等級に対する給与額の範囲（レンジ）を設定する必要がある。その設定方法は，ポリシーラインの中心点の金額を100％にして，最低点が80％，最高点が120％となるように設定する。このような給与体系モデルの中で，個人の給与は，従事している職務のジョブサイズに対応する職務等級に格付けされ，給与はその等級の最低点から始まる。昇給は，目標管理にもとづく業績評価と給与ゾーン（各等級における80％〜120％までの範囲）によって決定される。

表3-2は，ヘイ・システムにおける昇給ガイドを示した図である。この昇給ガイドには2つのポイントがある。

表3-2　ヘイ・システムにおける昇給ガイド

		給与ゾーン				
		（Ⅰ）80％-88％	（Ⅱ）88％-96％	（Ⅲ）96％-104％	（Ⅳ）104％-112％	（Ⅴ）112％-120％
評価結果	S	10	9	8	7	6
	A	9	8	7	6	4
	B	8	7	6	4	3
	C	7	6	4	3	3
	D	6	4	3	3	3

出所：今野（1998, p.134）を参考に一部修正して筆者作成。

第1は，平均的なゾーンⅢと平均的な業績評価Bに対応する欄に示してある数字が平均的な昇給率を表していることである。第2は，平均的昇給率を中心にして，同じ業績評価であっても，給与水準の高いゾーンになるほど昇給率が逓減するように設定されていることである。同一等級にある限り，当初は高い昇給率を得られるが，給与が上がるほどに昇給率は減少し，最後には最高点で昇給は停止する。これまでの議論を整理すると，ヘイ・システムでは，ジョブサイズが給与の基本ベースを決め，毎年の成果がそれに昇給と

いう形で加味されていくという基本構造になっていることがわかる。また，ジョブサイズの測定及び給与の決定に関する評価において，客観性（公平性）を高めるように設計されている点は従来の日本企業が活用してきたHRMシステムと大きく異なる点である。

　これまで，ヘイ・システムの基本的な考え方について述べてきた。では，ヘイ・システムが多くのMNCsで活用されている理由にはどのようなものがあるのだろうか。第1に，ヘイ・システムは組織における給与の公平性を評価するためのメカニズムを備えている点にある。そのため，仮に企業において不公平な（inequity）給与が提供されていれば，どの職種またはどの部門において給与の不一致があるのかを確定することが可能となると考えられている。第2に，競合他社の給与体系と比較することが可能となることである。ヘイ・グループは，グローバルな規模での報酬水準サーベイ（RIS：Reward Information Services）のデータベースを保有しているため，ヘイ・グループを活用している企業は，各職務の給与水準や競合他社の給与レートを把握することができる[10]。

　第3は，雇用機会均等法の順守という観点からの理由である。ヘイ・システムは，特定の保護されるべき従業員層の活用状況を監視（monitor）することや職務内容に適した報酬を提示することを保証（ensure）している。したがって，ヘイ・システムを活用することによって，公平な給与システムが採用されているという信頼性を従業員に対して高めることができる。そのため，国籍や年齢による差別という雇用訴訟問題から自社を守ることが可能となると考えられる（e.g., Skenes and Kleiner, 2003, pp.112-113）。

　このような理由から，多くのMNCsにおいてヘイ・システムが活用されている。しかし，一方で，職務等級制度には次のような問題点も指摘されている。第1に，職務に対して給与が支払われるため，職務に就くこと自体が目的となりやすいこと，第2に，職務記述書を基礎として職務を格付けしているため，環境の変化に迅速に対応することができないこと，第3に，職務等級が詳細に作り込まれているため，人材の配置転換に柔軟性を欠き，硬直的になりやすいこと等である（e.g., Lawler, 1990, pp136-152；高橋, 1998, pp.165-169）。このような問題点が指摘されているが，現実の課題として，MNCsや

グローバル企業は，多様な人材をマネジメントし，活用していかねばならない。この現実的な課題が，MNCsにグローバルな適用可能性が高く，かつ評価の公平性を担保していると考えられるヘイ・システムの活用を動機づけていると考えられる。

　以上，職務等級制度及びヘイ・システムの特徴についてみてきた。1990年代に入ると，産学において優秀な人材を識別し，各社が求める人材へと育成するための手法としてコンピテンシーマネジメントへの関心が高まった。コンピテンシーマネジメントは，ヘイ・システムをベースとし，制度化・商品化され[11]，MNCsで活用されている。以下では，GHRMシステムに組み込まれているコンピテンシーマネジメントについて概観していくことにする。

2. HRMシステムのグローバリゼーション2： コンピテンシーマネジメントの活用

2-1. コンピテンシーマネジメント：コンピテンシー概念並びにアプローチの進展プロセス

2-1-1. コンピテンシー概念の源流

　コンピテンシー概念に関する研究の源流は，心理学にまで遡ることができる（McClelland, 1953, 1961；White, 1963；Atkinson, 1964）。White（1963）は，人格を形成する一構成要素として，自我（ego）に注目し，これを確立する基盤をコンピテンス（competence：有能感）という概念に求めた。コンピテンスとは，環境との相互作用を通じた学習によって，これまで達成することができなかったことを可能にした時に得られる満足感，有能感であり，人間の自尊心を形成する基盤となるものと考えられた（White, 1963）。しかし，White（1963）が提唱するコンピテンスとは，あくまでも有能感という"感情"を対象としている概念であり，現在のコンピテンシーマネジメントで扱われている人間の"行動側面"は考慮されていない。人間の行動側面に焦点を当てた研究を展開したのは，McClelland（1953, 1961）とAtkinson（1964）であった。

第Ⅰ部　理論的考察

　McClellandやAtkinsonらは，Murray（1938）によって展開された欲求理論に依拠し，Murrayが提唱した30種類の動機の中でも達成動機に注目した研究を行った。達成動機とは，個人によって知覚される優秀さの基準にもとづいて，目標を達成しようとする動機と定義される（McClelland, 1953, 1961）。McClellandとAtkinsonは，人間の持つ達成欲求によって仕事に対する行動や業績にもたらす効果を説明しようとした（McClelland, 1953, 1961；Atkinson, 1964）。

　Atkinsonは，人間が動機づけられるのは，①基本的な動機の強さ（Motivation），②目標達成の期待（Expectancy），③特定目標の知覚された誘引値（Incentive）の乗数であるととらえ，次のように定式化している。

　　　　喚起されるモチベーション＝E×（M×I）

　つまり，人間がある特定の方向に行動する傾向は，その行動がある特定の結果あるいは目標の達成に導くという期待や信念の強さに依存し，対象者にとって結果や目標が持つ価値に依存すると主張している（Atkinson, 1964, pp.273-283）。

　McClellandらは，達成動機を推測する基準として，次の3つの基準を設定した。それは，①何か優れた基準を設定し，それを達成しようと努力すること，②ユニークな方法で達成すること，③長期にわたる達成を意味していること，である。McClellandらは，Murrayによって開発された課題統覚テスト（Thematic Apperception Method：以下，TAT）による動機測定方法を用いて，達成動機を測定している。TATとは，被験者に比較的曖昧な絵（インクのしみ，スクリーンに数秒間映写した絵等）を見せ，その絵について自由に物語を作らせ，被験者が持つ観念像を分析するテストである。このテストを行うことで，被験者の欲求の強弱を分析することができると考えられた（Murray, 1938, 邦訳, p.70）。McClellandらは，TATにおける物語の中に上述した3つの基準を満たす内容が含まれている場合には，達成動機があると仮定した。さらに，TATに対する反応として，物語の中の達成動機の内容が次のような刺激要因を実験的に操作することによって変化することも指摘している。それは，①達成に関する教示の変化：気楽な実験状況下に置く，

課題志向条件下に置く,外在的報酬条件下に置く,②被験者の課題の遂行結果に伴う成功ないし失敗経験の違いである。

McClellandらは,この実験を行う中で被験者に達成欲求得点を与え,達成欲求得点の高い被験者ほど,達成欲求が強いことを次のような被験者の行動に注目することで明らかにしている。それは,①いかに物事をうまく運ぶかを考えて行動する,②自分が結果に影響を及ぼすことができる場合のみ,①のような行動をとり,考えて問題を解決しようとする,③成功の報奨よりも,個人的達成感を重視するという達成動機の強い人材が示す行動特性である。

McClellandらによって明らかにされた行動特性が,コンピテンシー概念を形成する契機となったのは,1970年代におけるアメリカ国務省によって疑問視された外交官の業績格差に関する調査であった(Boyatzis, 1982; Spencer and Spencer, 1993)。アメリカ国務省がこの調査を行うようにMcClellandとコンサルティング会社のMcBer社に依頼した背景には,難しい外務職員選抜試験を突破した有能な人材が,外交官として着任した後には,各人の業績に格差がみられ,必ずしも外交官としての成功を的確に予測し得なかったというアメリカ国務省内での問題があった(Spencer and Spencer, 1993)。

McClellandは,旧来実施されていた学問的適性テストや知識内容テスト,学校の成績や資格証明によっては,職業上での業績や人生における成功は予測し得ないという問題意識から,職業上の業績を予測でき,人種や性別,社会経済的要因の差によって不利をもたらすことのない行動特性を明らかにしようと試みた。行動特性の変数を明らかにする方法として,①特徴的な人材を比較する,②成功結果に導く現実に機能している考え方や行動を見つけ出す,という2つの方法が採られた。①は,成功に伴う特徴を見出すために,すでに職務で成功を収め,意義深い人生を確立した人とそれほど成功を収めていない人を比較するというものである。②は,従来活用されていた多肢選択テストなどの反応的測定方法に対するアンチテーゼであり,組織化されていない状況で個人が自発的に考え,行動すること,あるいは,過去の組織化されていない状況で個人が実際に示した行動を見つけ出そうとする方法である。

McClellandとMcBer社は,外交官を優れた業績を収めているグループ,

平均的な業績を収めているグループ，低い業績に止まっているグループの3つに分類した。次に，行動結果面接（Behavioral Event Interview：以下，BEI）を利用し，各人に成功例，失敗例を語ってもらうことによって，彼らがその状況に対応するにあたって，何を考え，何を達成したいと望んだのか，そして実際どのような行動を採ったのか，その結果はどのようなものだったのか等について調査した。最後に，優れた業績を収めた外交官と，平均的な業績を収めた外交官の特徴を識別した。

このような調査を経て，優れた業績を収めている外交官と，平均的な業績を収めている外交官とを比較して，学力とは一切関わりのないスキルが思考や行動の中に頻繁に示されていることを発見した。例えば，次のような行動特性である。

①文化対応の対人関係感受性

外国文化に属する人たちが発言し，意味することの真意を聞き取る能力及び着任した外交官がどのように対応するかを予測する能力。

②他の人たちに前向きの期待を抱く

自分自身ではなく，他の人たちに備わる基本的な尊厳と価値を認める強い信念，さらにストレスの多い状況下でも，この前向きの信念を保ち続ける能力。

③政治的ネットワークをすばやく学ぶ

誰が，誰に影響を及ぼしており，各人の政治的立場がどのようなものかをすばやく学ぶ能力。

これらの調査結果として，McClellandらは，優れた行動特性にもとづく選考を行うことによって，人種，年齢，性別，出身の差による偏見を排除し，卓越した業績を予測し，優れた人材（high performer）を確保することができると結論付けている（Spencer and Spencer, 1993, pp.3-7）。McClellandとともに，この調査を行った当時のMcBer社の社長であったBoyatzisが，後にこのような行動特性をコンピテンシー（competency）という用語を用

いて概念化を試みた（Boyatzis, 1982）。

2-1-2. Boyatzis（1982）によるコンピテンシー概念のフレームワーク

　Boyatzisは，前節で紹介したMcClellandとの調査のもとに，有能なマネジャーを対象とするマネジメントモデルに関する研究を行った。この研究は，従来のマネジメントモデルが，有能なマネジャーを見極める基準を持ち合わせていないという問題意識から出発している（Boyatzis, 1982）。Boyatzisは，従来のマネジメントモデルには次のような欠陥があることを指摘している。第1に，職務分析にもとづいて開発されているため，職務が重視され，職務を遂行する人材が軽視されていること，第2に，職務を遂行するにあたって必要とされる活動が職務記述書に詳細に述べられているが，それらの活動を遂行する人材の"特性"については考慮されていないこと，である。そこで，Boyatzisは優れたマネジャーの行動特性を見極めることで企業の業績が改善されると仮定した。

　Boyatzisは，有効な職務成果とは，「組織環境の政策，手順，状況と一致し，あるいはそれを維持する特定の行為を通じて職務によって要求される特定の結果を達成すること」と定義している（Boyatzis, 1982, p.12）。つまり，有効な職務成果は個人の保有するコンピテンシー，職務の要求，組織環境が適合する場合に生み出されると主張している。加えて，Boyatzisは，コンピテンシーを「動機，特性，スキル，自己イメージ，社会的役割，知識などの個人の特性を基礎とし，職務において有効的で優れた業績をもたらすもの」と定義し，基本的なコンピテンシーの特徴として次の6つを挙げている（Boyatzis, 1982, p.12）。

①動機
　特定の行為や目標に向かって行動を引き起こし，導き，選択するものであり，特定の目標状態やテーマに関する考えを含むもの。

②特性
　一連の刺激に対して反応する個人の特徴や性質であり，物事の一般的な領

域に関する考えや精神運動を含むもの。

③スキル
　システムを実行する能力であり，職務上の業績目標を達成することに関する行動の結果である。

④自己イメージ
　自分自身に対する知覚であり，そのイメージに対する評価である。

⑤社会的役割
　自分自身が属している会社の集団あるいは組織において受け入れられ，かつ相応しいと考えられている行動に対する一連の社会的規範に関する個人の知覚である。

　さらに，Boyatzisは，これらのコンピテンシーをコンピテンシーの種類（21種類）[14]と各コンピテンシーのレベル（①動機・特性レベル，②自己イメージ・社会役割レベル，③スキルレベル）の2つの次元でとらえ，優れたマネジャーにみられたコンピテンシーの組み合わせ（コンピテンシークラスター）を提示した[15]。コンピテンシークラスターは，①目標・行動管理クラスター，②リーダーシップクラスター，③人的資源管理クラスター，④部下管理クラスター，⑤他者への関心，⑥専門知識の6つである（表3-3参照）。
　表3-3は，Boyatzisがインタビュー調査から優秀なマネジャーにみられたコンピテンシーを各コンピテンシークラスターに分類したものである。Boyatzisは，自ら開発した21種類のコンピテンシーのうち，優れた成果に結びついたコンピテンシーは12種類であり，他の7つは必ずしも優れた成果に結びつかないコンピテンシー（必要最低限レベルのコンピテンシー），残りの2つ（自制，記憶）は，優れた成果に結びつかなかったコンピテンシーであったことを指摘している。表中の括弧内は，どのコンピテンシーレベルで経験的支持を受けたかを示しており，アルファベットは支持されたマネジャー層を示している。bは，ミドル・エグゼクティブマネジャーレベル，cは，

第3章　日本企業のIHRMのグローバル化

表3-3　Boyatzis（1982）によるコンピテンシーの分類

クラスター	コンピテンシー	必要最低レベルのコンピテンシー
目標・行動管理	インパクト 　（スキル，動機） 概念の診断的利用 　（スキル，社会的役割） 効率志向 　（スキル，動機，社会的役割） 積極性 　（スキル，社旗的役割）	
リーダーシップ	概念化b 　（スキル） 自尊心 　（スキル，社会的役割） プレゼンテーションの利用 　（スキル，社会的役割）	論理的思考 　（スキル，社会的役割）
人的資源管理	集団プロセスの管理b 　（スキル） 社会的パワーの利用 　（スキル，社会的役割）	正確な自己評価 　（スキル） 積極的な関心c 　（スキル）
部下管理		部下の能力開発 　（スキル，社会的役割） 自発性 　（スキル） 一方的なパワーの利用 　（スキル，社会的役割）
他者への関心	知覚的客観性 　（スキル） 自己管理d 　（特性） スタミナと適応性 　（特性）	
専門知識		専門知識 　（社会的役割）

出所：Boyatzis（1982, p.230）を参考に，筆者が和訳し，作成。

ミドルマネジャーレベル，dは，新しくマネジャーになった管理者レベルでのみ支持されたことを示している。例えば，リーダーシップクラスターにおける概念化コンピテンシーは，ミドルマネジャー層でみられ，スキルレベルで経験的支持を受けたことを意味している。

　このような調査結果から，Boyatzisは，職務の要求，組織的環境，個人の保有するコンピテンシーを適合する仕組みとしてHRMの重要性について指

摘した。しかし，彼は，コンピテンシーをどのようにHRMに組み込み，活用していくかということまでは論じていない。コンピテンシーマネジメントのフレームワークは，Spencerらの研究によって確立された。この点については節を改めて論じることにしたい。

　以上，コンピテンシー概念の形成プロセスについて考察し，コンピテンシーが人間の行動特性に焦点を当てた概念であることがわかった。しかし，主に90年代のコンピテンシーマネジメントに関する議論では，コンピテンシー概念のとらえ方に混乱がみられた（Boak *et al.*，1991；Woodruffe，1990，1993；Wood and Payne，1998；Hoffmann，1999；Winterton and Winterton，1999；Horton，2000）。その混乱は，アメリカとイギリス各国におけるコンピテンシーアプローチの進展の違いに起因していたと考えられる。

2-1-3．各国におけるコンピテンシーアプローチの相違

　アメリカとイギリスのコンピテンシーアプローチには，異なった進展がみられた。アメリカのアプローチで対象とされている概念は，Boyatzis（1982）によって明らかにされた優秀な人材を見極める基準としての人材の行動特性である。コンピテンシーが注目された背景には，1970年代以降アメリカをはじめとする先進国経済が国際競争力を喪失し始めたという競争環境の変化があった（Boyatzis，1982；Quinn *et al.*，1996；Horton，2000）。アメリカ企業は，競争力を回復するためにリストラクチュアリングやダウンサイジングなどさまざまな企業努力を行っていた。しかし，このような企業努力において，必ずしも人材の重要性が認識されていたわけではなかった。そこで重視されていたことは，外部環境にどのように適応していくかという視点であり（McClell，1994），1980年代初頭にPoter（1980）によって展開された市場ポジショニング視角，すなわち，市場構造が同じ業界内の企業間の利益率の持続的な格差を生み出すとする戦略論のアプローチを反映していた。つまり，これらの企業努力は，外部環境への適応を重視して行われたものであり，企業の競争力を構築していた人材（経営資源）を軽視し，結果的には企業の競争優位を喪失させる原因となったと考えられている（McClell，1994；Prahalad and Hamel，1994；Davenport and Prusak，1998）[16]。

一方，HRMの分野では，従来の職務等級制度が抱える問題から人材の重要性が認識されるようになってきた。その問題は，職務等級制度が職務に人を当てはめていくという考え方を前提としていることに起因する。つまり，人材が将来発揮できるであろう能力を予測することが難しいという制度上の問題である（Boyatzis, 1982；Wood and Payne, 1998）。この制度上の問題を補完するものとして，コンピテンシー（competency）概念が注目されるようになり，1990年代に入って本格的に企業に導入され始めた。

　他方，イギリスのアプローチは，国家認定の職業専門能力の資格制度（National Council for Vocational Qualifications：NCVQ）を示すコンピテンス（competence）という概念に基づいて進展してきた。職業専門能力を規定する基準として発展してきた背景には，1980年代における経済成長の低下に伴う失業率の増加等の労働政策上の要請があった。そのため，イギリスのアプローチで対象とされているコンピテンスとは，高失業率の問題を解決するためのエンプロイアビリティ（特定の企業だけでなく，外部労働市場でも通用する職業能力）を示す基準であり，アメリカのアプローチとは全く異なるものである（Winterton and Winterton, 1999；生産性労働情報センター，2000；Horton, 2000）[17]。

　このように各国におけるアプローチの相違によって，コンピテンシー，コンピテンスという用語上の違いや，その概念が示す対象が異なり，ある種の混乱を生んできたといえる。

3. コンピテンシーマネジメントの理論的フレームワーク

3-1. Spencer and Spencer（1993）によるコンピテンシーマネジメントのフレームワーク

　上述してきたコンピテンシーマネジメントの実践的展開は，Spencerら（1993）によって進められてきた。Spencerら（1993）は，Boyatzis（1982）の研究を基盤として，どのような職種にどのようなコンピテンシーが必要とされるかについて詳細にまとめたコンピテンシーディクショナリを開発した。

コンピテンシーディクショナリとは，200以上の職務において発見されたコンピテンシーを職種ごとに分類し（コンピテンシーモデル）一覧表にまとめたものである。そこでは各職務で必要とされるコンピテンシーを重要度順（ハイパフォーマーにみられるコンピテンシー順）にランク付けしてあるものである。さらに，コンピテンシーモデルをどのように企業レベルで活用するかというHRMのフレームワークを提示している。Spencerらによって提示されたフレームワークが現在企業に導入されているコンピテンシーマネジメントの基礎となっている。Spencerらによって提示されたコンピテンシーマネジメントのフレームワークについて考察する前に，彼らがコンピテンシー概念をどのようにとらえているのかについて確認したい。

　Spencerらは，コンピテンシーを「ある職務または状況に対し，基準に照らして効果的，あるいは卓越した業績を生む原因としてかかわっている個人の根源的特性」と定義している。ここで，"根源的特性"とは，さまざまな状況を超えて，かなり長期間にわたり，一貫性を持って示される行動や思考の方法である。また，"原因としてかかわる"とは，コンピテンシーはある種の行動や成果の原因となり，予測し得ることを意味する。さらに，"基準に照らして"とは，ある特定の尺度や基準にもとづいて測定する場合に，コンピテンシーは，誰が優れた業績を収め，誰が平均以下の成果に終わるかを予測し得ることを意味するとされる（Spencer and Spencer, 1993, p.9）。そして，コンピテンシーの特性として次の5つをあげている。

①動機：特定の行為や目標に向かって行動を引き起こし，導き，選択するものである。

②特性：身体的な特徴，あるいはさまざまな状況や情報に対する一貫した反応。

③自己イメージ：個人の態度，価値観，自我像。

④知識：特定の領域で個人が保持する情報。

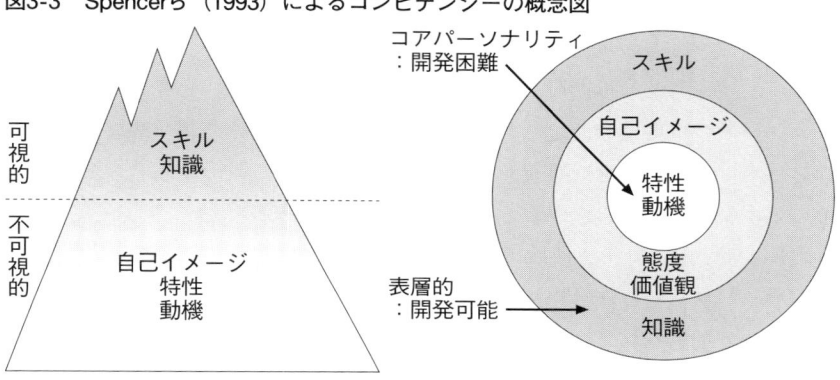

第3章　日本企業のIHRMのグローバル化

図3-3　Spencerら（1993）によるコンピテンシーの概念図

出所：Spencer and Spencer（1993, p.11）から筆者作成。

⑤スキル：身体的，心理的タスクを遂行する能力。

　Spencerらは，これらのコンピテンシーの特性を次のようなモデルで示している（図3-3参照）。

　図3-3の氷山モデル（左図）は，可視的な（顕在的）コンピテンシーと不可視的な（潜在的）コンピテンシーの特質を示したものである。右図は，コンピテンシーによって後天的に開発可能なものと開発困難なものがあることを示している。ここでは，知識やスキルのコンピテンシーは比較的表層に位置する人間の特性であり，これらのコンピテンシーは，後天的に開発することは容易であることを示している。一方，自己イメージ，特性，動機といったコンピテンシーは，潜在的で人格の中核に位置する特性である。そのため，後天的に開発することは難しく，評価することも困難であるとされる。しかし，自己イメージは，両者の中間に位置するので，かなりの時間と困難は伴うが，訓練や心理療法等を通じて開発することは可能であると考えられている。このようなコンピテンシーの特質から，Spencerらは，企業はコアとなる動機や特性にもとづき人材の選考を行い，その後，具体的に特定の職務を遂行することに必要とされる知識やスキルを訓練する方がコスト効果性は高く，優れた業績を予測することが可能となると論じる。そして，彼らは，行

動の強さと徹底さ，インパクトの範囲（影響を受ける人の数や地位等），行動の複雑性，努力の量，独自の次元（個人経験にもとづく思考，行動等）を用いて，技術者及び専門職，セールス職といった各職種に必要とされるコンピテンシーの重要度を測定している。例えば技術者・専門職に必要とされるコンピテンシーは，達成重視，インパクトと影響力，概念化思考，分析的思考，イニシアチブ，自己革新，対人関係理解等である。

表3-4は，技術者・専門職の一般的なコンピテンシーモデルである。これは，ハイパフォーマーと平均的な人材を峻別するコンピテンシーの相対的頻度によって抽出されている。ウェイトが大きいコンピテンシーほど，ハイパフォーマーにみられ，その職務において重要度が高いとされる。Spencerらは，自ら開発したコンピテンシーモデルをもとに，どのように企業にコンピテンシーマネジメントを導入し，活用するかということについて，次のような見解を示している。[18]

①採用，昇進への活用

人材の採用，昇進にあたっては，人材の保有するコンピテンシーと職務に求められるコンピテンシーが適合するか否かを見極めることが重要であるとされる。見極める手段として，加重絶対差法，プロフィール比較法をあげている。加重絶対差法では，人材のコンピテンシーと職務に求められるコンピテンシーの絶対値を求め，その差が最も少なければ職務に適合していると考える。一方，プロフィール比較法では，職務に求められるコンピテンシーの重要度を人材の保有するコンピテンシーの重要度（頻繁に現れるコンピテンシーの順）と比べ相関関係を調べる手法である。職務，人材双方のコンピテンシーの重要度順位が近似関係にあれば，適合すると考える。

②報酬システムへの活用

報酬システムへの活用では，現時点で職務に発揮されている個人のコンピテンシー（すでに個人が保有している能力），将来会社に経済的付加価値をもたらすコンピテンシーに対して報酬を支払うことが目的とされる。コンピテンシーにもとづく報酬システムは，固定給（職務給＋個人が現時点で発揮

表3-4 Spencerら（1993）による技術者・専門職の一般的なコンピテンシーモデル

ウェイト	コンピテンシー
XXXXXX	● 達成志向 　業績の測定 　成果の改善 　挑戦的な目標の設定 　（現状を）革新する
XXXXX	● インパクトと影響力 　直接的な説得，事実や比喩の利用 　聴衆に合わせたプレゼンテーションを行う 　プロフェッショナルな名声に対する関心を示す
XXXX	● 概念的思考 　重要な行動と背後にある問題を認識する 　関連付けやパターン化する
XXXX	● 分析的思考 　障害を予想する 　体系的に問題を分解する 　論理的に結論を出す 　結論やインプリケーションを理解する
XXXX	● イニシアチブ 　問題解決に一貫して取り組む 　言われる前に問題に取り組む
XXX	● 自信 　自身の判断に確信を示す 　チャレンジと独自性を求める
XXX	● 対人関係理解 　他者の態度，関心，ニーズを理解する
XX	● 秩序への関心 　役割や情報の明確化を求める 　仕事の質や情報の確認をする 　記録をつける
XX	● 情報の探究 　多くの異なる情報源に接触する 　ジャーナル等を読む
XX	● チームワークと協調 　ブレインストームや勧誘を行う 　他人を信用する
XX	● 専門的能力 　技術的な知識の拡張や使用 　技術的な仕事を楽しみ，専門性を分かち合う
X	● 顧客サービス志向 　背後にあるニーズを発見し，それを充たす

出所：Spencer and Spencer（1993, p.163）を参考に筆者が作成。

しているコンピテンシー）と変動給（個人が新たに発揮したコンピテンシー）から構成されるが，最終的には外部市場や内部バランスによって調整されるという。

③能力開発，キャリアパスへの活用
　能力開発への活用では，ハイパフォーマーが示すコンピテンシーを基準に，当人のコンピテンシーと職務に求められるコンピテンシーのギャップを埋めることが目的とされる。職務に求められるコンピテンシーを基準とすることで，個人にどのようなコンピテンシーが不足しているかを認識させることができる。具体的なフィードバックを行うことにより，個人の行動変容を促すことが可能になるという。

　このように，Spencerらによるコンピテンシーマネジメントのフレームワークには，体系的な調査によって明らかにされたコンピテンシーモデルをHRMの仕組みに落とし込んで活用するという実践的視点が含まれていることがわかる。

3-2. Spencer and Spencer（1993）の研究の貢献点

　Spencerらの研究の貢献点は，各職務に対応したコンピテンシーモデル並びにコンピテンシーディクショナリを提示し，企業レベルで活用するためのコンピテンシーマネジメントのフレームワークを構築した点にある。人材の行動特性に注目することによって，Boyatzisによって指摘されてきたHRMの問題点を補完することが可能となると考えられる。

　一方で，Spencerらによって行われた研究の時代背景もあるが，彼らの研究には，企業の戦略や職種によるコンピテンシーモデルの違いについては十分に考察されていないという課題が残されている。今日では，企業の戦略やビジョンにもとづいてコンピテンシーを抽出し，人材の育成，能力開発に活用されるようになっている。また，経営学の分野においても，企業戦略と個人のコンピテンシーをリンクさせることによって，コンピテンシ

ーマネジメントのメリットを享受できるとの見解も示されている（Tovey, 1993，1994；Kandola，1996；McLagan，1997；Pickett，1998；Hoffmann, 1999；Horton，2000；安室，2000）。

3-3．コンピテンシーマネジメントの意義とその限界

　では，コンピテンシーマネジメントにはどのような意義があるのだろうか。まず，これまでの理論的な考察から導き出される点として，第1に，ハイパフォーマーを選別する基準が明確に設定されていることをあげることができる。コンピテンシーは職業上の業績を予測し，人種や性別等の差によって不利をもたらすことのない基準（優秀な人材であるかどうかの選定を行う基準）を明確化することを可能とする。そのため，企業は，採用段階から自己変革能力や学習能力といった潜在能力，達成動機の高い人材を自社の戦略と照らし合わせて選別し，活用することが可能となるのである。

　第2は，平均的な能力を持つ人材をコンピテンシーの基準と照らし合わせて能力開発を行うことによって，ハイパフォーマーへと成長させることも理論的には可能となることである。なぜなら，能力開発を行う際に，どのような行動特性が不足しているかを明確にフィードバックすることができるため，そのような人材に気づきを促すことができる。このようにコンピテンシーマネジメントがMNCsで注目を集めるようになったのは，各社の掲げる経営理念や価値を職務に関連づけ，実践することができるという点，さらに各社の価値観に照らし合わせて，相応しい人材なのかどうかを見極めることができる点にあると考えられる。たとえ能力が高い人材であっても，企業の掲げる経営理念や価値観に共鳴できなければ，その企業の展開するビジネス自体への深い理解や職務満足を得ることも難しくなるだろう。

　以上，ハイパフォーマーの選抜，成果達成を促すマネジメント手法として，コンピテンシーマネジメントについて概観してきた。しかし，彼らの能力を実際の成果に結びつけるためには，彼らに要求される成果責任を明確にする仕組み（職務等級制度，ヘイ・システム）が必要である。職務等級制度で成果責任を求めるのは，経営目標の達成という目標に向けて従業員の意識を変

革するためであり，彼らに対して評価の納得性，透明性を明示するためである（柳下，2001）。しかし，コンピテンシーマネジメントを企業で有効的に活用すること，企業に定着させることは容易なことではない。なぜなら，企業は，第1に，自社の戦略を見極めた上でコンピテンシーを特定化するための多大なコストをかけなければならず，加えて，第2に，従来のHRMシステムの考え方に慣れている人材の意識改革を行うという大規模な企業改革を伴うからである。そのため，流行のHRMシステムだから導入するという意識では，コンピテンシーマネジメントの本来のメリットを享受することも，企業に定着させることも難しいだろう。

関連して，コンピテンシーマネジメントには次のような問題点も指摘されている。第1に，ビジネス環境の変化（企業戦略の変化）によって企業が抽出したコンピテンシーのフレームワークを変更させる必要があるという点である（McCall, 1998）。第2に，コンピテンシーが高業績者の行動特性を基準に抽出されるため，コンピテンシーを用いることで，従業員の複製化（cloning）を促し，彼らが持つ創造性や革新能力，アプローチの多様性，問題解決スキルを抑制してしまう可能性があるということである（e.g., Wood and Payne, 1998：Patching, 2011）[19]。第3に，コンピテンシーは，多様な経験を通じて人々がそのコンピテンシーを身に付けたものであり，"経験"から学ぶべきことを学ぶ能力を想定していない点である（McCall, 1998, 邦訳, p.182）。McCallによると，コンピテンシーはあくまでも，仕事をうまく遂行している人の状態がどのようなものであるのか，あるいはどのようなものであったかを表しているものであり，"成功"を収めた時，そして少なくとも当該職務に関して人材開発を"完了"した時に持っている資質，完成品の特性に過ぎないという。環境や事業戦略が変化すれば，これまで強みとされてきたコンピテンシーが弱みに変わることも十分にあり得る。リーダーとして潜在能力が高いと評される人材は，困難な機会に挑戦し，常にフィードバックを求め，学習能力を伸ばすための場を自ら創造することによって（経験から最も多くのことを学習する能力を身に付け）学習における障害を払拭していくという特徴を持つという。すでに持っている才能を開花させていくという仮定にもとづいたコンピテンシーは，学習能力を長期間モニターし，追

跡し，評価するという点に限界を抱えている（McCall, 1998）。

また，別の角度からみれば，コンピテンシーマネジメントを含めた経営に関する諸知識（経営知識）には，そもそも"流行性"という性質があることも考慮に入れなければならない。新たな経営知識は，グル，マス・メディア，コンサルティング・ファーム，ビジネススクール，実務家等のプレーヤーによって生産され，流通する（西井，2013）。HRMシステム及びHRMプラクティスに関する多くの手法も例外なく上記のプレーヤーから生み出されている。したがって，新たな手法としてビジネス界に普及した手法も，時の経過とともにその問題点が指摘・認識されるようになり，次の新たな経営手法へと代替される可能性は当然ある。このように，コンピテンシーマネジメントには問題点が指摘されているが，現時点において有効性の高い手法として，認識され，企業に定着していることも，また事実である。

小括

本章では，日本企業本社のIHRMのグローバル化という問題を，HRMシステムのグローバリゼーションという視点から論じてきた。本書がGHRMシステムとして想定する職務等級制度及びヘイ・システム，コンピテンシーマネジメントの先行研究を取り上げ，理論的に考察した。その結果，職務等級制度及びヘイ・システムは，GHRMシステムとして，評価の客観性・公平性を担保することが可能であること，コンピテンシーマネジメントは，企業業績の向上，経営戦略・目標の遂行という観点から属人的要素にかかわらず企業が必要とする人材の特徴を明示化できるという点を明らかにした。コンピテンシーによって特定化された人材の能力を実際の成果に結びつけるためには，彼らに要求される成果責任を明確にする仕組み，すなわち職務等級制度及びヘイ・システムが必要となる。これらHRMシステムを併用することにより，グローバルな適用可能性の高いGHRMシステムとして機能することを指摘した。

第 I 部　理論的考察

注

1) 本章は，2002 年に『星稜台論集』第 35 巻第 2 号（神戸商科大学大学院）に掲載した「コンピテンシーマネジメントの競争優位獲得のメカニズム―コンピテンシー概念にもとづく人事制度を中心に―」（笠原，2002b, pp.63-80）及び 2005 年に『星稜台論集』第 38 巻第 2 号（兵庫県立大学大学院学園都市キャンパス研究会）に掲載した「日系多国籍企業のグローバル化のプロセス―人的資源管理の視点から―」（笠原，2005, pp.79-95）に加筆・修正したものである。
2) Jacoby（1989）によると，アメリカ企業において，職務分析，職務の標準化（単純化），職務評価にもとづく賃金の提供が普及した背景には，第 1 次大戦，第 2 次大戦という戦時下における政府・連邦機関によるさまざまな規制があったという。第 2 次大戦中，政府は，軍需労働者を最も必要とされている産業に配分することを目的に，産業の訓練プログラムの実施に力を入れた。例えば，戦時人的資源委員会は，全企業に対してそれぞれの現在及び将来に必要な人的資源を概括した産業別定員表プランを作成し，労働部隊の秩序だった展開の助けとするよう求めた。最も必要とされる分野への労働の訓練と移転とを促進するために，企業は当時編集された『職種名分類辞典』に準拠し，標準用語で職務を記述するよう求められた。このような背景から，企業は否応なく広範な職務分析を実施し，はっきり定義され，しかし硬直的な職種名の合理的な構造を作り出すよう迫られたという（Jacoby, 1989, 邦訳，pp.304-310）。
3) 1866 年に制定された公民権法では，人種，性別，国籍による差別が禁じられた。しかし，採用を決定する際に，マイノリティの候補者が特別な扱いを受けているため，白人男性は明白な不利益を被っている，とする白人男性による逆差別の主張をするためにも使用された（Cenzo and Robbins, 1996, p.65）。
4) 安室（1992）は，ヘイ・システムが欧米企業で普及した理由として，雇用機会均等法の制定をあげている（安室，1992, p.120）。
5) 職務分析とは，対象となる職務の内容を明らかにし，他の職務との相違点を明らかにすることと，その職務を完遂するために必要な資格要件を明らかにすることとの関連を意識して，職務の性質を確定することである（長谷川，1971, p.246）。職務分析には，①序列法（ranking method），②分類法もしくは等級法（classification method or grading method），③点数法（point method），④要素比較法（factor comparison method）の 4 つの基本形態がある（Cenzo and Robbins, 1996, p.361）。
6) ヘイ・システムは，職務評価法で有名な手法であるが，コンサルティング・ファームの多くが独自の手法を開発している（Lawler, 1990, p.135 ; Kasahara and Nishii, 2012）。
7) 本書では，一般的な名称として使用する場合には，職務等級制度という用語を，ヘイ・グループによって提供されている方法論を指す場合にはヘイ・システムという用語を使用する。
8) 経営コンサルティング・ファームとしてのヘイ・グループのユニークな点（成功要因）

として,西井（2004）は,グローバルな適用可能性の高い商品の存在を指摘する。これは,ヘイ・グループのグローバル展開の基本姿勢であり,グローバル展開を始めた当時のCEOであるミルトン・ロックの考え方,すなわち,ヘイ・グループは「普遍的な商品とサービス」として利用できるものを持っており,アメリカ以外の国々においても,活用できるものを有しているとの確信に現れているという。ヘイ・グループは他のコンサルティング・ファームと比べ,グローバルな適用可能性という点に大きくこだわったビジネスを展開しており,ヘイ・グループが対象とするクライアントは,グローバルHRMシステムの構築等グローバル性を持った商品を求めるクライアントに専ら限られているという（西井,2004,p.308）。

9）本節におけるヘイ・システムに関する記述において特に引用がない場合には,今野（1998）の研究にもとづいている。

10）RISで行っている報酬調査では,従業員や役員の給与ならびに福利厚生情報を実在ケースのデータとして会員企業から収集し,マーケット情報としてレポートやデータベースにまとめられ,インターネットを経由したHay PayNet（R）から提供されている。この調査は,日本をはじめとして世界65ヶ国で実施されており,世界各国で事業を行う企業の報酬に関する意思決定をサポートしている。定期的に定型レポートやデータベースとして提供されるものには,従業員報酬調査,役員報酬調査,海外報酬情報サマリーがある（ヘイ・グループウェブサイト http://www.haygroup.com/jp/about/index.aspx?id=21616 及び jin-jour ウェブサイト http://www.rosei.jp/market/detail.php?item_no=871 参照）。このような給与情報等の提供は,定期的なアップデートが必要となるため,新規にある国の市場に参入したコンサルティングファームが容易に提供できるサービスではなく,1つの参入障壁となっているようである（筆者のインタビュー調査による）。

11）ヘイ・グループの強みは,コンセプト（ヘイ・システム,コンピテンシー概念）のオリジナル性にある（西井,2013）。コンピテンシー概念は,ハーバード大学の心理学者であったMcClelland教授によって考案された。McClelland教授は,1964年にBoyatzis氏とコンサルティング・ファームMcBer & Companyを設立した。後に,McBer & Companyはヘイ・グループのグループカンパニーの1つとなり（United Nations, 1993）,近年では,McClelland Center for Research and Innovationとの名称のもと,ヘイ・グループのデータ分析,研究部門に位置づけられている（ヘイ・グループのウェブサイト：http://www.haygroup.com）。しかし,経営コンサルティング産業では,流行となったコンサルティング手法は,競合他社によってすぐさま模倣され同様の商品として提供されることが常態化しており,ヘイ・グループの場合も,同様のコンピテンシーマネジメントを提供している競合他社が存在している。しかも,そういった競合他社におけるコンピテンシーマネジメントの提供には,ヘイ・グループから引き抜かれたコンサルタントがかかわっている場合が多い（西井,2013,p.222）。このような業界特性の中,コンセプトの源泉（McBer & Company）を押さえていることが,ヘイ・グループの差別化の1つの要因となっている。

12）Murrayは,30種類の欲求について,欲望と目的,感情と情緒,性格特性と態度等の

次元をあげて各欲求の特徴について詳細に論じている。ここであげられている欲求は，謙虚欲求，達成欲求，神話欲求等である。達成欲求についてあげると，その欲求と目的は，自己を超克すること，感情と情緒は，情熱，野心とされ，性格特性・態度は，目的を達成しようとするために長い反復的努力をし，競争的で勝とうとする決心を持つと論じられている（Murray, 1938, 邦訳, p.153）。

13）達成欲求得点とは，普通の条件下で，個人が達成動機に関連した観念（優れた成績という基準を満たしたい，達成への試みが妨げられている，自分の遂行結果に対して喜んでいるか等の思考内容）を用いた総数のことである（McClelland, 1961, 邦訳, p.70）。

14）これらのコンピテンシーは，多様な職業において有効的な成果がみられたコンピテンシーを抽出して開発された（Boyatzis, 1982, p.26）。しかし一方で，コンピテンシーを峻別する基準が示されていないという批判もある（Ledford, 1995）。

15）Boyatzis は 12 の組織における 41 職種に従事する 2,000 人のマネジャーへのインタビュー調査から優秀なマネジャーにみられたコンピテンシーを 6 つのコンピテンシークラスターに分類している（Boyatzis, 1982）。

16）中橋・當間（2001）は，市場構造を重視し，戦略策定にあたって考慮すべき環境条件を分析する市場ポジショニング視角と，考慮すべき自社の経営資源を分析する資源ベース視角は，相対立する概念ではなく，補完的なものであるために，どちらが重要かということは本来問われるべき問題ではないと指摘する（中橋・當間, 2001, pp.14-15）。

17）アメリカにおいても，国家認定スキルを導入しようとする動きがみられた。アメリカ政府は，イギリスで開発された国家認定スキル制度に影響を受け，クリントン政権時の 1994 年に National Skills Standards Board（NSSB：全米スキル基準委員会）を設立した。NSSB が設立された背景には，技能水準やその達成を評価する国家システムを開発することによって，労働者のスキル向上を通じて生産性，経済成長，アメリカの経済競争力の向上を目指す（NSSB, Sec.502）という国家政策上の目的があった。しかし，国家認定スキル制度は，教育分野以外の産業界では実施されていなかった（Horton, 2000）。アメリカ政府としては，このような取り組みによって，社員の組織間の異動を容易にすることを想定していたようであるが，実際には職業団体等からの強い反発にあい，暗礁に乗り上げてしまった（Cappelli, 1999, p.181）。

18）実施手順などについては，Spencer and Spencer（1993）で詳しく論じられている。

19）野中・紺野（2012）は，コンピテンシープログラムで有名である MNCs の人事担当副社長は，コンピテンシープログラムは，概ね人事部やコンサルタントによって創られ，自立分散的な場というより，人事部の人材像を押し付ける形になりがちであり，今後はコンピテンシープログラムをやめると語ったというエピソードを紹介している（野中・紺野, 2012, p.180）。

第4章

成果主義HRMに関する懐疑論の批判的検討[1]

はじめに

　本章の目的は，成果主義HRMに関する懐疑論の批判的検討を行うことにある。前章で考察してきたように，日本企業がグローバル企業へと革新を図るためには，多様なバックグラウンドを持つ人材を雇用し，国籍を問わず彼らの能力を活用するためのGHRMシステムの構築が必須となる。

　1990年代以降，日本企業においてGHRMシステムへの改革が行われるようになった。当時は，前章で取り上げたヘイ・システムやコンピテンシーマネジメントへの関心が産学において高まり，それらHRMシステム自体の考察や，それらの日本企業への適用，導入方法等についての考察が行われた。今から考えると，ある種のHRMシステム改革のブーム期であった。しかし，2000年前後を境に，それらの議論は，当初の目的であったグローバル市場を念頭においたGHRMシステムへの改革という観点から逸れ，成果主義HRM批判という形で展開されるようになった。そして，成果主義HRMの是非，善し悪しという価値判断にもとづく議論が展開され，日本企業には適さないとする見解が散見された。しかし，これらの議論は，グローバル市場・グローバル競争という変数をほとんど考慮していないという大きな問題点を抱えている。日本企業が国内市場をターゲットとし，そこでのビジネス展開だけを考えるのであれば，従来のHRMシステムを活用し続けることに問題はないのかもしれない。しかし，日本企業がグローバル市場に活路を見出し，そこでの競争優位の構築を考える時，成果主義HRMの是非は問われ

るべき問題ではなく,他国のMNCsと競争し,グローバルな競争優位性を構築するための必要条件となるとわれわれは考えている。

1. 日本企業におけるGHRMシステムへの改革に関する議論の流れ

1990年代以降,多くの日本企業は本社のHRMシステム改革に乗り出した。この理由として,先行研究では,1990年代の日本企業を取り巻く社会経済的状況の悪化が指摘されている(e.g., Bruning, 2011)。確かに,それは1つの要因であるかもしれないが,それ以上に,日本企業にとって,グローバル経営が理想ではなく,現実的な課題となってきたという認識の高まりの方が大きいように思われる。グローバル市場でのプレゼンスのさらなる構築やグローバル経営を念頭に置いた日本企業では,グローバル人材の育成・活用及び従来の日本企業の抱えるIHRMにまつわる諸課題を克服することを目的とし,職能資格制度から職務等級制度(ヘイ・システム)及びコンピテンシーマネジメントからなるGHRMシステムへの改革が進められている。

GHRMシステム改革における対象は,主に経営幹部層以上であり,将来的に海外子会社を含めてHRMシステムの標準化を図り,国籍にかかわらず優秀な人材を登用・活用することが目指された。これまでも,日本企業がグローバル企業として活躍し,経営現地化を進める上でHRMの公式化の程度を高めること,すなわち,職務等級制度の活用が重要であることは産学において指摘されてきた(e.g., 安室, 1992;日本在外企業協会, 1994;関西生産性本部, 2000a, 2000b, 2004a, 2004b;茂垣, 2000;白木, 2006)。以下では,日本企業におけるGHRMシステムへの改革に関する議論の流れを3つの時期に区分してとらえていくことにする。

1-1. 第1期(1990年前後)

1990年前後に,最も早く職務等級制度への改革に着手したのは,銀行等

の特定の業界に属する企業だった。この背景には，外資系投資銀行等の日本市場進出によって，日本の銀行や証券会社は大量の中堅社員を引き抜かれるという状況に直面していたことを指摘することができる。外資系投資銀行は，日本での事業拡大に伴い，日本の銀行や証券会社等がこれまで巨額を投じて育成してきた中堅社員を大量に引き抜いた。日本の金融機関の経営トップは，外資系の採用条件と同等の待遇を提供しなければ，有能な人材を維持することが困難であり，社員に対する初期投資を回収することができない状況にあった（Cappeli, 1999, p.154）。

1980年代後半に，日本の金融機関で初めてヘイ・システムの導入を行ったのは，日本長期信用銀行である（NIKKEI DESKTOPウェブサイト[3]）。元日本長期信用銀行の箭内氏は，NIKKEI DESKTOPウェブサイトの記事の中で次のようにコメントしている。

「1983年に当時の人事改革チームのリーダーに指名された。（中略）長銀の官僚的な人事政策に大きな疑問を抱いていたものの，何から着手すべきか困惑した。外部の力を借りようとマッキンゼーをはじめいくつもの経営コンサルタントを訪ね歩いたが，琴線に触れるものはなかった。（中略）ヘイ社は，当時シティバンクをはじめほとんどの有力金融機関や大企業を顧客に持つアメリカ最大手の人事コンサルタント会社だった。（中略）ヘイ社の最大の売り物は，各職務ポストを必要能力などの分析によって点数化するというヘイ・システムにあった。（中略）そのベースである職務，業績，能力，報酬などについての認識の違いに衝撃を受けた。当時の日本企業の大前提だった年功序列や資格制度とは真っ向から対立する概念だったからだ。（中略）長銀が大転換するにはこれしかない，直接トップの了解を取り付けて，ヘイ社を人事コンサルタントとして委嘱した。もちろんヘイ社にとっても日本企業の第1号の案件だった」

箭内氏は後に出版した本の中で次のように述懐している。「それまでの日本長期信用銀行では，制度に守られ，役所のようなシステムや人事でやってくることができた。しかし，投資銀行業務に軸足を移そうという計画が打ち

出されたことによって,競争意識を社員に持たせる抜本的な人事改革が行われた」(箭内,1999, pp. 232-246)[4]。

しかし,日本の金融機関は,危機感を持って人的資源管理の変革に取り組んだというよりも,外資系企業に負けないくらい先端的なことをやりたいという思いや,資金的余裕があるという観点からヘイ・システムの導入を行った。そのため,海外でヘイ・システムを採用していても日本国内では必要ないとする考え方が支配的だった(西井,2004, pp.305-306)。

このように,1990年代初頭に行われた職務等級制度の導入は,特定の業界に限られており,抜本的なHRMシステム改革を行わなければならないという危機感から行われたものではなかったことがわかる。

1-2. 第2期(バブル崩壊後)

バブル崩壊後の1994年以降から,トヨタ,武田薬品工業等をはじめとする大手の日本企業においてHRMシステム改革が行われ始めた。これらの企業では,これまで運用してきた職能資格制度を見直し,ヘイ・システムの導入が行われた。ヘイ・システムが注目された理由としては,第1にヘイ・グループのオピニオンリーダーとしての役割をあげることができる。ヘイ・グループはフォーチュン1,000社の過半数以上の企業において彼らの提供するヘイ・システムが採用されており,報酬制度の世界標準となっている。そのため,ヘイ・システムを導入することで,導入に関するノウハウや公平な給与システムが採用されているという信頼性を従業員に示す等のメリットを享受することができると考えられているためである(e.g., 安室,1992 ; Skenes and Kleiner, 2003)。第2に,企業研究会等でヘイ・システムが取り上げられ(e.g., 関西生産性本部,2000a, 2000b, 2004a, 2004b),HRMシステム改革がある種のブームとなっていたこともあり,ヘイ・システムを導入した事例として取り上げられた企業の影響も大きかったのではないかと推察される。従来日本企業本社で活用されてきた職能資格制度には,人材の能力の有無を客観的に測定する基準は十分に備わっていなかった。このようなHRMシステムから,論理の異なる職務等級制度へと根本的なHRMシス

テム改革を行う必要があるため，GHRMシステムとは何か，また，どのようにGHRMシステムを導入すればうまく機能するのかという点に関心が寄せられたと考えられる。

このように，第2期は，ヘイ・システムやHRMシステム改革への関心が高まっていたのが，2000年を境とし，それに関する議論が潮が引いたように急速に停滞してしまった。その背景には，コンフィデンシャリティの観点からGHRMシステムへの改革を行った企業の事例研究を行うことが難しい状況があったのではないかと推測される。また，ヘイ・システムの導入は，経営層，経営幹部層へと段階的に導入が進められることもあり，その進捗状況についての追跡調査を行うことが困難であったのかもしれない。しかし，2000年以降になると，グローバル経営を念頭に置いたGHRMシステムへの改革を行うという1990年代に掲げられた問題意識とは異なる形で，すなわち，成果主義HRMへの批判が展開されるようになった。

1-3. 第3期（2000年以降）：成果主義HRMシステムに関する議論の混乱

2000年以降になると，一部上場企業を中心に欧米式の職務等級制度が導入され，次の段階として"運用や調整"が問題となった。しかし，欧米式の職務等級制度をベースとした"成果主義的"給与体系は，成果主義批判という形で展開されることが多くなった（e.g., 竹村，2002；楠田，2002；高橋，2004）。成果主義批判を展開する研究では，主に終身雇用を前提とした職能資格制度であっても厳しい競争が展開されていること，また，成果を重視することによって従業員の士気が低下すること，さらに，成果主義を取り入れた日本企業の失敗事例（e.g., 城，2004）をその反論材料として取り上げ，"日本企業には適さないのではないか"との価値判断にもとづく見解が示された。

このような形で議論が展開されるようになった背景には，第1に，給与水準の切り下げの手段として成果主義が用いられたことを指摘できる。つまり，多くの企業が1990年代の不況を乗り切る手段として，事業の統廃合を行い，いわゆる雇用の"リストラ"を行った。その際，年功序列の給与体系のため，

市場価格よりはるかに高騰していた中高年層の給与カットの手段として，"成果主義"が強調されたのである。第2に，新しい職務等級制度が，旧来の日本的経営の基本原則であった"年功序列"を排除する手段として認識されたことがある。職務等級制度では，年功は否定され，"職務にもとづく能力・成果"のみが強調される。この点が旧来の日本的経営のカルチャーと鋭く対立したと考えられる。

このように，GHRMシステムへの改革についての議論は，本来の目的であるグローバル経営の遂行という観点から大きく乖離し，成果主義HRMシステム（職務等級制度及びヘイ・システム）の"善し悪し"，または日本企業への"適合・不適合"という議論へと焦点がすり替わってしまった。しかし，われわれは，HRMシステム自体に問題があるというよりも，職務等級制度の"導入"や"運用"の方法に問題があると考えている。この側面は先行研究でほとんど取り上げられてこなかった点である。この点については後述する。

2. 成果主義HRMに関する懐疑論の批判的検討

2-1. 成果主義HRMとは：成果主義の定義と目的，成果主義と能力主義の差異

成果主義HRMに関する懐疑論の批判的検討を始める前に，成果主義の定義と目的について述べる必要があるだろう。Armstrong and Murlis（1994）は，成果主義を「個人，グループ，組織の成果に直接関与している個人に対して，測定可能な経済報酬を提供するプロセス」と定義しており（Armstrong and Murlis, 1994, p.247），楠田（2002）は，「企業活動への貢献度に比例して処遇する制度」と定義している（楠田, 2002, p.37）。また，二村は，「成果の大きさや組織目標への貢献度，そして能力の個人差を処遇に反映させる人事の機軸とする人事観」と定義している（二村, 2001, p.32）。

このように，成果主義の定義は，各論者によって多様になされているが，共通して認識されていることは，各個人の成果を企業目標への貢献度によ

第4章　成果主義HRMに関する懐疑論の批判的検討

って測定し，成果を生み出すための顕在能力を処遇する報酬管理のあり方を指していることである。これは，広くとらえると，報酬管理という個別のHRMプラクティスだけを指すものではなく，本書でこれまで説明してきた職務等級制度のHRMシステムのあり方を指しているととらえられる。成果主義の目的には次の点があげられている（Armstrong and Murlis, 1994, pp.247-248）。

①企業の成功を生み出す従業員の成果要因に焦点を当て，最も必要とされるところに彼らの注意と努力を方向付けること。
②従業員を動機づけること。
③より成果志向，品質や顧客サービス志向の企業文化の構築に向けて，企業文化と価値を変更することを強化し，促進すること。
④個人の努力ではなく，貢献を認め，それに報いること。
⑤高い能力を保有する従業員の採用，リテンションを向上させること。

このような目的を持つ成果主義は，これまで日本企業で標榜されてきた能力主義とどのような違いがあるのだろうか。

能力主義という言葉は日本的な職能資格制度の文脈で使われてきた古い概念である（二村，2001）。能力主義の原点は，1969年に日経連能力主義管理研究会によって出版された『能力主義管理・その理論と実際』まで遡ることができる。そこでは，能力を「企業目的のために貢献する職務遂行能力であり，業績として顕現化されなければならない」とされている（日経連能力主義管理研究会，1969）。

職能資格制度下における人事考課では，職務遂行能力が評価の対象とされている。職務遂行能力には，職務の遂行を通じて発揮される能力（発揮能力）と職務遂行上発揮が期待される能力（期待能力）の2側面があり（日経連能力主義管理研究会，1969，pp.3-7），①能力考課，②業績考課，③情意考課の3つの考課から評価される[5]。

①の能力考課では，一定時点で何がどの程度できるかという本人の職務遂行能力の発揮度・伸長度が評価される。②の業績考課では，一定期間に達成

されるべき課業と目標を明確化し，当該期間経過後，それらがどの程度成しとげられたかを考課するものである。③の情意考課は，ある一定期間内の職務遂行過程で，従業員1人1人の払った努力度，仕事への取り組み方など，従業員の態度や意欲を評価するものである。その結果は，配置・異動，資格格付け，昇格・職務開発・育成，昇給・賞与などに反映される（日経連職務分析センター，1989，p.39）。

このように，職能資格制度においても，どれくらいの業績が達成されたのかが評価されており，能力主義の定義にみられるように業績として顕現化させるという意味では，成果主義の目指す方向性と同じであるように窺われる。しかし，能力主義を掲げていた職能資格制度では，業績として顕現化させるどころか，その運用は年功的な方法に傾斜していった。なぜならば，職能資格制度下では，勤続年数や加齢とともに向上すると考えられている従業員の潜在能力が評価されていたからである。そのため，職能資格制度下における能力は実質的には年功制を意味するものとなった（二村，2001）。

他方，成果主義HRMシステムの下では，従業員は，潜在能力ではなく，成果を生み出すためにどのような行動を採ったのかという顕在能力が評価の対象とされる。つまり，能力主義と成果主義は，顕在化した成果を求める点においては共通性があるように窺われるが，"どのようにその成果を測るか"ということにおいては，能力主義が職務遂行能力（保有能力）であるのに対し，成果主義では成果に直結する貢献度（顕在能力）であるという違いがある。

以上，成果主義の定義と目的，成果主義と能力主義の差異について概観してきた。近年，成果主義HRMシステムは欧米型であり，日本企業には適さないとする批判的な議論がなされている。果たしてそうなのだろうか。日本企業において成果主義HRMシステムの導入が進んでいるという現状を踏まえると，これらの批判的な議論はどのような根拠にもとづいてなされているのかを検討する必要がある。

2-2. 懐疑論の論点

成果主義HRMシステムに関する批判的研究では，アメリカと日本の"文

化的差異"がその前提に置かれている。このような文化的差異が，経営，HRMのあり方に反映されているため，アメリカで開発された成果主義（アメリカン・スタンダード）は日本企業には適さないとする見解が示されている（楠田，2002；竹村，2002）。このような見解に立つ議論は，アメリカ＝個人主義，職務中心の人事管理，日本＝集団主義（平等主義），人間中心の人事管理，とするステレオタイプの考え方にもとづいてなされている。この際，特に注意すべき点は，両見解とも国内企業のHRMを前提に議論しており，"グローバルな競争環境"を念頭に置いていないことである。

楠田（2002）は，アメリカと日本を産業・社会，個人，企業という3つの視点から概括的にモデル化している。以下，楠田（2002）の議論を概観していく。アメリカの産業・社会の特徴は，多民族国家であり，各民族がそれぞれの利害を強く主張する対抗文化が基本となっている。また個人主義が強く，異文化・異言語を基盤とする社会であるため，同一の価値観や行動様式にもとづく暗黙の合意による対人関係は通用せず，ビジネス社会では強い契約観念が支配している。個人の特徴としては，職位別採用という背景から，個人は，大学で将来のキャリア目標を定め，それを実現するための科目を専攻し知識を深める。高等教育が社会的階層を上昇する手段となっているため，就職はキャリア目標達成の手段であり，個人は会社より自身のキャリアを優先する。そのため，就職した企業でキャリア目標が達成できない場合には，転職を数回繰り返し，キャリアを構築することが可能となっているという。

さらに，企業の特徴としては，株主価値の最大化を図るという視点から経営戦略・目標が決定され，それに応じて組織構造や職務体系が形成される。従業員は職位別に採用・配置され，職務記述書の内容を遂行することが求められる。職種間の異動はせず，単一職能内でキャリアを築くのが一般的であるが，エグゼクティブは，複数部門を担当し，また子会社を経営して全般的な経営能力を高める。各職務の賃金水準は，外部労働市場の賃金水準に強く影響されると特徴付けている。

他方，日本の産業・社会の特徴は，農耕民族という背景から集団主義が形成され，人々の価値観や行動様式が類似している均質な文化である。そのため，ビジネス活動における全ての事柄は話し合いと協調で解決することが基

本となる黙約社会である。個人の特徴としては，会社にキャリア形成を依存しているため，大学での専攻は直接的にはキャリア形成に影響せず，大学院教育は技術系に多くみられる。企業の特徴は，経営目標・戦略に応じて組織構造や業務内容が設定されるが，個人別の職務には分解されず，従業員の能力に応じた課業が配分される。また職務内容は従業員の能力に応じて変わり，責任と権限は曖昧である。特定の職種で専門性を高めるが，異種間の異動もある。終身雇用・経験重視主義であるため，昇進速度は遅く，初任給以外は外部労働市場の賃金水準の影響力は弱いと特徴付けている。

このような文化的差異を前提として，日本では，人材育成に主眼を置き長期的な貢献を評価する能力主義が採用され，集団主義としての組織基盤に立ち，職場の和と安定を重んずると指摘する。他方，アメリカでは人材活用（能力の発揮）に主眼を置き，その都度の短期的業績を高く評価する成果主義が採用され，狩猟社会としての社会基盤に立ち，格差と競争に役立つ賃金体系を採ると主張する。

このようなスタンスに立つ研究では，これまで日本企業で採用されてきた職能資格制度は，近年の日本企業の業績低迷という背景から変革を余儀なくされているという認識にもとづき日本型成果主義人事への移行が主張されている（楠田，2002；竹村，2002）。ここで日本型といわれている背景には，先述したような文化的差異，またアメリカン・スタンダードとされる成果主義を完全に導入することへの不安があるのではないかと推測される。つまり，アメリカン・スタンダードを導入することは，従業員間の競争を激化させ，これまで日本企業の良さであった集団の生産性や仲間への貢献を考えるという文化や年功制により雇用の安定化が図られていたことに起因する従業員の安心感や意欲が損なわれてしまうということを意味する。そして，日本の組織風土に適合する成果主義（日本型成果主義）として職能資格制度を機軸とし，各個人の実力を評価するためのコンピテンシー評価の導入，さらに能力（職能資格）と実力（コンピテンシー）の乖離を防ぐための職責概念を組み込んだ制度が提唱されている[6]。いわゆる日本的HRMシステムのフレーバーを残した成果主義の実践を提案している。

他方，高橋（2004）は，成果主義を①できるだけ客観的にこれまでの成果

を測ろうと努め，②成果のようなものに連動した賃金体系で動機づけを図ろうとする全ての考え方と広義に定義している。そして，①，②のいずれか1つでも満たしている場合も成果主義とみなし，日本型年功制への回帰を主張する（高橋，2004，pp.230-231）。高橋（2004）は，日本型人事システムの本質は，「給料で報いるシステムではなく，次の仕事の内容で報いるシステムである」という前提に立っている。日本企業の年功序列型賃金制度は，動機づけのためというよりも，従業員が生活の不安を感じることなく，仕事に打ち込める環境を作り出すために設計されたと主張する。そしてこの賃金制度は，平均的には年齢別生活保障給型の賃金カーブを描くが，差がつかないわけではなく，能力を発揮してきた人材ほど，より重要でやりがいのある仕事を任されていると指摘する。この意味において，日本の制度は賃金よりも仕事の内容で報いるシステムであると主張されているのである。そして，このような仕事の内容で報いることは，活動すること自体が内的報酬となる内発的な動機づけに繋がっているということをVroom（1964）やDeci（1975）等の動機づけ理論に依拠して論じている。

この内発的動機は，職務遂行と職務満足を直結させているが，外的報酬の提供によりこれらが分断されるため，外的報酬が与えられなくなると職務満足を得ることも，次の職務を遂行することもなされなくなると論じる。そのため，外的報酬による動機づけ（成果主義）は，短期的には強い動機となるが内発的動機には至らないと指摘する。このような論理から，終身雇用と年功序列型賃金による日本型人事システムは，それによって将来の見通しを良くし，企業との一体感が高まることで未来に傾斜した意思決定を行うことができるという意味で日本企業を成長させることのできるシステムであると指摘する。

以上，成果主義HRMに関する懐疑論の論点を概観してきた。これらの研究に共通して指摘できることは，既述したように，企業が直面している"グローバル競争"という変数がほとんど考慮されていないことである。そのため，これらの研究は，従業員のモチベーションの高揚，終身雇用による安心感といった企業内部の要因や組織行動論的視角から議論を展開し，なぜ今日多くの企業が成果主義HRMシステムを活用しているのかという外的要因及

第Ⅰ部　理論的考察

びその論理についてはほとんど説明していない。

以下では，この点を明らかにするために，グローバルな競争環境が企業のHRMシステムの変革を促してきた経緯について考察しているCappelli（1999）の議論を取り上げ，考察する。

2-3. 成果主義HRMシステムの形成プロセス

懐疑論の論点では看過されているが，実は，アメリカ企業では，1980年代初頭まで，雇用保証，終身雇用，内部人材育成，定期昇進，安定賃金といった特徴を持つ雇用システムが採られていた。しかし，グローバル競争やそれに伴う新たな経営慣行によって市場原理が企業内部に持ち込まれた結果，現在の成果主義HRMシステムが形成された（Cappelli, 1999）。Cappelliは，終身雇用等にもとづく雇用システム（内部労働市場型雇用システム）をオールドディール（old deal）と表現する。オールドディールはアメリカにおいて，せいぜい30年をわずかに超える期間しか成立していなかった可能性が強いと指摘する（Cappelli, 1999, p.12）。他方，市場原理が持ち込まれたことにより今日企業で採用されている雇用システムをニューディール（new deal）と表現する。以下ではオールドディールからニューディールへの変遷についてみていくことにする。

2-3-1. ニューディールの原点：内部請負制

19世紀後半の中西部において，鉄道産業の発展と並行して鉄工業が急激に発展したが，この当時の生産は熟練労働者を中心とした親方請負制に依存せざるを得ない状況にあった。それは，経営者あるいはその代理人としての技術者でさえも，具体的な作業工程がどのように進み，どのような労務管理が行われているかを把握することが難しかったためである。なぜならば，鉄鋼の生産工程は，それぞれの工程ごとに専門化され，その各工程が熟練労働者により統括されていたからである。このような背景から，経営者は親方と契約することにより，生産工程をつなぎ合わせ，完成品としての鉄を生産していた。

この親方請負制の下では，親方自身は企業の経営者ではなく請負契約によって業務を遂行する独立の経営者であった（奥林，1999，p.26）。つまり，親方は，高度の熟練を持った職長であり，事業主との間で，どれだけの時間内にどれだけの費用で生産物を引き渡すかを決定する。そして事業主は，親方に道具，材料，資金を渡し，生産の一切を任せた。親方は一群の熟練労働者を雇って，指図し，場合によっては，この熟練労働者がさらに自分で未熟練の助手を雇い（Jacoby，1985，邦訳，p.41），自分の給料の一部を彼らに出来高給として支払っていた（Stone，1975）。このような内部請負制が最も広がっていたのは，許容誤差がごく小さい部品をつくるミシン，車両，銃器などの高度な技能を必要とした金属加工業においてであった。高度の熟練をもった親方自身を企業の従業員に転化し，熟練労働者を確保し，企業に引き留めておくために，内部請負制が新しい労務管理制度となった[10]（奥林，1999，p.26）。

内部請負制が事業主にもたらした最大のメリットは，生産の細部に一切手を染める必要がないという点であった。彼らは生産工程に精通している必要がなく，また生産が滞りなく行われるように労働者を監督する必要もなかった（Cappelli，1999，p.53）。さらに，請負人と事業主の関係は一種の市場取引であったため，事業主はビジネスリスクの大半を請負人に，さらには請負人が雇い入れた作業員に転嫁した。一方，事業主にとって最も切実な問題は，請負人が稼ぎすぎていると感じていることにあった。通常，請負人は事業主の施設内で働いていたため，彼らがどのような作業をしていたのかを簡単に知ることができた。そのため，請負人よりもコストが約1/3に抑えられる職長へと切り替えていった。

職長が中心となる雇用形態の下では，職長とそれまで請負人の下で働いていた作業員も企業の正社員となった。しかし，作業員は出来高給で処遇される人事慣行のままであった。出来高給方式の下では，生産量や品質のモニタリングが必要とされる上に，仕事のペースについては個々の作業員に委ねられていた。そのため，仕事のペースを上げて給与が上昇した際に賃金カット（作業単価の切り下げ）が行われるのを恐れた従業員は，怠業を行うようになった。このような背景から，Taylorによる科学的管理法にもとづくマネジメ

ントが確立されるようになったのである（Taylor, 1911；Cappelli, 1999）。

2-3-2. オールドディールの誕生

　Taylorは，内部請負制における集団にもとづく作業を否定し，個々の従業員に焦点を当てた作業を前提とした。彼は，最適な作業の流れを科学的に解明するために，作業を時間・動作研究にもとづいて単純な構成要素に分解するテーラー・システムを考案した。テーラー・システム下では，計画と作業は明確に分離された。

　職能的職長制度が提案され，職長の作業は手順係，速度係等に専門化された。また，職長の上には権限を持つ管理者が配置され，職長による作業の意思決定権を剥奪し，彼らの意思決定の管理，統制が行われた（Taylor, 1911）。Cappelli（1999）は，テーラー・システムによって管理者の必要性が生じたことに加え，単一事業単位からなる組織から大規模で複数の事業単位からなる組織への企業組織の変化によってさらに管理職が増大したと指摘する。しかし，外部労働市場では調達可能なスキルの値段と量の変動が激しかったため，雇用関係の内部化が促されたと論じている[11]。

　また今日，議論の対象となっているオールドディールにもとづくHRMシステムが形成される契機となったのは，職場における人間関係の重要性や集団主義が仕事の満足度に与える影響の大きさを明らかにした人間関係論等の学術研究だった（Cappelli, 1999, pp.64-65）。これらの研究は，Taylorによって主張された賃金による動機づけではなく，従業員の意欲や人間関係といった心理的側面を尊重するHRMの必要性を主張した。

　このような学術研究での成果を背景に，大企業では，従業員による忠誠心やコミットメントと引き換えに職階制や年功序列にもとづく昇進制度や定期昇給・定期昇進による経済的安定と雇用保証を与えるHRMが構築され，導入されるようになった。雇用を内部化することによって，社員は失業のリスクから，企業は優秀な人材の確保と維持にかかわる不確実性から保護された。また，日本企業が終身雇用，社員に対する人材育成投資，雇用保証等を重視したHRMを背景に成功を収めていたことから，アメリカ企業において雇用を内部化する動きは，1970年代末期から1980年代初頭にかけてより一層活

発化した（Cappelli, 1999, p.67）。しかし，1980年代末には，グローバル競争の圧力から，企業の優先事項は，安定的な労働力の確保・維持から組織の業績向上とコスト削減へとシフトしていった（Belous, 1989）。

この代表例として，IBMの例を取り上げたい。IBMは，1980年代までメインフレームコンピュータの開発，製造，販売，保守を中心とするビジネスを展開してきた。1980年から1989年まで，IBMは世界中のどの企業をも上回る最高の税引き後利益510億ドルを生み出し，1980年代を通して最も価値ある米国企業となった（Slater, 1999, 邦訳, p.32）。IBMでは事実上終身雇用や"ゆりかごから墓場まで"式のキャリアプランが提供されていた（Cappelli, 1999, p.67）。IBMで終身雇用が始まったのは1950年代のことであり，独自の採用方針（総合的な適正，チームワーク・スキル，人格を採用基準とする方針）を貫いていた。他社と違って，採用時に特定の職務に要求される専門的スキルを重視しなかったのは，第1に，IBMは専門的スキルの教育訓練を行う資金的余裕があったこと，第2に，長期にわたって人材を異なる機能部門に異動させるため，特定職務のスキルを身につける必要性があまりなかったことにあった。長期にわたる人的資源計画が，IBMの終身雇用に対する考え方の基礎となっていた（Cappelli, 1999, pp.70-71）。

しかし，1985年からメインフレームコンピュータからパーソナルコンピュータへとIBMを取り巻くビジネス環境は着実に変化し始めた。IBMは，メインフレームコンピュータに頼ってきた過去の成功体験に縛られ，迅速に新たな市場に対応することが難しかった。市場対応の遅れから，1990年代に入り，業績は悪化した（椎名，2001, pp.150-160）。1993年にCEOに就任したガースナー氏の指揮の下，1994年，IBMは創業以来初めてレイオフを発表した。1990年代に行われた改革では，ダウンサイジングやレイオフだけではなく，IBMに残った社員の雇用関係の見直しにもメスが入れられた。多くの業務はアウトソースされ，事務職は派遣社員に切り替わった。派遣社員に切り替えることで，これまで過度に手厚かった一部の社員の雇用条件を是正し，給与や諸手当等を市場価格に近づけることや，同等の仕事をしている外部社員より低く抑えることが可能となった。さらに，未熟練者を採用し，彼らに教育訓練を施し経営幹部に育て上げるという従来のやり方は，市場価

値のあるスキルをすでに有する人材の採用という形に切り替わった（Cappelli, 1999, pp.72-73）。このIBMの事例から，グローバル競争環境の変化が，内部市場型の雇用システムから市場原理にもとづく雇用システム（製品市場における市場原則，焦点を絞り込んだ業績評価基準，同基準にもとづく金銭的インセンティブ等が中心的な管理メカニズム）へと企業の雇用システムの変化をもたらしたことがわかるだろう。

競争環境の変化以外に市場原理にもとづく雇用システムへと移行させた要因としてCappelli（1999）は，コア・コンピタンスへの集中，ICTの台頭，他社とのベンチマーキング手法の進展に伴うリストラクチュアリング（アウトソーシング，臨時社員の活用，業績連動型の給与制度の採用），リエンジニアリング（e.g., Hammer and Champy, 1993）を指摘する。そして，リストラクチュアリングを実施し，業績向上を達成するためには，一連の慣行や制度を一貫して刷新する必要があると指摘する。なぜならば，仮に1つの構成要素しか変更しなかった場合，手をつけなかった構成要素に足を引っ張られて意図した効果を上げることはできないからである（Cappelli, 1999, p.107）。

ビジネス環境の変化（グローバル競争の圧力）及びそれに伴う新たな経営手法の活用は，雇用システムのあり方も含めて，企業に大きな変革を求める。それはグローバルな競争環境下で企業が生き残り，競争優位を生み出すための変革である。したがって，市場原理にもとづく雇用システムの是非，日本企業への適合・不適合という議論は，企業の置かれているグローバルな競争環境を十分に考慮していない議論といわざるを得ない。なぜならば，成果主義HRMに関する懐疑論が前提に置く米国企業も，現在の日本企業を取り巻く同様のグローバル競争の圧力の下で変革を行ってきたのだから。

3. 日本企業におけるGHRMシステムの構築における検討課題

以上，成果主義HRMシステム自体に問題がある，または日本企業には適

さないとする懐疑論を批判的に検討してきた。しかしながら，研究者や実務家などによる成果主義HRMシステムへの懐疑論はいまだあるようである（Sekiguchi et al., 2011, p.146）。懐疑論的見解が示される1つの理由として考えられることは，成果主義HRMシステムを導入してもうまく機能しない，導入を試みたが失敗した企業の事例があるという点にあるように思われる。筆者が実施したGHRMシステムへの改革を行った複数の日本企業への調査においても，GHRMシステムを導入したが，うまく機能しない，定着しないとの声があった。

　城（2004）は，自らが勤めていた富士通において，なぜ成果主義HRMシステムの導入に失敗したのかという点について次のように指摘する。富士通で成果主義HRMシステムへの改革が行われたのは1993年である。第1は，成果主義を標榜していたにもかかわらず，目標管理，評価者訓練，評価基準の明確化，評価結果に対するフィードバック，降格概念の欠如等の成果主義HRMシステムの基本的な仕組みについての理解が乏しかった点である。第2は，従業員に対して成果主義HRMシステムの導入目的が十分に説明されず，従業員や評価者の成果に対する意識を変革することができなかった点である。その結果，成果主義と標榜されたHRMシステムの運用は，年功制を引きずる形となり，従業員のやる気を削ぐだけの結果となったと指摘する（城，2004, pp.51-66）。

　富士通の事例は，HRMシステム改革における成果主義HRMシステム自体への理解と，その導入・運用ノウハウの重要性を示唆している。城（2004）の指摘からもわかるように，成果主義HRMシステム自体に問題があるというよりも，その"導入"や"運用"という点に問題があると推測できる。

　そこで，GHRMシステムへの改革における検討課題を（1）GHRMシステムの導入，（2）GHRMシステムの運用の2つの視点から指摘する。

（1）GHRMシステムの導入にかかわる課題

　日本企業が職務等級制度を導入する場合，コンサルティング・ファームとの協働作業を通じて行われることが多い[12]。その理由は，従来日本企業が運用してきた職能資格制度とは論理の異なるHRMシステムであるが故に，日本

企業が職務等級制度に関する十分な導入・運用ノウハウを持ちあわせていないことにある（e.g., 城, 2004）。安室（1992）は, 海外派遣者の給与制度のグローバリゼーションという観点から職務等級制度の重要性を論じている。一般的な職務等級制度の導入プロセスとして, 安室（1992）は, "同一労働・同一賃金"という基本理念の確立→成果を勘案した業績評価の基本方針の確認→職務の定義→アカウンタビリティの明確化→職務記述書の作成→職務評価の公平性を図る→仕事のグレードと給与額の決定→海外管理者給与額の決定というプロセスを提示している（安室, 1992, pp.103-112）。安室の研究が行われた当時, 日本企業の国際化が加速し, 次のステップとしてビジネス活動のグローバル化が目指されていた。したがって, 職務等級制度自体を紹介し, その導入プロセスを提示することに大きな意義があった。しかし, 今日, ビジネス活動のグローバル化, グローバル経営の遂行が理想ではなく, 現実の課題として求められるようになり, GHRMシステムをどのように導入し, 運用するかが喫緊の課題となっている。それに伴い, 職務等級制度自体の考え方やその導入手法は広く紹介され, 企業において導入が進められている。職務等級制度というGHRMシステムの代表的な手法として, ヘイ・システムが取り上げられるが, ヘイ・システムの導入手法は, 組織文化の診断と改革→役員業績評価と育成・登用制度の設計→職務等級制度の導入→コンピテンシーマネジメントの導入という形でプロセス化されている（笠原・西井, 2005）。このように導入手法がプロセス化されている背景には, ヘイ・システム自体が国や地域を越えて標準化されており, 企業ごとに方法論を積極的にカスタマイズすることは行われていないためである（西井, 2013）[13]。これは, グローバルな適用可能性を重視する, すなわち, ヘイ・システムの特徴である評価の客観性・公平性を担保することを重視するからに他ならない。安室（1992）は, 日本企業が職務等級制度の導入に失敗してきた理由として, コンサルティング・ファームが持つノウハウを十分に理解していなかった点及び自己流に職務等級制度を歪めたからではないかと指摘する（安室, 1992, p.109）。以下, それぞれみていこう。

　まず, コンサルティング・ファームに依頼すればGHRMシステムのスムーズな導入・運用が保証されるのかというと, それも違うといわざるを得な

い。コンサルティング・ファームは，導入・運用ノウハウを持ってはいるが，そのノウハウを吸収し，実践するのはクライアント企業だからである。加えて，HRMシステム改革には，導入後の継続的な修正・取り組みが必要となる。医者と患者との関係に例えて考えるとわかりやすい。例えば，何らかの不調をきたした場合，われわれは病院へ行き，医者に診断してもらう。医者は，専門知識にもとづきわれわれの抱えている症状について分析し，診断を下す。加えて，症状の回復に向けて様々なアドバイスをくれるだろう。ただし，医者はあくまでも彼らの専門知識にもとづいてアドバイスをするだけであり，その実践及び継続的な取り組みは，患者であるわれわれの判断及び実践に委ねられるのである。

コンサルタントが持つノウハウを吸収するためには，積極的にコンサルタントとの協働を通じてHRMシステムの導入を行うという企業側の"目的意識"，"意識改革"，導入・定着に向けた継続的な"自助努力"が欠かせない[14]。

成功事例として取り上げられる武田薬品工業では，経営幹部層を対象としたGHRMシステムへの改革を行った際に，トップがGHRMシステムへの改革に対する強い意志を示すとともに（e.g., 武田, 2005），人事部がコンサルタントと共同してGHRMシステムへの改革に取り組み，ヘイ・システムへの理解を醸成した。後に，コンサルタントから得たノウハウを生かして，一般社員を対象に成果を勘案したHRMシステムを自ら構築し，新たなHRMシステムの運用に向けて評価者訓練等の自助努力を重ねている（柳下，2001）。

次にもう1つの問題点として，安室（1992）が指摘していることは，日本企業が自己流に職務等級制度を歪めて導入している（自社の事情によって勝手に職務等級を設定したり，スコアリングに属人的要素を加味する等の）可能性である。自己流に職務等級制度を導入する場合，評価の公平性・客観性が保証できなくなることを意味する（安室, 1992, p.109）。前章で，日本的HRMシステムの海外子会社における適用可能性に関する議論を概観した。しかし，安室（1992）の指摘を踏まえると，グローバル企業への発展を目指す日本企業は，GHRMシステムに日本的フレーバー（日本型成果主義HRMシステム等の折衷案）を残すべきではない。当然ながら企業の出自はHRM

のあり方に影響を与えることが想定されるが，日本の社会的・文化的特色を残したHRMプラクティスの運用は，特に業績評価においては行うべきではない。日本的フレーバーを残すことは，結局従来の日本的HRMシステムの課題を引きずることに繋がりかねないからである。属人的要素にもとづく評価を行うことは，評価者の主観が入り込む程度が高く，評価の客観性，公平性という点で齟齬をきたすことになる。前章で述べたように，GHRMシステムが，MNCグループ内での人材の異動及びそれに伴う知識，技術等のスムーズな移転のインフラストラクチャーとして機能するためには，グローバルに標準化される必要がある。標準化できるということは，グローバルな適用性が高く，評価の客観性・公平性が担保されることを意味する。

　GHRMシステムへの改革に取り組む多くの日本企業では，それがグローバル経営を遂行する上で乗り越えねばならない課題であることは十分に理解しているだろう。しかし，それを実際に"実行"するには，理想と現実の間隙を埋めるべく強い意志を持ち，不断の努力を重ねなければならない（e.g., Maister, 2008；Christensen et al., 2012）。導入に苦戦している企業は，コンサルティング・ファームとの積極的な協働を通じて，GHRMシステム自体への"理解"を醸成することや，導入ノウハウを十分に獲得すること，導入に向けた取り組み（実行）が十分に行われていないのかもしれない。

(2) GHRMシステムの運用にかかわる課題

　GHRMシステムをうまく導入できたとしても，それが実際に機能しなければGHRMシステムの効果を得ることも本来の目的を達成することも難しい。GHRMシステムを機能させていくということは，HRMシステムをどのように運用していくかというHRMシステムのマネジメントの問題である。HRMシステムのマネジメントには2つの側面があると考えられる。1つは，GHRMシステムを社内にどう定着させていくかに関するものであり，導入にもかかわる側面である。もう1つの側面は，GHRMシステムと日本的経営システムとの整合性をどのように図るかに関するものである。

　第1の側面であるGHRMシステムの定着に向けての取り組みとして，採用，教育訓練，評価，処遇等のHRMプラクティスにどのようにその論理を反映

させ，運用するかという点と，GHRMシステムにもとづくHRMプラクティスを実施するために，それとビジネスプロセスとの整合性をどのように図るかという点をあげることができるだろう。ここでは，ビジネスプロセスとの整合性について取り上げたい。HRMシステム改革といった場合，先行研究の多くは，HRMシステムの改革のみに焦点を当ててきた。しかし，その"運用"を考えると，GHRMシステム，ビジネスプロセス，それを支えるITシステム（ERPシステム等）との整合性を図ることも重要となると考えられる（e.g., Hammer and Champy, 1993；Prahalad and Krishnan, 2008）。つまり，HRMシステムのみを変更したとしてもそのオペレーションルール等を含めた改革を行わない限り，従来の運用方法に引きずられ，新たなシステムの運用が難しくなる可能性があるという[15]。これはエクセルレガシー問題と良く似ている。エクセルレガシーとは，企業の業務部門がエクセルを使って自ら開発し，利用を続けてきた業務システムを指す（IT proウェブサイト[16]）。エクセルは汎用性が高いため，ユーザーによって多様な使い方がなされ，開発生産性の高いシステム基盤ともなりうる。そのため，エクセルを基盤とする企業の業務システムは，ユーザー企業の勝手に合わせて作りこまれていく。しかしその結果，肥大化・老朽化し，その開発担当者が異動や退職で不在となると，誰もその運用方法がわからず，保守ができない状態が続きブラックボックス化してしまう。新たなシステムへと変更しても，このレガシーシステムを変えない限り，新たなシステムを機能させることは難しくなる（Prahalad and Krishnan, 2008）。したがって，GHRMシステムを機能させるためには，上述してきたビジネスプロセスとの整合性を図るという視点も重要な要因となるかもしれない。

第2の側面は，GHRMシステムと日本的経営システムとの整合性をどのように図るかに関するものである。グローバル経営の遂行に伴い，この側面が日本企業にとって経営現地化を促進する上で乗り越えなければならない大きな課題となっているように思われる。GHRMシステムを機能させるためには，これまで職能資格制度にもとづく柔軟な職務構造，給与体系等で担保されてきた日本企業における暗黙知に依拠したビジネスのあり方（e.g., 金原，1988；安保他，1991；岸，2010）をGHRMシステムにもとづく職務

構造,給与体系等において形式知化することが必要となると考えられる。GHRMシステムへの改革の運用段階で苦戦している企業が散見されるのは,GHRMシステムと日本企業のビジネスのあり方との整合性が十分に図られていないからかもしれない。また,経営現地化の促進を考えた場合,海外派遣者の果たしてきた役割をGHRMシステムにどのように組み込み,反映させていくか,教育訓練を通じてどのようにHCNs,TCNsを,海外派遣者を代替する人材へと育成を図っていくのか,という問題も扱うことになると考えられる。これは重要な検討課題であると同時に難しさを孕む課題でもある。しかし,本書で一貫して主張しているように,グローバル経営の遂行を念頭に置いた場合,多様な人材に受容され,公平性を担保することのできるGHRMシステムを構築することは,グローバル企業にとって必要条件となる。しかし,それは十分条件ではない。なぜならば,われわれの想定するGHRMの概念では,GHRMシステムを基盤とし,グローバル戦略の遂行に向け,グローバル及びローカルHRMプラクティスの設計・運用を図ることがグローバルな競争優位を構築することに繋がると考えているからである。

　前章及びこれまでの議論から,GHRMシステムへの改革には導入・運用という局面において,次の3つの段階があると考えられる(図4-1参照)。

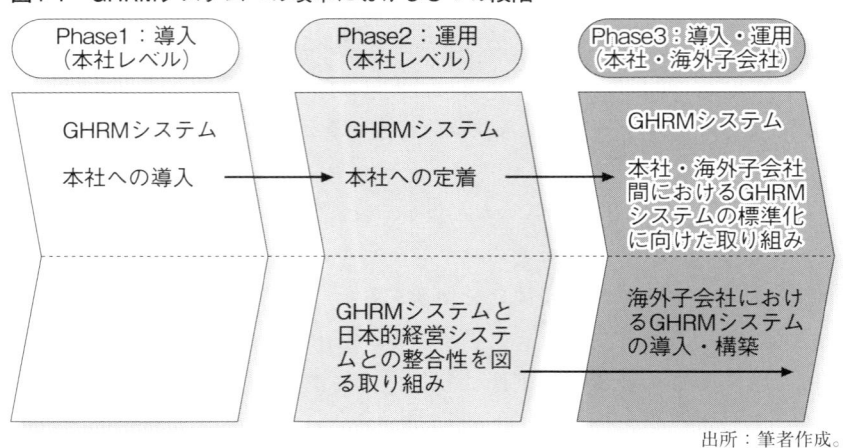

図4-1　GHRMシステムへの改革における3つの段階

Phase1：導入 (本社レベル)	Phase2：運用 (本社レベル)	Phase3：導入・運用 (本社・海外子会社)
GHRMシステム 本社への導入	→ GHRMシステム 本社への定着	→ GHRMシステム 本社・海外子会社間におけるGHRMシステムの標準化に向けた取り組み
	GHRMシステムと日本的経営システムとの整合性を図る取り組み	→ 海外子会社におけるGHRMシステムの導入・構築

出所：筆者作成。

第4章　成果主義HRMに関する懐疑論の批判的検討

　図4-1は，先行研究及び複数社のコンサルティング・ファーム・日本企業へのインタビュー調査を踏まえて，GHRMシステムへの改革の導入・運用の段階を示したものである。

　第1段階は，本章第1節で述べたように，1990年代以降，日本企業本社で取り組まれているGHRMシステムの導入の段階である。職能資格制度からGHRMシステムへの改革の着手，実施はこの段階に含まれる。第2段階は，GHRMシステムの本社での運用（定着）を図る段階である。この段階では，GHRMシステムを実際に機能させるためには，先行研究で指摘されてきたビジネスシステムや日本的経営システムとの整合性をどのように図るかという問題に対処する必要があると考えられる。第3段階は，グローバル市場でのビジネス展開を図る日本企業でGHRMシステムの構築が目指された当初の目的である本社―海外子会社間，海外子会社間でのGHRMシステムの標準化を図るという意味での導入・運用段階である。ここで，導入・運用段階と表記している理由は次の通りである。既にGHRMシステムを活用している海外子会社の場合，この段階では，それら海外子会社と本社間あるいは海外子会社間においてGHRMシステムの標準化に向けた取り組みが行われることが想定される。一方で，これまで現地国に対応したHRMシステムまたは本社のHRMシステム（職能資格制度）を活用してきた海外子会社では，GHRMシステムの導入・構築が進められると考えられる。それら海外子会社におけるGHRMシステムの導入・構築と併せて本社あるいは他の海外子会社との間でGHRMシステムの標準化に向けた取り組みが行われることが想定される。GHRMシステムと日本的経営システムとの整合性を図る取り組みは継続的な取り組みと考えられるため，図4-1中には第2段階から第3段階へと矢印が引かれている。

　本書の目的は，HRMシステムという観点から，GHRMのあり方を検討することにあった。GHRMシステム改革には3つの段階があることを示してきたが，次章以降のケーススタディでは，第1段階の日本企業本社におけるGHRMシステムの導入に焦点を当て，考察していくことにする。その理由は，GHRMシステムの運用に苦戦している日本企業では，上述してきたように，GHRMシステムの導入に関して問題を抱えている場合が多いと考

えられるからである。また，近年，日本企業各社によるグローバル人材の育成・グローバルキャリアの構築（ユニクロ[17]）や外国籍人材の現地法人社長への登用に向けた人材育成（資生堂[18]，コマツ[19]），グローバルHRMシステムの構築（住友電工[20]）等に関する記事や，加えて日本企業における海外人材活用の必要性を訴える記事[21]が紙面に取り上げられることが多くなった。これは，グローバル経営の実行が切実な問題となっていることを示唆している。紙面のみからでは読み取ることが難しいが，以前GHRMシステムへの改革を行ったがグローバル経営の実行が喫緊の課題となり，再びその改革を推進し始めた企業もあるかもしれない。もしくは，すでに日本本社でのGHRMシステムへの改革が一段落し，1990年代当初に掲げられた目標である，グローバル経営の実行を踏まえて，本社―海外子会社間のHRMシステムの標準化（グローバル化）に着手し始めた企業もあるのかもしれない。GHRMシステムへの改革のどの段階に位置づけられるかは，当然ながら各社のGHRMシステムへの改革の取り組み状況によって異なる。しかし，いずれにしても，GHRMシステムへの改革は導入からスタートする。したがって，本書では，GHRMシステムへの改革の導入段階に焦点を当て議論を展開する。GHRMシステムの運用段階（第2段階，第3段階）は本書では対象としない。この点については今後の研究課題としたい。

小括

　本章では，成果主義HRMに関する懐疑論の批判的検討と題して，本章第1節では，日本企業におけるGHRMシステムへの改革に関する議論の流れについて，第2節では，懐疑論の論点，及びそれの批判的検討として，Cappelli（1999）の研究を踏まえて，グローバル競争の圧力という要因により，日本企業においてGHRMシステムへの改革が進められてきた点を主張してきた。第3節では，成果主義HRMに関する懐疑論に対して，日本企業におけるGHRMシステムへの改革の検討課題として，（1）GHRMシステムの導入にかかわる課題，（2）GHRMシステムの運用にかかわる問題を取り上げた。

グローバル経営の遂行を念頭に置いたGHRMシステムへの改革の検討課題として，職務等級制度の"導入"・"運用"に関する問題は先行研究でほとんど指摘されてこなかった点であり，先行研究に対する本書の1つの貢献点でもある。

GHRMシステムへの改革を実施するにあたり，日本企業にはさまざまな検討課題が残されているが，これらの課題1つ1つと真摯に向き合い解決していくことが，経営現地化の進展，すなわち日本企業がグローバル企業へと発展することに繋がっていくと考えられる。

次章以降は，第Ⅱ部実証的考察のパートとなる。第5章，第6章では，GHRMシステム改革の導入プロセスについてケーススタディを行い，考察する。その後，第7章で本書におけるGHRMの概念モデルを提示し，実証研究を行う。

注

1) 本章は，2004年に『星稜台論集』第37巻第2号（兵庫県立大学大学院学園都市キャンパス研究会）に掲載した「成果主義人事管理の今日的意義に関する一考察〜成果主義人事管理の史的考察を中心に〜」（笠原，2004b, pp.53-68）に加筆・修正したものである。
2) 本書でHRMシステム改革と表現する場合，それは，GHRMシステムへの改革を意味する。
3) NIKKEI DESKTOPウェブサイト（http://dp.nikkei.co.jp/colm/colCh.cfm?i=t_yanai57）における元日本長期信用銀行の箭内昇氏のコメントを参照した。
4) ヘイ・システムは人事部主導で導入され，時間をかけて賞与制度などに組み込まれていったようだが，ヘイ・システムを導入するときにかかわっていたメンバーが人事異動によって姿を消していったことを契機に，導入から約10年経った1993年に事実上職務等級制度の導入や運用は終了したという（箭内，1999, pp.244-245）。
5) 本来であれば，保有する職務遂行能力の水準を評価する場合，基本的には能力考課が用いられる。しかし，人事考課においては，職務遂行能力がどれだけ，またどのように発揮されたかという形で職務遂行能力の発揮度が評価され，加えて業績考課，情意考課を行うという従業員の職務遂行能力の多面的な評価が行われている（島，2000, p.51）。
6) 職責とは，各役職位（部長，次長，課長等）に応じた，職務の役割や責任の大きさを示す概念である。職責評価にはさまざまな方法があるが，一例として，社会経済生産性本部雇用システム研究センターでは，各職責を①職責の重要度（成果責任，裁量度，組織管理，戦略度），②職務の困難度（課題設定度，実行困難度，心身負担度），③職能の

高さ（知識・技術の高さ，実務経験の深さ，対人折衝力，対人管理力）の3つの側面から評価している（楠田，2002）。
7) ここでいう日本型年功制とは，これまで日本企業で採られてきた職能資格制度，年功序列型賃金制度のことであるが，以下3点の制度運用における改善点があることを指摘している。①制度的に給料にあまり差をつけられなくても，上司は自己責任で一生懸命部下の将来を考え，評価を行っているということを明確に部下に示すこと，②評価だけではなく，部下にどのような仕事を与えるのか，細かく気配りをすること，③社長以下トップ・マネジメントが従業員，特に将来を嘱望されるような従業員の人事に常に関心を持つことである（高橋，2004，pp.52-53）。
8) 内発的動機は，次の5つから構成される。①好奇動機：好奇心や興味，②操作動機：身体的快の刺激，③所属欲求：親和動機や愛情欲求，④承認欲求：自尊心や自我高揚，⑤自己実現欲求：達成動機（Deci and Ryan, 1985）。これら5つの内発的動機の中心概念として有能さ（competence）や自己決定（self-determination）という動機があるとされる（Deci, 1975）。
9) 外的報酬とは他者からの強制や罰を避けるために活動するような動機づけであり，周囲により理由づけられる動機であるとされる（Deci and Ryan, 1985）。
10) 内部請負制の下では，熟練労働者を中心に未熟練労働者を含めた"組"あるいは"集団"が1つの作業単位を形成していた。作業員は，この集団内のルールにしたがって行動することが要求されていた（奥林，1999，p.27）。
11) 初期の製造業では，雇用主は高給取りの上層部と紳士協定を結んでいたため，背信行為や業績不振等の特別な理由以外で雇用されることはなかったとされる（Jacoby, 1985）。管理職やホワイトカラーの増大によって，このような紳士協定が彼らにも適用されるようになったことも管理職の雇用が内部化されることに繋がったととらえられている（Cappelli, 1999, p.64）。
12) GHRMシステム改革を行った日本企業複数社へのインタビュー調査，及び成果主義HRMシステムを提供する人事系コンサルティング・ファームと経営コンサルティング・ファームへの複数回にわたるインタビュー調査による。
13) ここで注意したいことは，ヘイ・システムやコンピテンシー概念という方法論（コンセプト）自体のカスタマイズを行わないということである。近年では，このような方法論もさることながら，経営幹部層のリーダーシップ教育等の実践にも力を入れていることがヘイ社のウェブサイトから窺える（ヘイ・グループのウェブサイト：http://www.haygroup.com）。
14) 経営コンサルティング・ファーム，ヘイ・グループ日本支社（ヘイ日本法人代表取締役社長（当時）への複数回のインタビュー）及びケンブリッジ・テクノロジー・パートナーズ（CTP：Cambridge Technology Partners）日本法人へのインタビュー調査（2010年5月に実施された白川克氏（当時ディレクター）及び代表取締役社長（当時）鈴木　努氏へのインタビュー）による。CTPは，クライアントの成功に焦点を合わせ，経営，人事，財務会計等の上流機能のシステム構築や実際の運用，すなわち，業務改革，組織改

第4章 成果主義HRMに関する懐疑論の批判的検討

革を一貫して実施するコンサルティング・サービスを提供している。CTPの特徴は，ファシリテーション型コンサルティングである。これは，さまざまなステークホルダーが全員参加し，合意形成をベースに課題解決を進めていくが，討議や意思決定のプロセスはガラス張りにされ，顧客とCTP日本法人が"One Team"になって成果創出を目指すものである（西井，2013，p.251）。CTPはHRMのシステム構築やその実施に向けたサポートを行っているが，実際のシステムの運用に際して，顧客とCTPのコンサルタントが協働し，何度も運営会議を開いて意見を交わすという綿密な協働があって初めてプロジェクトの成功がもたらされるという(CTPへのインタビュー調査より)。CTPのファシリテーション型コンサルティング及びその実施については，関・白川（2009）を参照されたし。

15) CTPへのインタビュー調査(2010年5月)及びKasahara and Nishii(2011)にもとづく。
16) IT proウェブサイト（http://itpro.nikkeibp.co.jp/article/COLUMN/20070717/277610/）参照。エクセルレガシーについての記述は主にIT proのウェブサイトを参照している。
17) 2011年2月3日付日本経済新聞朝刊（p.9）参照。
18) 2011年2月3日付日本経済新聞朝刊（p.9）参照。
19) 2010年6月29日付日本経済新聞朝刊（p.1）参照。
20) 2011年8月30日付日本経済新聞朝刊（p.13）参照。
21) 2011年12月3日付日本経済新聞朝刊（p.1）「ニッポンの企業力 第2部 人財を生かす1」，同日付日本経済新聞朝刊（p.9）「海外人材の活用・育成が最低水準」，2010年5月19日付日本経済新聞朝刊（p.1）「企業 強さの条件 第3部「日本」を超える4」参照。

第 II 部
実証的考察

第5章

武田薬品工業におけるGHRMシステムの導入・構築プロセス[1]

はじめに

　本章の目的は，日本の医薬品産業をリードし，またGHRMシステム導入の成功事例として広く認知されている武田薬品工業（以下，武田薬品）の説明的ケーススタディを通じて，実際に，GHRMシステム改革がどのような背景で取り組まれ，どのように導入・構築されていったのかという"導入プロセス"及び，その背後に潜んでいるGHRMシステムの導入に際して鍵となる要因について考察することにある。

　武田薬品を事例研究の対象企業として取り上げた理由は次の通りである。第1に，典型的な日本的経営，日本的HRMシステムを運用してきた企業が，GHRMシステムを導入・構築し，運用している事例であることである。いわゆる，日本企業には成果主義HRMは定着しないという懐疑論や，GHRMシステムの導入・構築，定着，運用で苦戦している企業に対して，なぜ武田薬品はGHRMシステムの導入・構築をうまく行うことができたのかということを解明することにより，インプリケーションを導出することができると考えられるからである。

　第2に，武田薬品がグローバリゼーションを念頭に置いたGHRMシステムへの改革を行ったという点である。今日において，グローバルな競争と無縁な企業はほとんどないだろう。国内市場に止まって競争を続けようとする企業でさえも，外資系企業との競争を強いられる場合も多い。武田薬品の事例は，グローバルな競争を展開する企業や国内市場を志向する企業双方にと

って知見を広めてくれるとわれわれは考えた。

　本章，次章とGHRMシステムの導入・構築プロセスについて説明的ケーススタディを行う。説明的ケーススタディを行う意義は，GHRMシステムの導入プロセスの重要性について検証を行い，第7章で行う実証研究の設計に反映させることにある。

　説明的ケーススタディとは，説明目的を追求するために用いられ，主として"どのように"，"なぜ"を問う場合に用いられる研究方法として位置づけられる（Yin, 1994, p.6）。説明的ケーススタディでは，複数のケースによって追試（検証）を行うことにより，一般化可能性が高まると考えられている[2]。本章・次章では，既存理論の検証に主たる目的を置く検証的・説明的ケーススタディ（以後，説明的ケーススタディ）を行う。

　前章で，GHRMシステム改革を行う際には，GHRMシステムの導入と運用という検討課題があることについて指摘した。その中で，GHRMシステムの導入プロセスについて触れ，ヘイ・システムの導入プロセス（組織文化の診断と改革→役員業績評価と育成・登用制度の設計→職務等級制度の導入→コンピテンシーマネジメントの導入）を紹介した。しかし，この導入プロセスに沿ってGHRMシステムを導入すればうまく企業に定着し，運用を行うことができるかというとそれは難しいといわざるを得ない。その理由は，この導入プロセスに直接反映されないが，GHRMシステムの導入・構築を進める上で"鍵"となる要因が潜んでいると考えられるからである。したがって，これから取り上げる説明的ケーススタディにおいて，ヘイ・システムの導入プロセスに沿ってGHRMシステムを導入することの重要性を検証し，このプロセスに直接反映されないが，GHRMシステムの導入を進める上で重要となる要因とは何かについて明らかにする。この点を明らかにすることが，本章・次章で行う説明的ケーススタディの意義であり，先行研究とのリサーチ・ギャップとなる。それでは，まず，GHRMシステムへの改革に着手した武田薬品を取り巻く環境，医薬品業界の状況からみていこう。

第Ⅱ部　実証的考察

1. 医薬品業界の動向

まず，武田薬品のHRMシステム改革について論じる前に，武田薬品を取り巻く世界の医薬品業界の動向（2000年度）について考察していきたい。2000年度（2000年10月～2001年9月）の世界の医薬品の市場規模は2,500億ドルと推測されており，中でも最大の市場であるアメリカが1,274億ドル，前年比16％増と世界の医薬品市場の牽引役となっていた（表5-1参照）。

欧州は，上位5か国で合計523億ドル，前年比9％増と堅調な伸びを示している。日本の市場規模は484億ドルで，単一国としてはアメリカに次ぐ第2位の市場であるが，市場規模自体はアメリカの4割弱にすぎず，伸びも前年比4％増と先進諸国において最も低い伸びとなっている。

2000年度の世界の医薬品の市場規模は上述した通りであるが，1990年代

表5-1　国別にみた医薬品業界の市場規模（2000年～2001年9月）

単位：10億ドル

国名	市場規模	市場シェア（％）	年成長率（％）
アメリカ	127.4	51.0	16.0
日本	48.4	19.4	4.0
ドイツ	14.8	5.9	10.0
フランス	13.5	5.4	7.0
イタリア	9.3	3.7	12.0
イギリス	9.1	3.6	7.0
カナダ	6.0	2.4	16.0
スペイン	5.5	2.2	11.0
メキシコ	5.4	2.2	15.0
ブラジル	4.4	1.8	-14.0
アルゼンチン	3.3	1.3	-4.0
オーストラリア	2.8	1.1	-2.0
合計	250.0	100.0	11.0

注：・年成長率は現地通貨ベース。
　　・日本のみ病院向け売上高を含む。
　　・オーストラリアにはニュージーランドを含む。
出所：じほう（2002b, p.153）から筆者作成。

以降、医薬品業界では、世界的な規模で変動期を迎えたといわれている。この変動は大きく分けて次の2点から説明することができる。第1は、大手医薬品メーカー主導の大型M&Aによる業界再編、第2は、日本市場への外資企業の進出である。

(1) 大手医薬品メーカー主導の大型M&Aによる業界再編

1990年代以降企業規模の拡大によって、年々高騰する研究開発費を確保し、幅広い分野で新薬をラインアップしようとする目的で、大手医薬品メーカー同士のM&Aによる業界再編が激しく行われた。このような業界再編の動きは欧米で先行した。最初は生き残りをかけた中小企業同士の組み合わせから始まったが（勝呂、2003）、1990年代半ば以降は、米国企業と欧州企業の大西洋を越える大型合併・買収が主流となった。例えば、1994年のスイスのロシュによるアメリカのシンテックスの買収、1995年スウェーデンのファルマシアとアメリカのアップジョンとの合併、1995年のイギリスのグラクソによるイギリスのウェルカムの買収等である。この時期までは比較的規模の小さい合併・買収が中心であった。一方、2000年に入ると、グラクソウェルカムとスミスクライン・ビーチャムとの合併、ファイザーとワーナーランバードとの合併（2002年にはファルマシアを買収）等、医薬品売上が100億ドルを超える"テンビリオン企業"が現れるようになった（表5-2参照）。

日本の製薬企業で最大手の武田薬品工業は、世界ランキングで15位（2000年度）となっている[3]。

(2) 日本市場への外資系企業の進出

このように、欧米企業が中心となって進められてきた業界再編であるが、近年では、欧米企業が国別にみて、世界第2位の規模を誇る日本市場を重視する中で国際的再編成が進行している。世界の巨大メーカーは、日本に拠点を構え、圧倒的な規模と資本力、開発力をバックに、日本市場で一気にシェアを獲得するための行動を開始した（勝呂、2003）。例えば、2003年には、アメリカのアボットグループの医薬品部門（クノール）の傘下に入っていた北陸製薬が、ダイナボットと合併してアボットジャパンとなった。

第Ⅱ部　実証的考察

表5-2　世界の大手医薬品メーカーランキング（2000年度）　　単位：百万ドル

順位	社名	国名	医薬品売上高	R&D費
1	メルク	アメリカ	38,734	2,344
2	ファイザー	アメリカ	24,027	4,435
3	グラクソ・スミスクライン	イギリス	23,393	3,806
4	アベンティス	フランス	17,470	3,573
5	ブリトル・マイヤーズ・スクイブ	アメリカ	15,883	1,939
6	アストラゼネカ	イギリス	15,698	2,893
7	ファルマシア	アメリカ	12,651	2,753
8	ジョンソン・アンド・ジョンソン	アメリカ	11,954	2,926
9	バイエル	ドイツ	10,887	2,598
10	アメリカン・ホーム・プロダクツ	アメリカ	10,798	1,688
11	ロシュ	スイス	10,472	2,339
12	ノバルティス	スイス	10,428	2,375
13	イーライ・リリー	アメリカ	10,194	2,019
14	シェリング・プラウ	アメリカ	9,095	1,333
15	武田薬品工業	日本	6,739	833
16	サノフィ・サンテラボ	フランス	6,006	1,026
17	アボット	アメリカ	5,087	1,351
18	三共	日本	3,816	731

注：・順位は医薬品売上高による。
　　・R&Dは全部門の合計値。
　　・ドルレートは，2000年の平均値。
　　　$/£=1.62，$/Eur=1.09，SFr/$=1.68，¥/$=107.80で算出。
出所：薬事ハンドブック2002年版（じほう，2002a，pp.158-159）から筆者作成。

　また，2002年のロシュによる中外製薬の買収があった。中外製薬は抗がん剤やバイオ医薬品を得意としており，ロシュの世界的なネットワークを生かして研究開発を強化するねらいがあった。この買収では，ロシュが経営権を握ったが，研究開発や製造・販売の意思決定は中外製薬が担う取り決めとなっており，比較的日本企業の独立性が保持された[4]。また，ファイザーの日本法人ファイザー製薬，メルクの傘下の萬有製薬等も着実に売上を伸ばした[5]。

　このように，大手医薬品メーカーによるM&Aが進行している背景には，

研究開発費の確保を通じて，強大な資本力と豊富な人材，ノウハウをもって，画期的な新薬を開発し，国際競争力を高めるというねらいがあった。世界の競争に勝ち残れる条件は，世界市場においてシェア5％以上，年間の研究開発費負担能力が20億ドル[6]，販売規模の世界ランク10位以内であるといわれている（柳下，2001）。

このように，外資系企業が研究開発費の確保に躍起になっている背景には，新薬開発に関するICH（International Conference on Harmonization of Technical Requirement for Registration of Pharmaceuticals for Human Use：日米EU医薬品既成調和国際会議；以下，ICH）の影響力が増大することによるグローバルな競争の激化があると考えられる。ICHとは，日本・米国・EUそれぞれの医薬品規制当局と産業界代表で構成されている機関である。ICHは新薬承認審査の基準を国際的に統一し，医薬品の特性を検討するための非臨床試験・臨床試験の実施方法やルール等を標準化することにより，製薬企業による各種試験の不必要な繰り返しを防いで，優れた新医薬品をより早く患者の手元に届けることを目的に設立された[7]。

従来では，各国の承認制度が異なるため，医薬品として日本で承認されたものを海外ですぐに販売することができなかった。逆に，海外で承認された医薬品も日本で販売することはできなかった。しかし，1998年にICHで海外臨床データ受け入れに関するガイドラインが最終合意され，日米欧のいずれかで承認された医薬品の有効性・安全性について，民族的要因（遺伝的・生理学的な内的要素と文化的・環境的な外的要素）を考慮して，若干の追加テストを実施し，その試験結果次第で海外データの受け入れが可能となった。これによって，日本企業の海外進出並びに外資系企業の日本進出が可能となり，グローバルな競争が激しさを増した。このように，医薬品業界は変動期を迎えたのであるが，今後も世界レベルで業界の再編は続いていくと予想される。

2. 武田薬品における HRM システム改定

2-1. 武田薬品の概要並びに改革当時の武田薬品の窮状

　武田薬品は，1781年に初代近江屋長兵衛が，幕府免許のもと，薬を問屋から買い付けし，小分けして地方の薬商や医師に販売する薬種仲介商店として産声を上げた。2003年3月期では，売上高1,046,081百万円[8]（連結），連結での従業員数は，14,592名，単体では7,492名である（表5-3参照）。

表5-3　武田薬品の従業員の推移

	1997年度	1998年度	1999年度	2000年度	2001年度	2002年度	2003年度
連結	16,443	15,776	16,254	15,900	14,511	14,547	14,592
単体	9,831	9,139	8,841	8,530	8,206	7,888	7,492

出所：武田薬品の1997年度～2003年度のデータブックから筆者作成。
※単体の従業員数は，出向者を含む在籍者数を表記している。2001年度以降のデータブックでは，単体の従業員数は，出向者を含む在籍者を除いた人数が表記されているが，1997年度からのデータを表記するにあたり，統一したことによる。

　武田薬品がGHRMシステム改革に着手する以前の医薬品業界では，本章第1節で論じたように，医薬品業界はグローバルな競争環境の変化に直面していたが，同時に日本国内においても薬価制度改革が行われ，日本の製薬企業は大きなダメージを被っていた。薬価制度改革は，厚生労働省が，医療保険制度の財政建て直しをねらいとして，医療用医薬品の価格を見直すことを主な目的として行われた。薬価改定は2年に1度，卸から医療機関への納入価格（実勢価格）を元に算出される[9]。日本では，医療用医薬品の価格が小売店で自由に決定されるものではなく，国の医療保険制度の一環である薬価基準によって決定される。この点が，問題視されるようになってきた。薬価基準とは，薬剤の銘柄と給付額（薬価）を並べたリストのことである。この薬価は，厚生労働省と製薬企業がブラックボックスの中で折衝して決定されており，その設定根拠についてはほとんど公表されていない（儀我他，1996；勝呂，2003）。

従来では，国民皆保険制度において，医療機関は，医療用医薬品の"薬価差益"といわれる販売利益に依存してきた。薬価差益とは，保険薬価基準で定められた医療用医薬品の公定薬価と医薬品卸からの購入価格との差額のことである。これが出来高払い方式で医療機関が保険薬価を請求して支払われた分が医療機関の収入になるという仕組みであった。このような仕組みから，製薬企業は薬価を最大限に高く設定し，医療現場での医薬品の大量消費を促進して，薬価差益による収入を期待する医療機関の要望に応える形をとりながら，自らの利益をあげてきた（儀我他，1996）。そのため，薬価制度改革は，長期収載品の多いメーカー並びに新薬のない製薬企業に大きな打撃を与える要因となった。

改革当時（1993年）の武田薬品は，前立腺ガンや子宮内膜症等の効能を取得したリュープリンや胃潰瘍治療剤のタケプロン等が国際的に成功していたものの，研究開発費は575億円にすぎず（武田薬品工業，有価証券報告書，1993），世界の大手医薬品メーカーのそれとは大きな格差があった。このようなグローバルな競争環境及び国内での医療制度改革という大きな環境の変化を受けて，武田薬品は，ドメスティックな製薬企業として生き残るか，グローバルな製薬企業として生き残るかの選択を迫られた。結果的に，武田薬品はグローバルな製薬企業として生き残る決断を下し，グローバル競争に対等に伍していくための企業変革を念頭に置いた「95-00中期計画」（グローバル・スタンダード）の実施へ挑戦することとなったのである。

2-2. 失敗に終わった HRM システム改定（1993年）

武田薬品は，本格的な HRM システム改革（1994年）を行う1年前に，森田桂社長（1993年当時）の指揮の下，管理職を対象とした評価・処遇制度の改定を試みたが，成功に至らなかったという経験を持つ。1993年になぜこのような評価・処遇制度の改定を試みたのか，その背景について少し述べることにする。

武田國男氏が医薬事業部長になってすぐに全国の支店を回った際，支店長に「ここの利益は？」と尋ねると，「売り上げはつかんでいますが，利益に

ついてはざっとこれ位だろうという数字しかありません」という回答が平然と返ってきたという。利益が増えたら，何が貢献したのか，減ったら何が足を引っ張ったのか，ということが曖昧で，武田氏には，全て惰性で動いている無責任な組織に映ったという。そして，もっと大きな問題は，製薬企業の生命線ともいえる新薬開発を行う研究所に利益を追求するという意識が希薄だったということであった。研究所に勤めている多くの研究員は，象牙の塔にいるかのごとく，論文を書くことに忙しく，企業の研究所として，最も大切な売れる薬づくり，"創薬"という意識がほとんどなかった。質量ともに，国内最高水準のスタッフを抱え，しかも潤沢な研究開発費を投じていたが，目立った新薬は生まれてこなかった。自らの研究を深めるための研究を行っている状況だった。このような非効率な研究体制は，他社から"武田病"と揶揄されていた。

　また，組織体制に関しても，開発，生産，営業等の各部門の連携がほとんど取れていなかった。新薬を生み出せない，利益追求の意識が希薄化した研究所，さらに連携が取れていない組織のままでは，グローバルな競争相手と到底戦えないという危機感を持ったと武田氏は後に述懐している（日本経済新聞朝刊，2004年11月23日；武田，2005，pp.106-109）。

　このような背景から，管理職を対象とする処遇・評価の改定が行われることとなった。主な改定は，①資格制度の廃止，②職責手当ての新設，③管理職業務目標管理制度の導入であった。まず，この制度改革の内容に触れる前に，以前武田薬品で導入されていた職能資格制度についてみていきたい。

　職能資格制度とは，従業員の保有能力（職務遂行能力）に着目し，その能力に応じて従業員を格付け（職能資格に等級付け）し，給与を支払う制度である（宮本，1999）。ここで，職務遂行能力（職能）とは，職務の遂行を通じて発揮される能力（発揮能力）と職務遂行上発揮が期待される能力（期待能力）のことである。また，職能資格とは，担当する仕事の困難度・責任度を基礎として，発揮することを期待し，要求する職務遂行能力の段階区分のことである。職能資格ごとの資格要件は，職能資格基準[12]によって明確にされる。

　この職能資格基準を従業員の配置や異動，能力開発や育成の指標とした

り，従業員の職務遂行能力の評価基準として，その結果を昇格や給与・賞与に反映させることが職能資格制度の運用方法である（島，2000，p.48）。また，最大の特徴は，職能が職種や職務ごとに定義されるのではなく，それらを横断して一律に定義される点にある（宮本，1999，p.76）。

　このような職能資格制度が問題視されるようになった最大の理由は，職能資格にもとづく昇進と昇給を通じて，それを"能力"の評価とする点にある。ここで，能力は実際の仕事の遂行能力だけではなく，仕事に対する態度や意欲，同僚との協調性等と包括的に定義されており，絶対評価で評価されていた[13]（宮本，1999；島，2000）。絶対評価であるが故に，昇進は勤続年数，経験，学歴等の属人的要素による評価の色彩を強め，年功的運用に傾き，コストの増加を招いてしまった。

　職能資格制度の抱える問題点を払拭するために，武田薬品は，管理職を対象としたHRMシステム改定を行った。この改定の大きなポイントは，"職責"を中心とした役職と職制の分離であった。職責制度とは，各職位に課せられた職務の遂行責任に着目し，職務序列としての"職責ランク"を設けた制度である。各職務の責任の大きさに注目し，各職務を相対比較してA，B，C，D，Eの5ランクに分類した。また，職責ランクに応じて"職責手当"が付与された。

①資格制度の廃止

　職能資格制度にもとづく理事，参与，参事，主事，技師等の資格制度を「理事」を除いて廃止した。同時に経営幹部（非組合員）について，ラインの部長職，グループマネジャー以外は全て主席部員，主席研究員とし，組織・命令系統のフラット化を図った。

②職責手当の新設

　職責手当は，扶養手当，役付手当を廃止し，その原資を割り当て[14]，職責ランクA（事業部長，支店長，工場長），B（部長），C（営業所長，グループマネジャー），D（チームリーダー），E（担当課長）に応じて支給された。

③管理職業務目標管理制度の導入

達成目標は,職責ランクごとに主要職責(達成すべき成果)を明らかにし,経営が描く管理職に期待する役割成果を明確にした上で,通常,その職責に期待される"基本目標"と,職責を超えていると上司・部下双方が合意した課題を"挑戦目標"として期首に設定される。挑戦目標が達成された場合には,"チャレンジ実績"として加点する仕組みとなっていた。

このHRMシステム改定がうまくいかなかった理由として,次の3点をあげることができる。第1は,職能資格等級を職責ランクと並列的に設け,両者による二元管理を行い,さらに資格を廃止したとしながらも,肩書きに配慮し,職責ランクBは主席部員(部長)等と表示することを認めたため,実質的に職制名の資格化を促してしまったことである。

表5-4は,武田薬品で行われていた職責制度を示したものである。この表から,職能資格等級と職責ランクがリンクしていることがわかる。

表5-4 職能資格等級と職責ランクとの関係図

資格呼称	理事	部長待遇		次長待遇	課長待遇	
資格等級	6	5	4	3	2	1
職責ランク		A	B	C	D	E
対応役職(例)	(医薬営業)(研究所)(管理部門)	支店長 研究所長 部長(本社)	副支店長 部長 部長	営業所長 主席研究員 GM	チームリーダー 主任研究員 GM	主席部員 主任研究員 主席部員

出所:柳下(2001, p.154)から筆者作成。

第2は,目標管理を行い,成果の達成を促したにもかかわらず,達成できなかった場合のペナルティを設けていなかったことである。

第3は,これが一番大きな理由と考えられるが,アカウンタビリティ(成果責任)が明確になっていなかったため,ジョブサイズ(職務の大小)や目標の大小を明確化することができなかったことである。要するに,HRMシステムの形式は職務等級制度と類似していたが,その運用や評価方法が職能資格制度を引きずった形となっていたため,表面上の改定に終わってしまったと解釈することができる。

第 5 章　武田薬品工業における GHRM システムの導入・構築プロセス

3. グローバル競争を念頭に置いた GHRM システムへの改革（1994 年以降）

3-1．GHRM システム改革の位置づけ

　先の HRM システム改定での痛い経験から，武田薬品は，1994 年武田國男社長の指揮の下，経営理念を基盤に抜本的な HRM システム改革に着手することとなった。ここで少し武田國男氏（以下，武田氏）が社長になった経緯についてみていきたい。

　1980 年，武田薬品の副社長だった長兄，彰郎氏が 46 歳で急逝した。本来であれば，翌年の創業 200 周年を機に社長に昇格し，7 代目長兵衛を襲名する予定となっていた。それを誰より願っていたのは会長であり，父であった 6 代目長兵衛氏であった。その夢を諦めなければならなくなった会長は，武田氏に「なんでくだらんお前が生きとんのや。彰郎の代わりにこのアホが死んどってくれたらよかったんや」と言ったという（日本経済新聞朝刊，2004 年 11 月 1 日）。

　その当時の武田氏は，武田薬品のある事業部で課長の職務に就いていた。しかし，武田氏はできの悪い社長の 3 男として周囲から煙たがられていた。そのため，傍流の事業部に預けられ，窓際族のように扱われてきた。しかし，創業家の残党ということが決め手になったのか定かではないが，このような経緯を持つ武田氏は社長としてスタートを切ることとなった（日本経済新聞朝刊，2004 年 11 月 1 日）。武田氏は自身のとりえについて次のように述懐している。「長く窓際にいたので，会社のだめなところが手に取るようにわかった」と。それは，ぬるま湯の中で仲良しクラブや部門エゴにうつつを抜かし，茶坊主しか出世しない，万事ドンブリ勘定で，責任の所在などあってないようなところだったという（武田，2005，p.13）。

　また，このように客観的に武田薬品をみることができたのは，1983 年にTAP[15]の副社長として熾烈な戦場である米国市場でビジネスを行っていたという経験があったからである。武田社長は，米国市場での経験から「合理的な判断力，タフなネゴシエーション，あくなき利益追求やチャレンジ精神は，

149

私の価値観，感性にぴったりフィットした。(中略) 米国と日本の差を最も感じたのは交渉の上手さだ。日本はついええ格好をしたがるが，彼らはあくまで実利にこだわる。例えばTAPの社長だったリングラー氏は，交渉の局面で全て勝とうとする完全主義で時には威圧してくる。好むと好まざるとにかかわらず，こうしたビジネス・カルチャーの中で成長を続ける世界の巨大な製薬企業と対峙しなければならない。危機感を持つと同時に日本の意識の遅れを改めて感じた」と述べている (日本経済新聞朝刊, 2004年11月20日)。

そこで，武田氏が社長に就任したと同時に，ゴマすりはいらん，無駄な人員を減らせ，儲からん工場を閉めろ，医薬の稼ぎに寄りかかっている多角化を見直せ，とひたすらに叫んだという (日本経済新聞朝刊, 2004年11月1日)。そして"儲ける"経営を追求しなければならないという問題意識から，「優れた医薬品の創出を通じて人々の健康と医療の未来に貢献する」という経営理念を掲げ，それを従業員に再認識してもらうことから始めたという (日本経済新聞, 2004年11月25日)。HRMシステムの改革にあたり，武田社長は，社内ビデオ並びに年頭挨拶等，再三にわたってなぜHRMシステム改革を行わねばならないのか，なぜ成果主義HRMシステムを導入するのかについて，社員にメッセージを発し続けていたという (柳下, 2001, p.95)。

改革当時は，この経営理念を強く念頭に置き，次の4つの経営方針が掲げられた。第1は，研究開発型メーカーへの成長，第2は，国際企業への成長，第3は，社会から尊敬される会社，第4は，仕事への全力投球を通じて，豊かな個人の人生を実現しうる会社である[16]。

この経営方針を実現するために，「95-00中期計画」が定められた。中期計画は，2000年までのものであったが，2000年までに「研究開発型の国際製薬企業に成長する」という経営方針の実現は難しいと判断されたため，国際企業に成長するための改革とその基盤づくりに当てる期間と定められた。このような背景から，中期計画の基本戦略として，①事業の高付加価値化，②人員の適正化，③経営資源の重点特化が掲げられた (柳下, 2001；関西生産性本部, 2000a)。

①事業の高付加価値化

　これは，医薬事業を武田薬品の高付加価値化の牽引役として"市場の低迷"と"競争の激化"に対応しうる事業構造を構築し，研究開発力を背景とした国際競争に勝ち残れる戦略『MPDR（Marketing, Production, Development, Research）戦略[17]』を展開するというものである。これには2つの意味がある。1つは，研究開発から製造・販売までの流れにおいて，重点領域を絞って事業を行うということである。もう1つは，医薬品の研究開発・販売は，長期間にわたるが，それらに横串を刺して一貫した改革を行うということである。

②人員の最適化

　これは，当時の武田薬品にみられた人員の肥大化並びに職務とのミスマッチの弊害から実施されることとなった。具体的な施策としては，2005年までに余剰人員を限りなくゼロに近づけることを目標に，1業務の見直しと組織の統合による部門ごとの適正人員の算出，2業務に応じた雇用形態の採用，であった。

③経営資源の重点特化

　これは，医薬外事業においても資源を重点配分することによって，コア事業を選別し，捨て去るべき事業を捨て，自立を追及するというものである。それらを徹底するため，カンパニー制が採用され，研究テーマや設備投資の選別実施が厳しく行われた。これらの事業構造改革を推進する一環として，GHRMシステムへの改革が行われた。

3-2. GHRMシステムの導入とその改革プロセス

　GHRMシステム改革への基本方針として，①透明で公正な人事評価制度の確立，②会社業績にリンクした報酬体系の確立が掲げられた。

第Ⅱ部　実証的考察

①透明で公正な人事評価制度の確立

　これは，従来の評価制度が学歴等と結びついた潜在能力を重視し，評価の仕組みや結果が人事部にしかわからないブラックボックスとなっていた部分を誰がみてもわかりやすいようなオープンな仕組み（成果主義）へと変革するということである。ここでの大きなポイントは，潜在能力ではなく，"顕在化し，実際に発揮された能力のみを評価する"ことを重視していることである。そのため，各期の実績評価に応じて，給与・賞与が変動する。その際の評価基準は，被評価者が目標を達成したか否かのみを判断する絶対評価で行われる。要するに，給与を市場価格の水準に近づけるということである。ハイパフォーマーには能力に相応しい給与を提供し，平均的，あるいは低い業績に留まっている者には，それに応じた処遇を行うという仕組みを確立することが目指された。

②会社業績にリンクした報酬体系の確立

　武田薬品では，一般社員レベルまで，経営目標を達成するための役割・機能をブレークダウンし，社員1人1人が成果を意識した仕事を目指す体制が敷かれている。つまり，部門目標の達成が，経営目標の達成に繋がるように設定されているのである。利益が出た場合には，業績賞与を営業利益に連動させて従業員に提供するということである（柳下，2001，p.147）。このような基本方針を柱として，本格的なGHRMシステムへの改革が行われた。

　表5-5は，GHRMシステムへの改革に向けての大まかな流れを示している。武田薬品は，1993年のHRMシステム改定が頓挫した痛い経験から，自社の力だけでのHRMシステム改革に取り組むという選択ではなく，1994年にコンサルティング・ファームのヘイ・グループに依頼し，企業文化調査を行った上で，1995年からヘイ・システムとコンピテンシーマネジメントにもとづくGHRMシステムの導入に取り組んだ。以下，HRMシステムの改革内容についてそれぞれみていこう。

（1）企業風土調査の実施

　この調査は，主任以上4,835名への無記名アンケートで行われ，回答率は，

表5-5　GHRMシステムへの改革の流れ

実施時期	GHRMシステムの改革内容
1994年	企業風土調査の実施 経営幹部層を対象に目標管理を実施 ↓
1995年	1995年ヘイ・システムの導入・コンピテンシーの特定化に着手 ↓ 幹部社員を対象にAPS・行動評価制度の導入 ↓
1997年	1997年HRMシステムの全面改定・実施 （組合員を対象にACE制度を実施）

出所：柳下（2001, p.97）の表を参考に一部修正し，筆者作成。

4,366名の89.7％だった。調査内容は，企業文化を形成する次の8つの内部要因について行われた。それは，①経営目標・計画の明確性，②適切な意思決定，③組織の連携度（部門内・部門外），④行動の自由度，⑤業績志向性，⑥環境変化への即応性，⑦処遇への満足度，⑧人材の配置・昇進・育成である。

　この調査結果の一部をあげると，①の経営目標ははっきりしているが，具体的に実施する人の権限及び責任範囲が全く不明確である，②の意思決定は適切に行われているが，実行後の考課の把握が全くなされていない等が明らかとなった（柳下，2001，pp.54-61）。これらの調査結果から，①経営方針や経営目標を個人レベルまで具体的に明確にすること，②業績評価基準を明確化し，成果に応じた公正な評価処遇体系・昇進基準を明確にし，成果を出せる人材の登用を実現すること等が今後の課題であることが把握された。

(2) 経営層を対象とした目標管理の実施

　GHRMシステム改革は経営層から行われた。これは，ヘイ・グループのHRMシステム改革のプロセスであるという理由からだけではなく，武田氏の強い思いもあった。「当初，人事部は一斉に導入しようと考えていた。しかし，上にいる者が信賞必罰の範を示さなければ改革などできない。第一陣は経営層，次いで経営幹部層，最後に社員という順番で改革を進めていくことにした。それは，『偉い人たちは安全地帯にいて』と思われたら社員はついていかない」からだと武田氏は述懐している（日本経済新聞朝刊，2004年11月26日）。

経営層（社長，本社部長，カンパニープレジデント）を対象とした目標管理では，部門目標の総和が同時に経営目標の達成に繋がるという形まで作りこまれ，期首に社長との間で目標設定が行われた。カンパニープレジデントの目標管理は，業績目標（中期事業目標の年間計画への展開）と部門重点課題（就任後4年間で，自部門をどこまで変革するのか，就任時約束した目標を年々展開していく）を50対50のウェイトで設定された。業績評価は1年単位で行われる。カンパニープレジデントは，責任の完遂を前提として，事業運営の成果である事業業績につき，社長の評価を受ける。カンパニーの業績評価は，独立した企業に相応しい株主を意識した評価指標（カンパニー指標）と「95-00中期計画」の完遂を明確にした評価指標（中期戦略指標）を中心に行われる。

　カンパニー評価指標は，株主が企業に求める代表的な業績指標を設定し，カンパニーの株主に対する責任遂行状況を評価する。ウェイトは，売上高30％，利益30％，資金収支15％，運転資金保有月数10％である。中期戦略指標では，事業の高付加価値化を表す指標を設定し，中期計画の基本戦略遂行状況を評価する。ウェイトは，損益分岐点比率10％，採算粗利益率10％である[18]。武田薬品では，評価とカンパニー経営幹部（非組合員）の賞与予算が連動しているため，各カンパニーとも計画達成＝A評価を得るために必死に挑戦することになる。このように，まず経営層から徹底した目標管理が導入された。

(3) ヘイ・システム

　経営層を対象として行った目標管理を経営幹部から一般社員にまで一貫して行うために，1995年にヘイ・システムの導入並びにコンピテンシーの特定化に着手し始めた[19]。ここでは，まず経営幹部を対象としたHRMシステム改革について論じる。経営幹部，組合員双方の大まかな評価概略について示したのが表5-6である。

〈経営幹部層への対応〉
①ヘイ・システムの導入
　まず，経営幹部を対象にヘイ・システムの導入が行われた。表5-7は，各

表5-6 経営幹部, 組合員の評価概略

	幹部社員	組合員
職務評価	ヘイ・システムに基づき職務のみを評価し, 職務等級に格付ける	職務+コンピテンシーで職務等級に格付ける 武田薬品独自のポイントシステム（ACE評価）を利用
行動評価	コンピテンシーモデルに基づく行動評価	ACE評価に基づく行動評価 ※職務評価時とウェイトは異なる
業績評価	目標管理システム（APS評価）	業績評価（目標管理ではない） （TESはAPSを実施）
昇給評価	行動評価30％＋APS評価70％ （上級幹部社員はAPS評価100％）	ACE評価60％＋行動評価40％ （TESはACE評価60％＋APS評価40％）
賞与評価	APS評価100％	ACE評価40％＋行動評価60％ （TESはAPS評価100％）
業績昇給	昇給評価に応じた職務給のステップアップ	昇給評価に応じた職務給のステップアップ
業績賞与	全社営業利益・部門業績・個人賞与評価にリンクした賞与	全社営業利益・個人賞与にリンクした賞与

出所：関西生産性本部の資料から筆者作成。

表5-7 経営幹部の職務等級分布

等級	ヘイポイント	等級別員数	クラス別員数
P	1801 ～	4	
H4	1508 ～ 1800	5	
H3	1261 ～ 1507	19	148 (8.24%)
H2	1056 ～ 1260	61	
H1	880 ～ 1055	53	
M3	735 ～ 879	119	
M2	614 ～ 734	180	526 (30.2%)
M1	519 ～ 613	227	
L3	439 ～ 518	584	
L2	371 ～ 438	482	1,066 (61.4%)
小計		1,735	
L1	～ 370	123	
計		1,858	

出所：2003年2月に行われた関西生産性本部での武田薬品の報告資料から筆者作成。

職務等級に与えられているヘイポイントとその等級に格付けされている経営幹部の人数を示したものである。

ここで，P級に相当する職務とは，カンパニープレジデント，本部長クラス，H級は支店長，工場長，研究所長クラス，M級は部長，グループマネジャークラス，L級は専門課長・担当課長クラスである。P級とH3級以上が，コーポレートオフィサーになり得る職位である。昇給は，L1→L2→L3という順序で行われる。このヘイ・システムをベースに，評価，能力開発が行われることとなる（図5-1参照）。

図5-1　経営幹部を対象とした評価・能力開発の仕組み

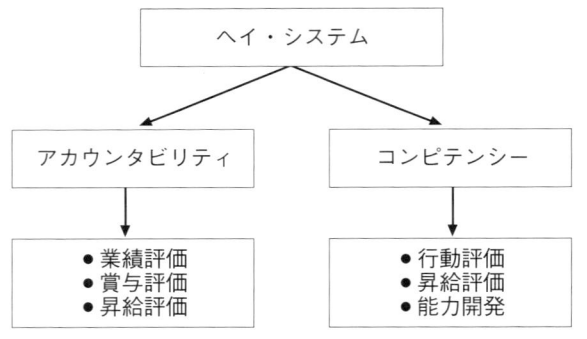

```
            ヘイ・システム
           ↙          ↘
   アカウンタビリティ    コンピテンシー
        ↓                  ↓
   ●業績評価           ●行動評価
   ●賞与評価           ●昇給評価
   ●昇給評価           ●能力開発
```

出所：筆者作成。

図5-1は，ヘイ・システムにもとづき，各職務のアカウンタビリティが明示され，それにもとづき業績・賞与・昇給評価が行われること，またコンピテンシーにもとづき，行動・昇給評価，能力開発が行われることを示している。

②成果重視の評価

経営幹部を対象に行われている成果重視の評価は，目標管理にもとづく業績評価（APS評価）と行動評価の2側面から行われ，昇給，賞与に反映される仕組みとなっている。

2-1）目標管理にもとづく業績評価（APS評価）

　APSとは，Accountability & Performance Systemの略であり，アカウンタビリティにもとづく目標管理制度のことである。経営幹部の職務評価は，アカウンタビリティ（＝ジョブサイズ）にもとづいて行われている。このアカウンタビリティを充足する目標を設定することによって，ジョブサイズと目標達成との整合性が図られている。つまり，APS評価では，アカウンタビリティを年々の目標にブレークダウンしたものについての成果（遂行結果＝成果）がどうであったかが絶対評価されるようになっている。

　図5-2は，期待されるアカウンタビリティが非常に高く，成果達成が難しい職務を遂行する人材の場合と，アカウンタビリティが低く，成果達成が比較的難しくない職務を遂行する人材の場合の評価の概念図を示している。この図のA×Pのグレーゾーンが報酬となる部分である。ここで，問題となるのが，達成基準の設定である。武田薬品では，業績目標の達成基準を人材の能力ではなく，その職務等級に求められる絶対的な基準で設定している。例えば，同じ職務等級で，市場規模・難易度の高い顧客を担当している2人の営業担当者，A氏，B氏がいたとする。その職務の営業担当者に求められる売上高が1億円だと仮定する。A氏は非常に優秀であるため，絶対基準である1億円を達成することは目標として容易すぎて，達成可能性が80％以上であると判断される場合，A氏の目標を1億2,000万円とする。その場合，

図5-2　APS評価の概念図

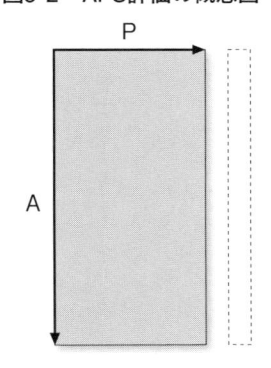

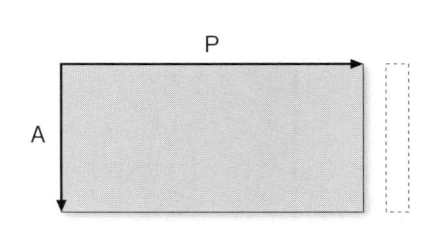

出所：柳下（2001, p.179）から筆者作成。

必ず本人には「標準的に求められる売上高は1億円であるが、優秀であるため、1億2,000万円にした。それを達成した場合、評価はSになる。ただし、達成できなくても評価はAとなる」と伝える[21]。他方、B氏にとって、1億円という目標の達成可能性が50％以下であると判断される場合には、8,000万円を業績目標とする。その場合、本人には、「標準は1億円であるが、その達成は難しいと思われるため、最低でも8,000万円を目標としてほしい。ただし、8,000万円を達成したとしても、評価はAではなくBとなる。とにかく、Cとならないようにがんばってほしい。もし、1億円を達成できたら評価はAとなる」と伝える（柳下，2001，pp.182-183）。

このように、業績目標を達成することによって、評価の公平性・納得性を高めるとともに、その人材が目標を達成できたか否かという絶対評価が行われる。このAPS評価は、昇給（コンピテンシー評価30％＋APS評価70％），賞与（APS評価100％）に活用されている。

2-2）行動評価

行動評価は、各職務に応じて作成されたコンピテンシーモデルを基準に行われる。武田薬品では、特定化されたコンピテンシーは21項目に及び、各コンピテンシーは7段階のレベルに分けられている。表5-8は、チームマネジメントに必要とされるコンピテンシーの1つであるリーダーシップコンピテンシーの概要である。リーダーシップは、「部下に対して、自分が管理する組織全体の方針や戦略・ビジョンを明確に示し、その方向に向けて組織全体を動機づけまとめ動かす力」と定義され、図5-3のように各レベルに応じて、定義されている。

図5-3は、営業所長に求められるコンピテンシーモデル（リーダーシップ）を示したものである。営業所長に求められるコンピテンシーとそのレベルは、組織感覚力（5レベル），育成力（4レベル），企画立案力（5レベル），リーダーシップ（4レベル），達成志向性（5レベル）となっている。この基準を達成できない場合には、降格してもらうこととなる。

このように、各職務に求められるコンピテンシー、すなわち、実際にどのような行動を採ったかという顕在能力を基準として、その職務を遂行する人

第5章　武田薬品工業における GHRM システムの導入・構築プロセス

表5-8　リーダーシップコンピテンシーのレベル

レベル	リーダーシップコンピテンシーの内容
0	部下に対して何も方針を出さず，部下がばらばらになっていてもそのままである。
1	方針やビジョンは部下に一応伝えているが，その内容は自分で考えたものではなく，上から言われたことをそのまま伝えているだけである。さらに，一部の部下にのみ伝えているだけで，部下全体には情報が行きわたっていない。
2	部下全員に対し，組織の方針等を伝えている。ただし，ただ伝えているだけで，部下をその方向にまとめ動かすことはなく，伝える内容も上からの方針そのままで，自分の考えは入っていない。
3	自分なりの方針を考え，それを部下全員に伝えている。ただし，その方向に部下をまとめて動かす行動はみられない。
4	自分の考えに基づいて方針を打ち出し，その方向に部下をまとめて動かすために，あらゆる援助や動機付けを自ら行っている。
5	自ら部門または部署全体の方針を打ち出し，部下全体から高い信頼感を得ながら，その方向にまとめ動かしている。
6	全社の経営全体に影響を与えるような方針を自ら打ち出し，組織全体を動機付け，高い信頼感を得ながら，その方向にまとめ動かしている。
7	リーダーとして非常に高いカリスマ性を持ち，社内のだれもが，その方針やビジョンに心の底から心酔し，従うくらいのリーダーシップを発揮している。

出所：関西生産性本部の資料から筆者作成。

図5-3　営業所長のコンピテンシーモデル

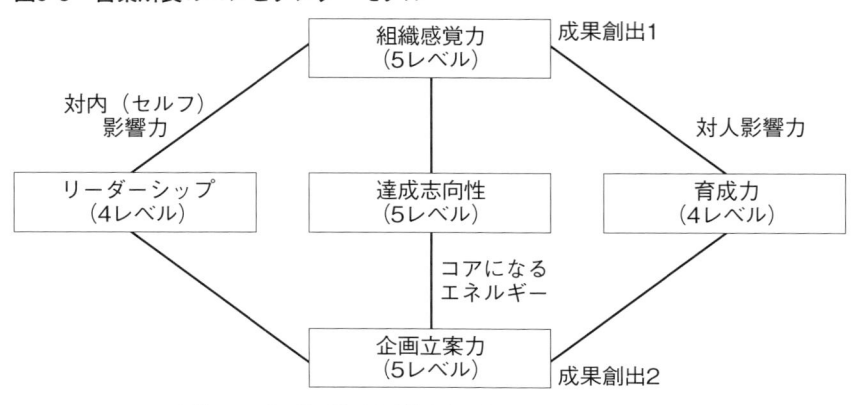

```
                組織感覚力       成果創出1
                （5レベル）
   対内（セルフ）              対人影響力
     影響力
リーダーシップ    達成志向性      育成力
 （4レベル）    （5レベル）   （4レベル）
              コアになる
              エネルギー
                企画立案力      成果創出2
                （5レベル）
```

出所：2003年2月に関西生産性本部で行われた武田薬品の報告資料から筆者作成。

材を選別する仕組みとなっている。経営幹部の場合は，職務に求められるコンピテンシーの発揮度は，30％の割合で昇給評価に反映されている。武田薬品では，コンピテンシーの発揮度が給与に反映されているが，アメリカでは，コンピテンシーは能力開発・人材育成に限定されて活用されている（安室, 2001）。そのため，給与に反映させるのは適切かどうかとういうことについては検討の余地があるだろう。今後は，経営幹部の後継者育成やハイパフォーマーの早期選抜等にもコンピテンシーを活用していくようである。

〈組合員への対応〉
(1) ACE評価制度の導入

組合員については，職務だけではなく，個人の成長も職務評価に反映させるため，アカウンタビリティの概念に加え，コンピテンシーの概念を取り入れたACE (Accountability & Competency Evaluation) 評価による格付け・評価が1997年から実施された。評価の流れを示したものが図5-4である。

図5-4は，職種別に作成されたACEシートをもとに職務等級の格付け・進級，業績評価が行われることを示している。以下この図に沿って説明していこう。

まず，ACE評価制度では，①項目別評価，②業績評価が行われる。

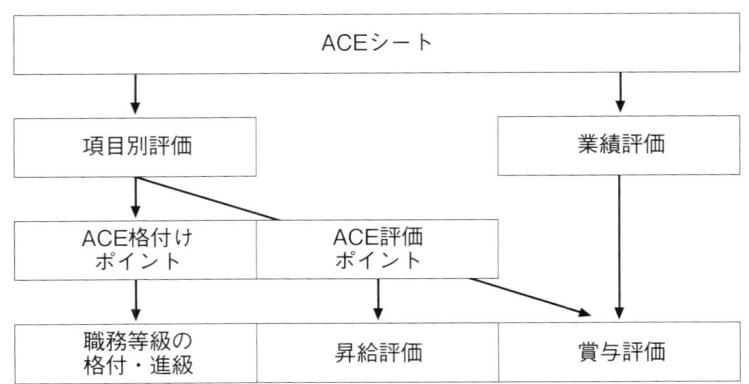

図5-4 組合員を対象とした評価の仕組み

```
                    ACEシート
          ┌────────────┴────────────┐
      項目別評価                    業績評価
    ┌─────┴─────┐                      │
ACE格付け      ACE評価
ポイント       ポイント
    │         │    │
    ▼         ▼    ▼
職務等級の    昇給評価  賞与評価
格付・進級
```

出所：関西生産性本部の資料から筆者作成。

①項目別評価

ここでは，1）仕事の内容・任され方，2）職務知識または専門知識・スキル，3）問題解決または知識の活用・問題解決，4）折衝の内容・程度または情報収集・レポートの作成，5）仕事への取り組み姿勢，6）チームワーク・指導・育成の6項目が評価される。評価は，最高評価のAから，K，Q，J，T，最低評価のNまでの6段階で行われ[22]，ジョブサイズを表すACEポイントが算出される。このACEポイントに格付けウェイト[23]（職種ごとに異なる）を乗じたACE格付けポイントにもとづいて従業員は職務等級に格付けされる仕組みとなっている。

表5-9は，営業職（MR：Medical Representatives：医薬情報担当者）の職務等級への格付けがどのように行われているかという内容を示したものである。

表5-9　営業職（MR）の職務等級格付けの例

評価項目	評価	ACEポイント	格付けウェイト	格付けポイント	格付けポイント	職務等級
仕事の内容・任され方	K	304	20%	60.8	350〜	J1
職務知識	Q+	264	20%	52.8	285〜349	J2
問題解決	K	304	25%	76	230〜284	J3
折衝の内容・程度	Q+	264	25%	66	175〜229	J4
仕事への取り組み姿勢	K	304	5%	15.2	132〜174	J5
チームワーク・指導・育成	K	304	5%	15.2	〜131	J6
				286		

出所：関西生産性本部の資料から筆者作成。

この表では，ACEポイントに格付けウェイトを乗じて，格付けポイント286が算出されている。さらに，そのポイントに応じた職務等級，J2であることが示されている。また，項目別評価のACEポイントに，評価ウェイト[24]（職種ごとに異なる）を乗じて，ACE評価ポイントが算出される。この評価ポイントに応じて，ACE評価（Ⅰ〜Ⅴ）が決定される（表5-10参照）。

表5-10は，営業職の評価ポイントの算出，評価レベルを示したものである。この表では，各ACEポイントに評価ウェイトを乗じて284という評価ポイントが算出されている。さらに，それに応じた評価レベルがⅣであることを

第Ⅱ部　実証的考察

表5-10　営業職（MR）のACE評価例

評価項目	評価	ACEポイント	評価ウェイト	評価ポイント
仕事の内容・任され方	K	304	5%	15.2
職務知識	Q+	264	25%	66
問題解決	K	304	25%	76
折衝の内容・程度	Q+	264	25%	66
仕事への取り組み姿勢	K	304	10%	30.4
チームワーク・指導・育成	K	304	10%	30.4
				284
				Ⅳ

J6	J5	J4	J3	J2	J1	評価
175〜	175〜	231〜	305〜	345〜	386〜	Ⅰ
127〜139	152〜174	201〜230	265〜304	314〜344	368〜385	Ⅱ
115〜126	132〜151	175〜200	230〜264	285〜313	350〜367	Ⅲ
105〜114	115〜131	152〜174	200〜229	259〜284	333〜349	Ⅳ
〜104	〜114	〜151	〜199	〜258	〜332	Ⅴ

出所：関西生産性本部の資料から筆者作成。

示している。このように算出されたACE評価は，昇給評価に60％，賞与に40％反映される。

②業績評価

　業績評価は，職務等級にもとづく基準レベルから行われる。その基準レベルは，J1という職務等級であれば，Aレベル，J2はKレベル，J3はQレベル，J4はJレベル，J5はTレベル，J6はNレベルとなっている。業績評価は，昇給評価に40％，賞与に60％反映される。また，組合員であっても，成果を生み出す際に，本人の能力によりそれに要する時間が大きく異なり，出来栄えにも顕著な差が現れる職務に従事する人材については，"どのくらいの時間働いたのか" という労働時間基準ではなく，"どのような成果をあげたのか" を重視するTES（Takeda Exempt Staff；以下，TES）制度が活用されている。TES対象者は，医薬MR，研究職J2以上といった主に医薬関連職に限定さ

れている。TES対象者の昇給評価は，ACE評価60％とAPS評価40％，また賞与評価は，経営幹部に準じてAPS評価100％となっている。

1997年にGHRMシステムへの全面改定が終了した後，GHRMシステムに対する反応を確認するために社員に対して意識改革調査を行い，どこまで社員の意識改革が進んでいるかをフォローアップしている。

以上，武田薬品におけるGHRMシステム改革に至る背景及びGHRMシステム改革の内容とその導入プロセスについて考察してきた。次節では，本説明的ケーススタディの考察結果について述べる。

4. 考察結果

武田薬品は，グローバルな競争環境への変化，それへの適応という背景からGHRMシステム改革に着手した。そのプロセスは，経営層を対象とした目標管理が実施され，その後GHRMシステムへの改革として，ヘイ・システムを基盤とした経営幹部の目標管理が行われ，最後に組合員を対象としたACE評価制度の導入というものであった。また，コンピテンシーの活用法としては，経営幹部には，コンピテンシーモデルにもとづく人材選別が実施され，組合員には，ACE評価制度の評価項目や各職務に求められる達成基準として活用された。このように，武田薬品では，ヘイ・システムの導入プロセスに沿った形でGHRMシステムへの改革が行われた。ただし，上述したように，コンサルティング・ファームを活用すればGHRMシステムの導入がうまくということでは決してない。以下では，武田薬品のGHRMシステムの導入・構築に際して導入プロセスには直接反映されていないが，鍵となる要因について考察していく。

まず，武田薬品がGHRMシステム改革を成功裏に収めることができた第1の理由として，武田國男氏のリーダーシップをあげることができる。武田薬品は，本章第1節で論じたように，世界の大手医薬品メーカーによるM&A，外資系企業の国内市場への進出等による競争環境の激化を背景に，製薬企業としてどのように生き残っていくかという危機感に駆られていた。

その一環として，HRMシステム改革に着手することになったが，ヘイ・システム，コンピテンシーマネジメントにもとづく抜本的なHRMシステム改革が成功した１つの要因として，森田社長（1993年当時）から，武田國男前社長（1994年時）への社長交代があったこと，またそれに伴う武田國男氏のリーダーシップが大きかったと思われる。[25]

　武田氏は，アメリカでの生活を長年されてきたこともあり，職務等級制度並びにアカウンタビリティにもとづく職務の遂行という考え方に慣れ親しんできたという経験を持っていた。そのため，武田社長が，日本の武田薬品で運用されていたHRMシステムに違和感・危機感を感じたのは自然のことであったと思われる。このようなアメリカでのビジネス経験を持つ社長であったからこそ，職務を中心に据えたGHRMシステムへの改革を断行することができ，日本的経営の抱える長期にわたる潜在能力の評価，職務遂行責任の不明確さといった問題点にメスを入れることができたのだろう。加えて，HRMシステム改定（職責制度）における手痛い経験があったことも，GHRMシステムの導入に際してコンサルティング・ファームを活用するという決断に繋がった。このような自社内での改革の難しさを肌身で感じた経験があったからこそ，コンサルティング・ファームとの協働を通じて，抜本的なHRMシステム改革に臨むという決断をすることができたと考えられる。[26] Maister（2008）は，多くの企業は理にかなった戦略を持っているにもかかわらず，実行段階で失敗する理由として，"経営者の強い決意"がないからであると指摘する。[27]つまり，組織内の全員にはっきりと戦略の内容を理解させ，全社一丸となった戦略実行を経営層も本気で望んでいるとメンバーに確実に伝えることが最大の難題であるという。なぜならば，リーダーは自ら変わる覚悟を従業員に示して，どう行動し，評価し，どんな報酬を与えるのかを明確に示すことが必要となり，そのためには，経営層が確実にその戦略を実行する何らかの活動や新しい仕組みを設計し，目に見える形で，取り消しや後戻りをすることなく取り組む状況を作ることが欠かせないからである。戦略とは，"何をしないか"を判断することであり，必要であれば，戦略実行に懐疑的な幹部，参加しない幹部に会社を去ってもらう決断をする必要もある（Maister, 2008, 邦訳, pp.19-53）。このように，戦略実行には痛

第5章　武田薬品工業におけるGHRMシステムの導入・構築プロセス

みに耐えるだけの経営者の強い決意が必須となる。武田薬品の事例を通じて，GHRMシステム改革を行う企業トップの姿勢及び組織変革におけるリーダーシップがGHRMシステム改革をうまく行う上で欠かせない要因であると指摘することができるだろう。

　第2に，武田薬品の自助努力があったことである。GHRMシステムへの改革の必要性について，武田社長は，社員にメッセージを発し続けた。そのメッセージにおいて，社長自らが成果に対して公正に報いることを公言したこと（柳下，2001，p. 95）は，武田薬品においてGHRMシステムへの改革を大きく後押ししたと考えられる。改革は上からという武田社長の方針のもと，経営層から目標管理を行っていったことが社員にとって成果を勘案するHRMシステムの重要性に対して大きな意識変革の要因になったと考えられる。

　併せて，HRMシステム改革の導入プロセスにおいて，武田薬品自身が大きくかかわったことも重要な要因としてあげることができる。武田薬品は，GHRMシステムへの改革に際して，過去の経験から，コンサルティング・ファームを活用する決断をした。しかし，コンサルティング・ファームにGHRMシステム改革の導入を全面的に依存して進めるのではなく，彼らのノウハウを学ぶために人事部の柳下氏を中心に"密度の濃い協働作業"を行った（柳下，2001）。これは，武田薬品が，経営幹部層を対象に導入したヘイ・システムと類似したACE制度を組合員対象に自ら構築していることからも明らかである。なぜならば，ヘイ・システムの導入に携わり，ヘイ社が持つノウハウを吸収しなければACE制度の構築は難しいと推察されるからである。本章では詳しく取り上げることができなかったが，武田薬品では，一般職にも成果を重視したHRMシステムの導入を進めている。ただし，このように一般職にまで成果を重視するHRMシステムを導入することは，稀なケースであるかもしれない[28]。また，1997年にHRMシステムの全面改革が終了した後に，どこまで意識変革が起こっているかという点までフォローしていることも，武田薬品がGHRMシステムの導入に成功した要因の1つであると考えられる（柳下，2001）。

　GHRMシステムへの改革にあたって，コンサルティング・ファームに依頼し，職務等級制度の導入等のさまざまなプロセスにおいてコンサルティング・フ

165

ァームに全面依存してうまくいかなかったという事例は，高橋（2002）によって指摘されている。また，われわれが行ったインタビュー調査においても，HRMシステムの改革を希望する企業自身の努力，特に社長自身が何としても改革するとの強い信念がなければ，GHRMシステムを導入したとしてもうまく定着，機能しないという現状があることが確認されている。笑い話のようであるが，GHRMシステムへの改革を希望する企業の担当者があるコンサルティング・ファームに相談に来た際に，「人事制度をください」と言ったことがあったという。この発言の真意は定かではないが，あくまでもコンサルティング・ファームは，GHRMシステムの導入・定着に向けたサポートを行う役割を果たすに過ぎないということを理解することが重要であることを示唆している。

小括

　以上，本章においては，単一事例の説明的ケーススタディとして，武田薬品を対象に，GHRMシステムの導入プロセス及びGHRMシステムの導入・構築に際して導入プロセスには直接反映されていないが，GHRMシステムの導入に際して鍵となる要因について説明してきた。

　考察の結果，武田薬品は，ヘイ・システムの導入プロセスに沿った形でGHRMシステムへの改革が行われていた。ただし，武田薬品におけるGHRMシステムの導入に際していくつかの鍵となる要因があった。第1は，競争環境の変化を背景に，武田國男氏への社長交代があり，武田氏のリーダーシップの果たす役割が大きかったこと，第2は，GHRMシステムの導入に際して，武田薬品はコンサルティング・ファームを活用し，協働を通じた自助努力を行ったということである。これらの導入プロセスの背後に潜んでいる鍵となる要因は，あくまでも武田薬品の事例を通じて得られた要因であり，一般化可能性を考えると，複数のケーススタディによる分析的一般化を行う必要がある。しかし，武田薬品の説明的ケーススタディを通じて，成果主義HRMに関する懐疑論及びGHRMシステムの導入・構築に苦戦している

第5章　武田薬品工業におけるGHRMシステムの導入・構築プロセス

（あるいはこれから取り組もうとしている）企業に対して，GHRMシステム自体に問題があるのではなく，それをどのように導入するかという"プロセス"及びその背後にある"企業側の取組み姿勢"（リーダーシップ，自助努力）が重要であるということを示すことができたとわれわれは考えている。

次章では，引き続き，GHRMシステム改革の導入プロセス及びGHRMシステムの導入に際して鍵となる要因について，オムロン社を取り上げ，考察していく。

注

1) 本章は，2003年に『星稜台論集』第36巻第1号（神戸商科大学大学院）に掲載した「武田薬品工業におけるグローバル人事制度への改革プロセス－コンピテンシーマネジメントと成果主義にもとづく人事制度の構築－」（笠原，2003，pp.1-16）に加筆・修正したものである。医薬品業界等の動向に関する図表は，論文公表当時のデータをそのまま使用しているため，現在と異なる場合があることに注意されたい。ただし，これらの図表は，武田薬品がGHRMシステムへの改革に取り組んだ当時の背景を説明することを目的に利用しているものであり，当時のデータをそのまま使用することに問題はないと判断している。
2) 澁谷（2009）は，Yin（1984）によるケーススタディの識別類型を①説明的か記述的か，②探索的か検証的かという軸を用いて，ある現象を記述することに目的を置く探索的・記述的ケーススタディ，現象における"どのように，なぜ"といった説明の開発を目指すことを目的とする探索的・説明的ケーススタディ，理論構築よりも既存理論の検証に主たる目的を置く検証的・説明的ケーススタディの3つの類型を提示している。
3) 世界の医薬品メーカーの医薬品売上高ランキング2012年では，武田薬品工業は14位（売上高16,317（百万ドル），前年比3.2％増，R&D費3,775（百万ドル））となっている（セジデム・ストラテジックデータ（株）ユート・ブレーン事業部ウェブサイト：http://www.utobrain.co.jp/news/20130624.shtml）。
4) Japan Timesのウェブサイトを参照した（http://job.japantimes.com/cl_f_01.php）。
5) ファイザー製薬は，2001年11月期の売上高が前期比29％増の2,199億円となり，中外製薬や田辺製薬を上回って国内製薬メーカーベストテンにランクインした。また，萬有製薬は，2002年3月期の売上高が1,800億円になり，前期比10％増を達成した（勝呂，2003，p.21）。また，萬有製薬はその後，2003年にメルクの完全子会社となった（萬有製薬のウェブサイト参照：http://www.banyu.co.jp/content/corporate/about/history/2003_2006.html）。
6) 新薬開発には15年の歳月と，300億円の費用が最低相場であるといわれている（勝呂，

第Ⅱ部　実証的考察

2003，p.62）。
7）独立行政法人 医薬品医療機器総合機構のウェブサイトより（http://www.pmda.go.jp/ich/ich_index.html）。
8）単体の売上高は661,664百万円であり，国内の従業員数は8,629名である（2007年のアニュアルレポート参照）。
9）2002年4月には，平均して6.3％（通常改定4.6％と後発品のある先発品の引き下げが1.7％）という大きな幅で薬価が引き下げられた。薬価ベースで約4,000億円の引き下げであった。2006年度の薬価改定では，6.7％（通常改定6.0％，長期収載品の特例引き下げ等0.7％）となっている。中でも後発品（ジェネリック）の普及を目指し，特許が切れて後発品が出ているにもかかわらず，高価格が維持されてきた長期収載品は平均して10％引き下げられた（勝呂，2003，p.23；日本製薬工業会のウェブサイト：http://www.jpma.or.jp/policy/020122.html）。さらに，2008年度薬価制度改革では，有用性の高い研究開発を評価し，製薬会社の国際競争力を高めるため，類似薬と比べて特に有用性の高い新薬に認められる「画期性加算」を現在の50％〜100％から70％〜120％へと引き上げ，さらに，小児用・希少疾病用医薬品の評価を高めるための見直しが行われることが予想されていた（株式会社じほうのウェブサイト：http://www.japan-medicine.com/shiten/shiten1.html）。
10）武田薬品は，グローバルな製薬企業を「幅広いラインアップの製品群を提供する欧米の強大な製薬企業に真っ向から挑戦できる企業」ととらえていた（柳下，2001，p.36）。
11）以下の記述は，日本経済新聞朝刊に連載された「私の履歴書　武田國男1」2004年11月1日付40面，「私の履歴書　武田國男20」2004年11月20日付40面，「私の履歴書　武田國男23」2004年11月23日付40面，「私の履歴書　武田國男25」2004年11月25日付40面，「私の履歴書　武田國男26」2004年11月26日付40面，及び武田（2005）にもとづいている。
12）職能基準は，仕事の種類・キャリア形成等の区分である「職掌（管理職，専門職，事務職等）」と，その職掌内の仕事の種類をより細分化した区分である「職種」を縦軸に，また職務遂行能力の段階的な区分である「職能資格（管理・専門職層，監督指導職層，一般職層等）」を横軸にして組み合わせ，職掌・職務に対応した職能資格とともに定義されている（島，2000，pp.45-48）。
13）職能資格における評価の仕組みは次の通りである。まず，職能等級においては，絶対評価（達成基準をクリアしたら昇進）であり，課長・部長等の職位については，その数と人数が限定されているため相対評価で行われる。そもそも，職能資格は，職位のポスト不足による従業員のモラール低下を防ぐために考案されたものであり，職位は給与から切り離され，職能資格が直接給与にリンクする仕組みとなっている（宮本，1999，p.99；高橋，1998，p.159）。
14）武田薬品では，80年代に給与が高騰した時期に，年々行われるベースアップを全て基本給に組み入れるとこれにリンクした賞与や退職金が増加することから，ベースアップ部分の多くを扶養手当等の諸手当に組み入れてきた。しかし，その結果，基準内賃金に

占める諸手当のウェイトが15％と高くなり，扶養手当の有無が昇給考課ランクの上下よりも格差を生むようになってしまっていた（柳下，2001，p.54）。

15) TAPとは，武田薬品（50％）とアメリカの製薬会社アボット・ラボラトリーズ社（50％）との合弁会社である。
16) 2003年時点では，次の5つが掲げられている。第1は，研究開発型国際企業として独自の強みを武器に世界をリードする会社である。これは，これまで武田の競争力を構築してきた研究開発・製造・販売等の機能を世界トップレベルにまで強化し，医療の進歩や社会への貢献をリードする会社となることを目指すというものである。第2は，高度に統合されたグローバル体制を有する会社である。これは，グループとして整合性のある戦略やルールを確立・共有し，さらに効率とスピードを徹底的に追求した運営体制を構築してくことを目指すというものである。第3は，優れた製品とサービスを通じて世界の人々に満足を提供する会社である。自社研究の強化や，活発な提携活動を通じた研究開発パイプラインの充実を背景に，優れた製品やサービスを絶えず世界に提供し，健康を願う人々や，医療に従事する人々の期待に応え，信頼される会社を目指すというものである。第4は，株主をはじめとするステークホルダーとともに発展し，よき企業市民としての高い認知を得る会社である。これは，さまざまなステークホルダーとの関わりや信頼関係を大切にし，ステークホルダーと一体となって発展し続ける会社を目指すというものである。第5は，世界の優れた人材を引き付け，活力にあふれる会社である。これは，成果が公正に評価され，報われることを第一義としたグローバルな人事制度を柱に，能力と意欲に満ちた従業員にとって，魅力的でやりがいのある企業風土を醸成し，その能力を思う存分に発揮できる会社を目指すというものである（武田薬品工業のウェブサイト：http://www.takeda.co.jp/about-takeda/corporate-philosophy/article_61.html）。
17) 現在では，AllianceとPatentが追加され，『MPDRAP』となっている（武田薬品工業ウェブサイト参照）。
18) 採算粗利益率は，粗利益から販売比例費としての製造コスト以外の物流コスト販売手数料等を差し引くことにより，採算性を明確化し，高付加価値化の指標に用いられている（柳下，2001，p.102）。
19) 柳下（2001）並びに武田薬品に関する資料では，ヘイ・システムの導入とされているが，実際すぐに導入できるわけではなく，HRMシステムの全面改定が1997年に行われたことから，約3年かけて職務分析並びにコンピテンシーの特定化が行われたと推察できる。そのため，ここでは着手という言葉を用いている。
20) 経営幹部の各職務に関する評価基準は，ヘイ社との契約上明らかにすることができないとされている（柳下，2001，p.212）。しかし，武田薬品は，ヘイ・システムの考え方を取り入れたACE制度（組合員対象の職務等級制度）を独自で開発しているため，後述するACE制度を考察することで職務等級制度に関する理解を深めることができると考えられる。
21) 武田薬品の昇給考課は，S，A，B，C，Dの5段階評価で行われ，Sが最も高い評価となっ

第Ⅱ部　実証的考察

ている。
22) 評価ポイントは，Nを100として次のように定められている。N：100，T：132，J：175，K：304，A：400。しかし，Nレベルでも上位の評価レベルを一部満たしていると考えられる場合は，N＋と表示され，評価ポイントも次のようになる。N＋：115，T＋：152，J＋：200，Q＋：264，K＋：350（柳下，2001，p.219）。
23) 格付けウェイトの比重は，上述した6つの項目別評価のうち，仕事の内容・任され方といったアカウンタビリティに関連する評価項目に置かれている。
24) 評価ウェイトでは，仕事への取り組み姿勢やチームワーク等のコンピテンシーに関連する評価項目が重視されている。
25) 2003年6月より，長谷川閑史（やすちか）氏が社長に就任した。長谷川氏は，ドイツに約3年，アメリカには約10年滞在し，現地法人TAPの社長経験を持つ国際派として知られている。長谷川氏はコラムの中で次のような発言をしている。「武田氏は，あまりにもカリスマで偉大。それだけに武田氏に頼りすぎるようになっていたことも事実です。（私は）武田氏のように強烈なリーダーシップにもとづいたトップダウン経営を実行するつもりはなく，現場レベルの基本組織のリーダーが，責任を持ち，腹をくくって，武田会長，社長と勝負しなければならない。それができるような組織にしたい。また，世界的製薬企業という将来像に向かって，やるべきことを着実に実行していくだけです。究極の評価は，最終的に新薬が出るか出ないか。私が社長の間にも，成果が出るようにしなければならないと思っています」（net irのウェブサイト，2004年夏号：http://www.net-ir.ne.jp/ir_magazine/sugao/vol1066_4502.html）。
26) コンサルティング・ファームを活用するメリットとして次の2点をあげることができるだろう。①コンサルティング・ファームは，どのようにコンピテンシーを抽出し，HRMシステムに組み込んでいくのかに関する豊富なノウハウを持っているということである。②ヘイ・グループをはじめとするコンサルティング会社（その他人事系コンサルティング・ファームのマーサー，ワトソンワイアット等）に依頼すること（コンサルティング・ファームのブランドを活用すること）によって，HRMシステムの信頼性を高めることができることである。このように，複数の人事系コンサルティング・ファームが存在するが，その強みはさまざまである。例えば，ヘイ・グループの強みは，ヘイ・システム並びにコンピテンシーマネジメントといったシステムのオリジナル性を確保していることにある。他方，マーサーの強みは，報酬，退職金，年金といった専門性が異なる複数のユニット間でのチームワークにもとづいたサービスを提供することにあり，リーディングカンパニーとしてのポジショニングを図っている。ヘイ・グループとのビジネスの違いとしては，マーサーは，コンサルティング・サービスの提供においては，クライアントごとのカスタマイズを非常に重視していること，さらにコンサルティング方法論のカスタマイズも積極的に行っている点がある（西井，2013）。
27) 短期的な誘惑や満足感に負けてためになるとわかっていることをしない会社や個人を「Fat smoker症候群」と称し，なぜ企業は戦略を実行できないのかということについて興味深い議論を展開している。Fat smokerが改善しなければならないとわかっている

行動に取り掛からない一番の理由は,報酬(喜び)が将来にあるのに対して,改善のための我慢,不快,規律は目の前にあるからであり,さまざまな誘惑を振り切るだけの強い決意が必要だからだと指摘する。詳しくは,Maister (2008) を参照されたし。

28) 例えば,アメリカの厚生労働基準法 (Fair Labor Standards Acts;以下,FLSA) では,エグゼンプト,ノンエグゼンプトといった職務を厳密に区分している。成果を求められるのは,企業の業績に責任を負う経営幹部,専門職,管理職等のエグゼンプトであり,ノンエグゼンプトは,時間給で給与が算出され,管理されることが前提となっているために(生産性労働情報センター,2000, pp.9-10),企業業績に責任を負ってはいない。したがって,ノンエグゼンプトに対して成果を求めることは,FLSA の基準からとらえると適切とはいえない。

29) インタビュー調査による。

第6章

オムロンにおけるGHRMシステムの導入・構築プロセス[1]

はじめに

　前章に引き続き，本章では，オムロン社のGHRMシステムへの改革の導入・構築プロセスに関する説明的ケーススタディに取り組む。本章の目的は，半構造化インタビューにもとづくオムロン株式会社（以下，オムロン）の説明的ケーススタディを通じて，どのような背景からGHRMシステムの導入・構築を行ったのかという導入プロセス及びその現状，さらに，GHRMシステムの導入に際して鍵となる要因について考察することにある。本章におけるオムロンのケーススタディは，コンサルティング・ファームを活用し，GHRMシステムの導入（改革）を行ったとしても，それを実行する難しさを表している。

　オムロンを取り上げたのは次の理由による。第1は，オムロンは，これまで年功制を勘案した日本的経営を行ってきたが，このような企業がGHRMシステムの導入・構築に踏み切ったことにより，これからGHRMシステムの導入・構築を検討している他の日本企業が直面する課題を明らかにすることができると考えられるからである。

　第2は，オムロンではGHRMシステムの構築に着手し始めて約10年が経過しているが[2]，GHRMシステムの構築に各社が乗り出した1990年代に，GHRMシステムについてのケーススタディが多く行われたにもかかわらず，今日においてGHRMシステムがどのように変化してきているのかという現状についての考察がほとんどなされていないからである。これらの理由から，

第6章　オムロンにおけるGHRMシステムの導入・構築プロセス

オムロンの事例を取り上げることによって，GHRMシステムのあり方について知見を得ることができると判断した。

1. オムロンの会社概要並びにグローバル市場を念頭に置いた長期ビジョンGD2010[3]

　オムロンの創業は，1933年に創業者立石一真が独自に開発したレントゲン写真撮影用タイマーを立石電機製作所として生産開始したことから始まった。設立は1948年のことである。現在，オムロンは，連結売上高6,085億円，単独売上高3,362億円，社員数はグループ全体で25,998名（本社4,754名，国内関係会社6,223名，海外関係会社1,502名[4]）を誇る多国籍企業としてグローバルな規模で活躍している。

　図6-1は，オムロンがGHRMシステム構築へ乗り出した1996年から今日までの売上高（単独，連結）の推移を示したものである。2001年に，連結

図6-1　オムロンの売上高推移　　　　　　　　　　　　　　　　　単位：億円

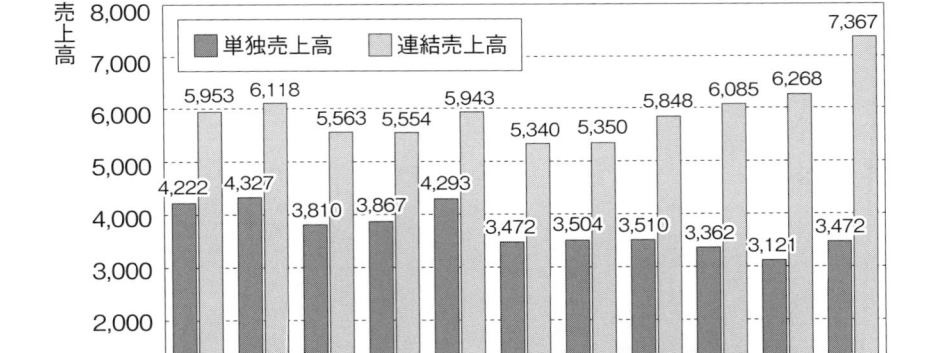

年度	単独売上高	連結売上高
1996	4,222	5,953
1997	4,327	6,118
1998	3,810	5,563
1999	3,867	5,554
2000	4,293	5,943
2001	3,472	5,340
2002	3,504	5,350
2003	3,510	5,848
2004	3,362	6,085
2005	3,121	6,268
2006	3,472	7,367

出所：オムロンフィナンシャル・ファクト・ブック（1999），有価証券報告書（第65期：平成13年度〜第70期：平成18年度）から筆者作成。

売上高5,340億円と大きく売上高が減少している。この大きな原因は，2000年以降のITバブルの崩壊に伴うIT関連産業の落ち込み，さらに9.11の米国同時多発テロの影響によりIT関連産業の回復が滞ったこと等に伴い，オムロンの主力事業であるインダストリアルオートメーションビジネス，エレクトロニクスコンポーネンツビジネスの売上高が大きく落ち込んだことにある。

このような売上高減少を背景に，オムロンでは創業以来初めて2002年に早期退職優遇措置等を実施し，利益の回復に努めた。その結果，2003年以降は除々に売上高を伸ばし，2004年には，6,085億円の売上高，過去最高益の営業利益514億円，ROE10.2％を達成した（オムロンのウェブサイト参照）。また，表6-2は，同じく1996年から2005年までの本社従業員数，国内，海外関係会社従業員数の推移を示したものである。

図6-2から，国内従業員数が年々減少していること，また国内，海外関係会社従業員数は増加していることがわかる。特に，海外従業員数の増加が著しいのは中国である。これは，オムロンが中国における事業展開に力を入れているためである。この点については後述していく。

図6-2　オムロンにおける従業員数の推移

年度	本社従業員数	国内，海外関係会社従業員数
1996	7,299	15,945
1997	7,154	16,894
1998	7,134	16,608
1999	6,558	18,253
2000	6,254	18,743
2001	6,020	19,104
2002	5,429	18,047
2003	5,084	19,240
2004	4,115	20,789
2005	4,754	21,244
2006	4,767	32,456

出所：オムロンのウェブサイト，有価証券報告書（第65期：平成13年度〜第70期：平成18年度）から筆者作成。

オムロンの海外事業拠点数は、2004年時点で、営業拠点はグローバルで68か所、生産拠点は24か所、研究開発拠点は5か所ある（表6-1参照）。オ

表6-1　海外事業拠点の概要

	北米エリア	欧州エリア	アジア・パシフィックエリア	中華経済圏
営業拠点	28か所	13か所	16か所	11か所
生産拠点	3か所	5か所	6か所	10か所
研究開発拠点	1か所	1か所	なし	3か所
その他	なし	2か所	なし	3か所

出所：オムロンの会社資料から筆者作成。

ムロンの事業は大別して4つのビジネスカンパニーから構成されている。それは、①インダストリアル・オートメーション（制御機器・FAシステム事業）、②ソーシアル・システムズ・ソリューション・アンド・サービス（公共・交通・セキュリティ事業）、③エレクトロニクス・コンポーネンツ（電子部品事業）、④オートモーティブ・エレクトロニック・コンポーネンツ（車載電装部品事業）である。

従来ビジネスカンパニーであったヘルスケア事業（血圧計、体温計等の製造・販売）は、オムロンの100パーセント子会社として2003年7月に分社化された。また、機器モジュール事業は、2004年10月に日立オムロンターミナルソリューションズ株式会社として分社化された。

図6-3は、オムロンの組織図を示したものである。①インダストリアル・オートメーション事業では、工場のためのオートメーション機器の製造を行っているが、現在は製造現場における生産性、品質の向上という経営課題に対するソリューションにも注力している。②の公共・交通・セキュリティ事業では、交通管理制システムといった社会インフラを支えるシステムを提供している。この2つの事業で、オムロンの売上の約62％を占めている（図6-4参照）。

③エレクトロニクス・コンポーネンツ事業では、ファクシミリ等の家電製品やモバイル機器に組み込まれる電子部品の製造を、④オートモーティブ・エレクトロニック・コンポーネンツ事業では、自動車に組み込まれるコント

第Ⅱ部　実証的考察

図6-3　オムロンの組織図

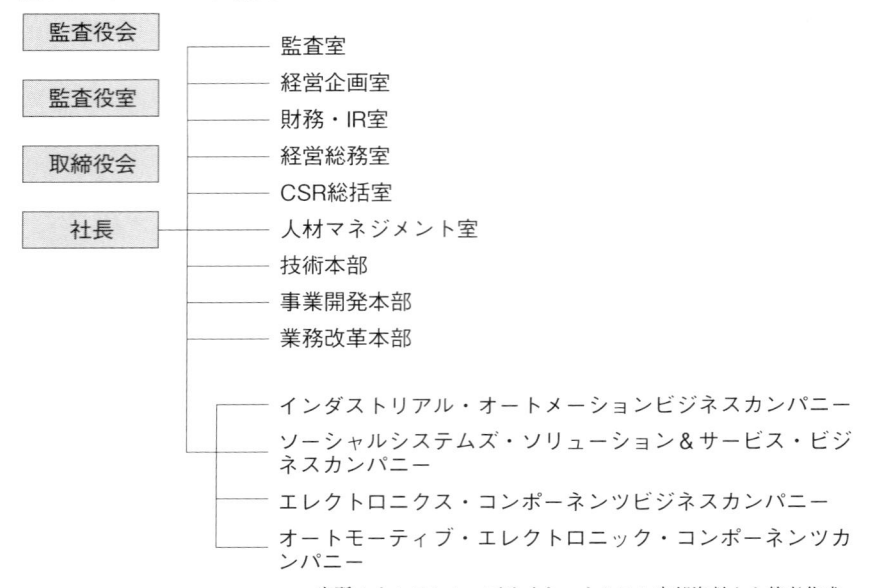

- 監査役会
- 監査役室
- 取締役会
- 社長
  - 監査室
  - 経営企画室
  - 財務・IR室
  - 経営総務室
  - CSR総括室
  - 人材マネジメント室
  - 技術本部
  - 事業開発本部
  - 業務改革本部
  - インダストリアル・オートメーションビジネスカンパニー
  - ソーシャルシステムズ・ソリューション＆サービス・ビジネスカンパニー
  - エレクトロニクス・コンポーネンツビジネスカンパニー
  - オートモーティブ・エレクトロニック・コンポーネンツカンパニー

出所：オムロンウェブサイト，オムロン内部資料から筆者作成。

図6-4　オムロングループ全体の売上高構成比

- 制御機器・FAシステム事業　39.1%
- 公共・交通・セキュリティ事業　23.4%
- 電子部品事業　15.2%
- 車載電装部品事業　10.0%
- 健康機器事業　8.0%
- その他　4.2%

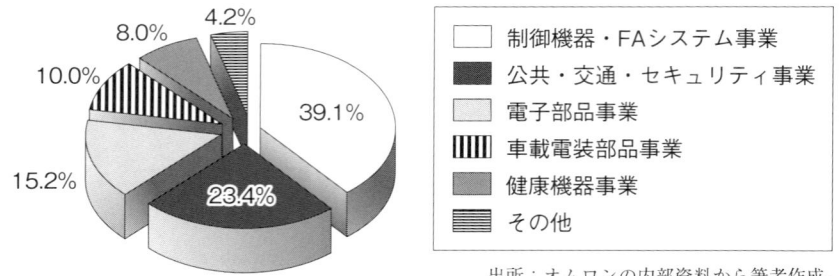

出所：オムロンの内部資料から筆者作成。

ローラーやセンサー・スイッチ等の製造を行っている。各カンパニー，またはグループ企業の主要な商品，事業についての概要は，表6-2に示してある通りである。

図6-4は，オムロングループ全体の売上高構成比を示したものである。地域別での売上高比率は，日本国内が60.1%，欧州15.2%，北米10.8%，アジア・

表6-2　オムロングループの主要な商品，事業に関する概略表

部門	商品・サービス
インダストリアルオートメーションサービス	センシング技術とコントロール技術をベースとしたものづくり支援の提供 ● 制御用リレー（リレー，タイマ，カウンタ等） ● 制御用スイッチ（リミットスイッチ，マイクロスイッチ，操作用スイッチ等） ● 制御専用機器（電子温度調節器，電源機器，レベル機器，保護機器，通報機器，省エネ機器等） ● シーケンス制御用システム機器（フィールドネットワーク機器，各種ソフトウェア等） ● モーションコントロール機器（インバータ，サーボシステム等） ● センサ機器（光電センサ，近接センサ，変位センサ，計測センサ，映像コンポ等） ● 検査装置（基板検査装置，シート検査装置等） ● セーフティ用機器（セーフティリレー，ドアスイッチ，セーフティコントローラ，エリアセンサ等）
エレクトロニクスコンポーネンツビジネス	業務，民生用機器に内蔵する制御コンポーネントや携帯電話等のモバイル機器に内蔵するコンポーネント及びモジュールの提供 ● スイッチ（マイクロスイッチ，タクタイルスイッチ等） ● リレー（一般電磁リレー，プリント基板搭載型リレー，通信機器用リレー等） ● アミューズメント機器用部品・ユニット（専用センサ，専用鍵，専用IC，ICコインシステム等） ● コネクタ，業務民生用センサ，複写機，プリンタ向け部品（トナーセンサ，顔認証ソフトコンポ等） ● モバイル機器搭載部品（携帯電話搭載バックライト・フラッシュ等）
オートモーティブエレクトロニックコンポーネンツビジネス	自動車メーカー，電装品メーカーに対し，各種センサ，伝送機器，コンポーネント等の設計開発，生産 ● 各種車載用リレー，キーレスエントリーシステム，電動パワーステアリングコントローラ等
ソーシャルシステムズビジネス	第3次産業や公共サービス分野に対し，安全性，快適性，利便性の面から顧客課題を解決するトータルソリューション及びセンシングモジュールの提供 ● 駅務・決済システム及びモジュール（自動券売機，自動改札機，クレジット・デビット決済端末等） ● 交通管理・道路管理システム（交通管制システム，道路情報提供システム，旅行時間計測システム等） ● 入退出管理システム，顔認証システム，カードリーダーライター等
ヘルスケアビジネス	健康医療機器，ホームメディカルケアの提供 ● 機器事業（電子血圧計，電子体温計，体重体組成計，電子歩数計，心電計，ネブライザ等） ● サービス事業（生活習慣改善プログラム，医療現場支援プログラム等）

出所：オムロンウェブサイト，平成16年度（第68期報告書）から筆者作成。

中国11.4%となっている。

近年，オムロンでは，中国での成長拡大を目指して，2007年度までに中国市場で1,500億円（2003年度の売上388億円の4倍）の売上を達成するという目標を掲げており，中国において本格的な事業展開に取り組み始めている。表6-3は海外従業員数の推移を示したものである。

表6-3　海外従業員数の推移

時期	本社従業員数	国内関係会社従業員数	海外従業員数	合計
1996年	7,299	na	na	7,299
1999年	6,568	7,842	9,097	23,507
2005年	4,754	6,223	15,021	25,998
2007年	5,494	6,630	21,700	33,824

出所：関西生産性本部の資料及びオムロンのウェブサイトから筆者作成。

表6-3では，本社従業員数，国内関係会社従業員数も併せて示した。時期の区分は，オムロンにおけるGHRMシステムの導入段階によって分けたものである。この表から，海外従業員数が増加していることがわかる。現在オムロングループの海外関係会社の従業員は15,000名程いるが，その内の8,000名は中国人となっている。また，オムロンの海外派遣者数は，グローバルな規模で230名程いるが，その内150名は中国へ派遣されている。派遣者数の多さからみても，オムロンが中国でのビジネス展開に注力しているのがわかる。[5]

以上，オムロンのビジネスの概要についてみてきた。1990年代以降，オムロンは，第3の創業とし，ニューオムロンが21世紀に向けてグローバルに大きく飛躍していく10年間と位置づけた長期ビジョン，ゴールデンナインティーズ構想（以下，G'90s構想）を掲げ，GHRMシステムの構築に乗り出した。G'90s構想は，21世紀に向けての事業展開を産業・社会・生活の3つの視点からとらえたものである。産業事業では，マイクロエレクトロニクス事業の核として，"グローバル化"と3C（コンピュータ，コミュニケーション，コントロール）の3つの技術を融合して，コンポーネントで世界No.1，システ

ムで業界No.1を追求すること,社会事業では,サービスクリエーション事業の積極的な展開,生活事業では,ヒューマンルネッサンス事業の開発・創造に取り組むということが明示された。

そして,現在,G'90s構想の第2ステップとして,グランドデザイン2010（以下,GD2010）という長期ビジョンを掲げ,2010年までにROE10％以上を維持し,成長していくために,各カンパニーを主体とした最適経営を行うことが目指されている。GD2010は,企業価値の長期的な最大化を目標に,経営・事業・個人のそれぞれが価値の最大化に向けて自律的に改革し,強い企業体質を実現していくことが,経営目標として掲げられている。その1つの指標として,ROE10％以上の維持ということが目標に掲げられている理由は,それがグローバルベースの競争に参画するための1つの基準となり,資本市場を有効に活用しながら事業を継続するためのベースラインであるととらえられているからである。2010年に確実にROE10％以上を維持するために,オムロンでは,分社化を加速し,持ち株会社へ移行することによって,各カンパニーが最強の事業を目指し,成長することを戦略的課題としてあげている。また,2005年にROE10％を達成することが中期目標として掲げられている。

以下では,オムロンにおけるGHRMシステムへの改革がどのように行われたのかという背景,改革プロセス並びに現状について考察していく。

2. オムロンにおけるGHRMシステムへの改革

2-1. GHRMシステムへの改革が行われた背景

オムロンにおいてGHRMシステムへの改革が着手されたのは1996年のことである。GHRMシステムへの改革が行われた背景には,本社の人事部がHRMプロジェクトを作り,全世界の社員に対して,昇格,給与などのHRMシステムに関する風土調査を行ったことにある。そもそも,HRMプロジェクトを設置した契機は,1990年代に入ってから,海外従業員数が3,000名から9,000名へと増加する中で,人事に関連する問題が指摘されるようになったためであった。例えば,中国では4つの工場におけるHRMシステム

がバラバラであり，海外子会社間で給与等のばらつきが出てきたという問題があった。

　風土調査から明らかになったことは，「個人業績を評価する尺度が明確でない」，「各自の業績が給与・処遇に反映されていない」，「業績にもとづく処遇体系が望ましい」という批判的な声が圧倒的に多かったということであった（古沢，2003，p.287）。特に，中国を含むアジアにおいては，有能な人材が流出するという深刻な状況に直面していた。この原因について，増田元執行役員副社長は，「日本の終身雇用や年功序列を念頭に，日本のシステムを海外に持ち込み，HCNsはずっと会社に勤め続けるものと最初から思い込んでいたことに問題があるのではないか。これは，もうHRMのあり方をグローバルな視点から見直すしかない」と述べたという（古沢，2003，p.286）。

　このような背景から，グローバルな規模でHRMシステムを標準化する必要性が日本本社にて認識されるようになり，将来的なグローバル政策の中で，日本本社が中心となって，グローバル経営を展開するために，GHRMシステムへの改革が目指された。オムロンの掲げるGHRMシステムには次のような特徴がある。

2-2. GHRMシステムの概要

(1) GHRMシステムの目的

　オムロンの掲げるGHRMシステム改革には次のような3つの目的があった。第1に，"Entrench Omron values"，第2に，"Introduce a globally consistent HRM system"，第3に，"Attract, keep, and motivate key persons"である。第1の目的は，オムロンの価値をゆるぎないものにするということを指す。第2は，国内，海外，業界を問わず，同じ考え方のHRMシステムを取り入れるということを意味している。第3の目的は，優秀な人材の採用と確保である。これらの目的を具体的にHRMシステム改革へ反映させるために，社憲，経営理念にもとづいた事業活動を行うための実践的な行動指針となるオムロンウェイが策定された。

（2）オムロンウェイの策定

オムロンウェイを策定するねらいは，オムロンの価値観・行動指針を明確にして，オムロン全グループの社員の間で共有化することにより，これからオムロンが目指していく方向に合致する行動，思考を社員に促すことにある。行動指針は8つから構成されている。

①良き市民：Social responsibility
②個人と社会の尊重：Respect for the individual and society
③顧客満足の最大化：Maximum customer satisfaction
④優れた成果の追求：Pursuit of excellence
⑤自己責任：Commitment
⑥創造とチャレンジ：Creativity and challenge
⑦チームワーク：Teamwork
⑧プロとしての自己成長：Professional growth

これらのオムロンウェイでは，自分の成長と会社の成長をリンクさせており，グローバル人事体系ガイドラインの基本となる価値観となっている。全社員にオムロンウェイを認知してもらうため，中国語，英語，フランス語，イタリア語に翻訳され，パンフレットとして全世界の従業員に配布された（古沢，2003，p.288）。

（3）グローバル人事体系ガイドライン

実際に先述してきた理念を運用するために，オムロンでは，ガイドラインの中核概念として次の2つを設けている。1つはアカウンタビリティの明確化であり，もう1つは，能力基準（オムロンコンピテンシー）の明確化である。これら2つの指標によって，客観性，納得性のある評価の追求，業績・能力に応じた処遇を行うことが目指された（図6-5参照）。

アカウンタビリティは，企業及び個人に何が求められているのかを戦略からブレークダウンして特定化される。そのため，社員1人1人に求められる成果責任は明確となり，それを達成することによって，個人・部門目標を達

第Ⅱ部　実証的考察

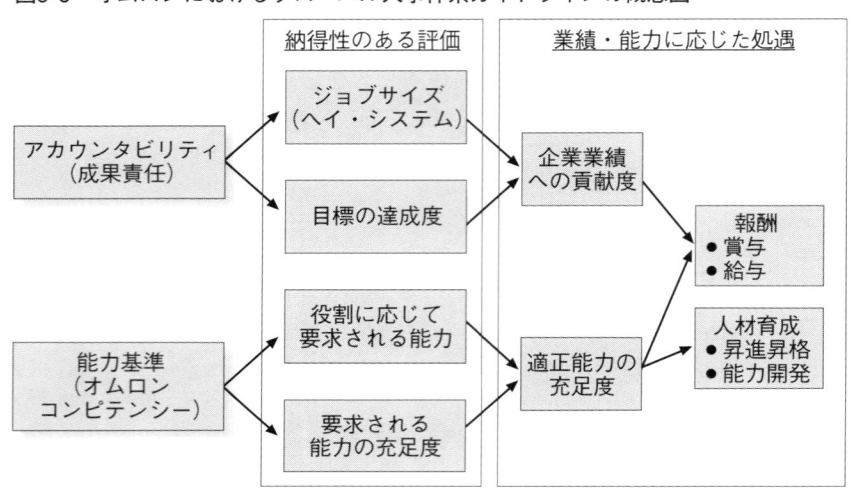

図6-5　オムロンにおけるグローバル人事体系ガイドラインの概念図

```
        納得性のある評価          業績・能力に応じた処遇
                ┌─ ジョブサイズ ─┐
                │ (ヘイ・システム) │
                │                │   ┌─ 企業業績  ─┐
アカウンタビリティ┤                ├──→│ への貢献度 │──┐
 (成果責任)     │                │   └────────┘  │   ┌─ 報酬 ─┐
                └─ 目標の達成度 ─┘                 ├──→│ ●賞与  │
                                                  │   │ ●給与  │
                                                  │   └──────┘
                ┌─ 役割に応じて ─┐                │   ┌─ 人材育成 ─┐
                │ 要求される能力 │   ┌─ 適正能力の ─┐ │   │ ●昇進昇格  │
能力基準       ┤                ├──→│   充足度   │─┘→ │ ●能力開発  │
(オムロン      │                │   └──────────┘     └────────┘
 コンピテンシー)└─ 要求される   ─┘
                  能力の充足度
```

出所：関西生産性本部（1999），古沢（2003，p.289）から，筆者が作成。

成し，最終的に企業戦略の実行へ繋がると考えられていた。また，オムロンコンピテンシーは，どのような行動を採ることによって，目標達成へと繋がるのかということを示すオムロンウェイにもとづく行動基準であり，次の5項目から構成されている。

①Integrity：
　どのような状況下においても，強い信念と明確な倫理観・目的意識にもとづき，意欲的かつ終始一貫した考え方・行動を採り，決して人を裏切らない姿勢。
②Customer-oriented：
　広い視野で価値観の異なる他者（顧客）の理解に努め，顧客のニーズの把握とその高次での実現を常に念頭に置いた行動を採る姿勢。
③Commitment and self-development：
　自らの立場やなすべきことを十分に理解し，その役割を全うすべく能力を最大限に発揮し，より高いレベルでの目標達成に向け自らを高めていく姿勢。

④Challenge：
　常に高い目標を掲げ，素早い意思決定と環境変化への迅速な対応で，より高い成果のいち早い実現へ向け果敢に挑戦する姿勢。
⑤Teamwork：
　会社・組織のビジョンの実現に向け，自らの役割遂行だけでなく，他者と積極的に連携・協力していく姿勢。

(4) 評価制度ガイドライン

　業績評価ツールとしては，目標管理制度（MBO：Management by Objectives）が採用された。それは，海外，国内を問わず，人材の流動化を行えるような評価基準を作成することが念頭に置かれたためである。また，能力評価ツールとしては，上述したコンピテンシーの内容が検討された。

(5) 報酬ガイドライン

　市場競争力に照らして報酬水準は決定され，基本給は職務等級ベースで設計された。昇給は，各従業員の職務等級内の給与レンジ幅における位置づけと業績評価を反映した体系を採り，ボーナスは業績評価ベースで行われる。

　以上のグローバル人事体系ガイドラインは，日本本社の人事企画部門が整備しているが，このガイドラインを導入，展開するのは（将来的には）各現地法人の社長，人事担当者の役割となる。そのため，ガイドラインの運用については各現地法人の事情や方針を考慮し，彼らの判断に任せることにしている。そして，グローバル人事体系ガイドラインをグローバルに導入・運用していく方法として，本社は次のような役割を担っている。
　第1に，HRMシステムの基本諸ツールの開発である。これは，役割等級（職務等級）の設定基準，コンピテンシー内容評価ツールについて，全社的な共通性，一貫性を持たせるために，本社が統一的な基準を策定し，GHRMシステムを構築することである。第2に，海外子会社の人事担当者のノウハウ，スキルの強化である。これは，ガイドラインに沿って，海外子会社でさまざまなHRMプラクティスを展開するために，担当する人事担当者の人材スキ

ルやノウハウを高めるとともに，情報交換の場としてグローバルなHRミーティングやグローバルフォーラムを定期的に開催するということである。

第3に，人材育成プログラムの開発である。人材に関するマネジメントトレーニングやMBOに関するトレーニング等，世界的に共通性のある分野については日本本社が一元管理を行うことが想定された。第4は，コア人材に対する中長期インセンティブ制度のメニューの開発である。これは，海外子会社の責任者，グローバルに活躍しうる専門職の人材に関して，中長期のインセンティブ制度を構築し，グローバル人材を育成することが目指された（日本労働研究機構ウェブサイト，関西生産性本部資料）。

2-3．GHRMシステムの導入とその改革プロセス

では，実際，オムロンにおいてどのようにGHRMシステムの導入が行われたのだろうか。オムロンにおけるGHRMシステムの導入とその改革は大別して次の3つの時期に分けることができる。第1は，1996年の年俸制の導入期である。第2は，1999年から2004年までの役割等級制度[7]の導入期である。第3は，2005年以降の現在のHRMシステムへの修正時期である（表6-4参照）。

表6-4　オムロンにおけるGHRMシステムへの改革の概略

時期／段階	HRMシステム改革の概略
第1段階： 1996年～1999年	● 部長クラスを対象に年俸制の導入（1996年） ● 課長クラスを対象に年俸制の導入（1997年） ● カンパニー制への移行（1999年）
第2段階： 1999年～2004年	● 管理職以上を対象に役割等級制度の導入・ジョブサイズの測定（1999年） ● MBOと役割の概念のマッチングを図る ● 業績評価，能力評価に基づく客観性・納得性のある評価の実現
第3段階： 2005年以降	● カンパニーを重視した企業戦略の変更に伴い，それに適したHRMシステムへと再修正 ● 本社，国内関係会社間の管理職以上のグレードの読み替え

出所：筆者作成。

(1) 第1段階：年俸制導入期（1996年〜1999年）

オムロンでは，年俸制の導入を図る以前は職能資格制度をベースとした賃金体系を採用していた。職能資格制度は，1989年に導入されたものであり，年俸制の導入に至るまで，7年しか経っていない。なぜ，年俸制の導入へと踏み切ったのかというと，先述したようなグローバルな規模でオムロンが活用している日本的HRMシステムの弊害への対処であり，職能資格制度自体が抱える問題であった。職能資格制度の導入にあたり，当初は，年齢とともに加算されていく年齢給を3割，資格にもとづく資格給を7割と考えていたが，実際のところは毎年加算される本人給（年齢給，勤続給）のウェイトが6割程度あったという。まさに，年功的な賃金体系そのものであったといえる。また，職務遂行能力は年々蓄積され向上していくと考えられているので，降格するという概念は考慮されていない。

このような問題を払拭する目的で，1996年にまず部長クラスを対象に，1997年には課長クラスへその対象を拡げるという形で年俸制の導入が段階的に行われた。この点について，当時一連のHRMシステム改革の指揮を執っていた宮崎氏は次のように述べた。

> 「従来では，去年の金額にいくら上積みをするのか，という方法で給与を決定していましたが，この方法では年功的な要素を払拭することができません。職能資格制度は非常に美しい制度ではあるが，降格という概念がないんです。そのため，今回のHRMシステム改革では，年功的な要素を払拭しようという意図を持って，毎年加算されていく本人給を全部資格給へ一本化しました。また，賞与も企業業績，個人業績を反映させていくようにしました。こうすることで給与は上がっていくという考え方を根本的に取り除こうとしたのです」

HRMシステム改革の第1段階では，毎年加算されていく本人給を全部職能資格給のみにし，諸手当の削減が図られた。しかし，職能資格給への一本化によって若い人材の給与は上がり，年齢給の高い人材の給与は下がるという現象が起きることになる。これは，年功賃金が，若い頃は低く抑えられ，

第Ⅱ部　実証的考察

50代でピークとなり，それ以降は徐々に下がる賃金カーブが設定されているが，年齢や勤続年数による加算分を削減することにより，賃金カーブが是正されるためである。

　そこで，オムロンでは，このような現象に対して，3年間だけ月俸は保障するが，賞与で下がる部分は保障しないという方針を採った。また，役割評価を用いることによって，評価によって上がることも，下がることもあるということを明確にし，企業業績，個人業績を反映した賞与を取り入れることにより，年功的な要素，考え方の払拭に取り組んだのである。しかし，評価は基本的に部門単位で行われるため，部門によって，厳しい評価を行う部門，甘い評価を行う部門というようなばらつきが生じることとなり，評価において公平性を担保することが難しくなった。この結果について，宮崎氏は次のようなコメントをしている。

　「役割をベースとして評価を行おうとしましたが，役割と設定した目標の高さがどれだけリンクしているのか，という点については疑問がありました。従来のMBOでは，人材の育成ということに重点を置いてきました。そのため，極端な話，目標がマイナスでも人事考課がプラスになる人，また，目標を達成しても人事考課がマイナスになる人がいました。それは能力のある人材には，彼だからできるだろうという期待を持って難しい仕事を与えるからです。また，平均的な能力の人材には通常の目標が与えられる。

　このように，MBOの目標設定がきちんとなされず評価が行われてきた，というのがこれまでの実情でした。このようなことが行われてきた根本的な理由は，設定される目標がきちんと測定されていなかったからであると感じています。そのため，アカウンタビリティという考え方をベースとする人事系コンサルティング・ファームのヘイ・グループの考え方は，私どもが抱えている課題を克服するための有効な手段であると判断しました」

　以上の宮崎氏のコメントからも明らかなように，役割と設定している目標

の高さにおいて整合性が保たれていなかったため，評価，給与における公平性を担保することができなかった。このような評価のばらつきを改善するために，第2段階へ移行する際には，ヘイ・グループへ依頼し，1998年から約1年間かけてオムロン内部の職務の評価を行ったのである。

(2) 第2段階：役割等級制度の導入（1999年〜2004年）

　役割等級制度の導入が行われたのは1999年の4月のことである。役割等級制度では，1998年に行われたオムロン内部の職務評価にもとづいて，ジョブサイズが測定された。ジョブサイズは，ヘイ・グループが提供している手法に則り，ノウハウ，問題解決，アカウンタビリティという3つの視点から，各職務の相対的重要性を特定化し，決定された。このジョブサイズにもとづき役割等級が設定された。

　しかし，これまで運用してきた職能資格制度を廃止し，役割給のみの評価にするというのはあまりにもインパクトが大きいということから，月俸は資格給50％，役割給50％という形で設計された。但し，賞与のベースは役割給で行うこととした。つまり，年俸制では，年収の約3分の2は役割給で決まるという形を採り，資格を持つ意味の希薄化が目指された。

　また，第1段階における評価のばらつきを解決する仕組みとして，MBOと役割の概念のマッチングが図られた。具体的には，役割記述書（職務記述書）が作成され，そこでは，成果を出すために，また会社に貢献するためにどのような職務行動が必要なのかということが示された。また，目標は上司と部下との話し合いによって設定され，どこまで達成すればプラスと評価するのかといった業績評価についても話し合いによって決定されるようになった。

　図6-5で示されている納得性のある評価は，業績評価と能力評価によって行われるようになった。業績評価については，上述した通りであるが，能力評価は，オムロンコンピテンシーと職務遂行上のスキル（経営管理能力，問題解決能力等）が階層別・職種別に明確化された。それは，設定した目標を達成できたか，できなかったかということを能力評価においてスキル，コンピテンシーと照らし合わせることによって，より具体的なフィードバックを行うためであった。

また，業績・能力に応じた処遇では，会社業績への貢献度は，ジョブサイズと目標の達成度から評価され，賞与や給与に反映される。また図6-5に示されている適正能力の充足度は，オムロンコンピテンシーと職務遂行上のスキルから設定される各職務の適正能力基準の充足度として把握され，昇進・昇格等に反映された（古沢，2003，p.291）。

　このように，1999年以降，オムロンでは役割等級制度が導入され，基本給，賞与，昇給といった処遇はそれにもとづいて行われるようになった。しかし，1999年の段階では，当初，GHRMシステムを構築する際に掲げられていた，完全な役割等級への移行ではなく，従業員へのインパクトを考慮し，職能資格制度との併用という形でGHRMシステムへの改革が行われた。将来的に，職能資格制度を廃止し，役割等級制度へ完全移行するはずであったが，上述してきたGHRMシステムは，組織変革（カンパニー制への移行）を受けて，修正が図られることとなった。

(3) 第3段階：GHRMシステムの修正（2005年〜）

　GD2010の長期ビジョンにもとづき，現在では，各カンパニーを主体とした最適経営を行うことが重視されている。そのため，本社は主に資金管理の役割を担っており，基本的に各カンパニーが経営資源の振り分け，戦略等の決定を行う形になっている。カンパニー制を重視する最たる理由は，各カンパニーの事業戦略の違いにある。つまり，各カンパニーによって，顧客，ニーズ，戦略，競争環境，経営課題等が異なるため，本社が中心となって，グループの戦略を決定するというやり方では，もはや競争優位を構築することが困難と判断されたためである。従来は，本社が中心となって戦略を策定してきたが，現在，本社は，全社管理統制機能，そして各カンパニーのサポート機能として位置づけられている。

　そのため，GHRMシステム改革が目指された当初の目標であるグローバルな規模でHRMシステムの標準化を図っていくという方向性は，現在修正されている。国内の関係会社のHRMシステムは，オムロン本社のGHRMシステムを参考に，それを展開していくという方法が採られている。しかし，関係会社によって業種，業界が異なるため，無理に，本社と同様のGHRM

システムを活用させるということはしていないという。

そこで，オムロンでは，GD2010の長期ビジョンにおいてオムロンがどうあるべきか，またオムロンはどのような会社でありたいのか，顧客にどのような価値を提供するのかといった企業理念を重視し，それをグローバルな規模で共有し，オムロングループの統合を図ろうと試みている。

現在のオムロン本社のGHRMシステムであるが，管理職以上は役割等級制度をベースとしており，賞与は100％役割で評価されるようになっている。しかし，資格給が3割程度支給される形となっている。つまり，第2段階と同様，役割等級制度と職能資格制度が併用されているのである。なぜ，役割等級制度の一元化を行わないのかというと，部署間での人材異動を行った場合，役割等級が落ち，年収にして100万円程度の落差が出てしまうという状況がうまれるためである。このような落差が発生してもモラルが低下しないよう，オムロンでは資格制度を併用している。つまり，参与という資格を持っていれば，たとえ部署が変わったとしても，資格給の部分で年収の30％近くを補填することができるとともに，課長相当の役割に下がったとしても部長相当職で参与という資格は保持できるということである。このように，職能資格制度を併用する大きな目的は，変動緩和を行い，従業員のモチベーションを維持することにあるという。

しかし，管理職以上はこれまで蓄積してきた能力を発揮する段階として考えられているため，これまで蓄積してきた職務遂行能力を高めて，発揮しなければ，昇格，昇給することはないということは強調されている。このように，役割等級制度と職能資格制度という異なるHRMシステムを併用することについて中道氏は次のように述べている。

「本質的に資格制度は職務遂行能力（潜在能力）を評価しており，それを給与に反映させる形にしています。また，役割等級は，顕在能力を評価し，それを成果給や役割給に反映させています。このように，職能資格制度と役割等級制度という全く異なるHRMシステムを1つの制度として現在では運用しています。しかし，異なる制度を組み合わせたことによって，矛盾というよりも，日本的な成果主義としてうまく機能し

ていると考えています。特に，管理職では，自動昇進は行われず，能力を発揮して初めて昇進が行われるという形になっていますので，成果を意識した行動を常に採るように促しております。」

　GHRMシステムへの改革の修正を受け，海外子会社のHRMシステムは，本社と同様のHRMシステムを運用するのではなく，現地に任せるという方針へ変わっている。それは，事業とHRMシステムとのマッチングを図るということがオムロンにおいて重視されているからである。この点について中道氏は次のように述べている。

「GHRMシステムの構築を進めていた当時は，事業は事業，人事は人事というようにそれぞれ別物としてとらえていた傾向があり，事業と人事とのマッチングは図れていなかったのではないかと感じています。当初は，グローバルな規模で統一化していくという方向で進めてきましたが，このような考え方では，各国の事業環境や戦略といったものはほとんど考慮されていません。そのため，日本人が作ったHRMシステムを導入し，HCNsを管理しようとしてもうまく機能しないのではないかと考えています。現地の経営スタイルを理解し，取り入れるということは，現地子会社を信頼して任せるということですので，経営の現地化を促進することにも繋がります。」

　以上の中道氏のコメントから，GHRMシステムの構築が目指されていた1999年頃は，事業戦略よりもHRMシステム改革ありきという形で進められてきた側面が強かったように窺える。GHRMシステムの構築への流れとは反対に，国内，海外問わず，HRMシステムの運用を国内，海外関係会社に任せている理由は，グローバル人材を新たに育成するニーズがオムロングループにおいて現段階では少ないということが明らかとなってきたことも１つの要因である。中道氏は次のように説明している。

「ヨーロッパ国内で人材を異動することはあっても，ヨーロッパの人

材をアジアの海外子会社社長に就任させるということや，中国採用の人材を海外へ異動するというニーズは，現段階ではレアケースとなっています。そのため，グローバル人材を新たに採用・活用していくというよりは，現在在籍している人材をグローバルに起用するための流動化をどのように進めていくかということが最大の課題なのです。」

そこでオムロンでは，人材の流動化を促進するための試みとして次のような3つの点に取り組んでいる。

第1は，各社によって本人給，役割給の比率はバラバラとなっているが，管理職以上を対象に各関係会社においても役割等級制度が導入されているため，管理職以上の場合は，どのグレードに位置づけられているのかということを読み替えられるようにしている。現在では中国でも読み替えができるよう検討を開始している。中国でも管理職以上のグレードの読み替えができるようになれば，アメリカやヨーロッパ等においても今後同様の試みをしていく予定であるという。

第2に，管理職の昇格基準の統一化である。これは，国内関係会社のみで行う方向で検討されている。現在オムロンでは，GD2010の長期目標において，国内，海外同様にビジネスリーダーと高度専門職人材を育成することを目標に掲げている。ビジネスリーダーとは管理能力を保有する人材（管理職）であり，高度専門職人材は，特定の分野における専門能力を保有する人材を指す。

これまで，オムロンでは，Human Assessmentという管理職昇格基準をクリアしないと管理職になれないシステムを採用してきた。専門職についても，管理職に就いている人材の中から選別される仕組みとなっていた。しかし，果たして専門職に就く人材にも管理能力を求める必要があるのかという議論から，専門職人材については，保有する専門能力によって昇格させ，管理職と同様の処遇を行う仕組みへと修正している。このような修正によって，より適格にビジネスリーダーと高度専門職人材を育成し，流動化を図れるような取り組みがなされている。

第3に人材登録検索システムの構築である。必要な人材のスキル，役割等級等が一目でわかるようなデータベースをグローバルな規模で構築すること

によって，即座に必要な人材を特定化することができるシステムを現在構築している。

このように，さまざまな取り組みを行い，グループとしての緩やかな統合を図り，人材の流動化を促進していこうというのが現在のオムロンのねらいである。しかし，一方で，カンパニーによって異なる処遇（賞与は各カンパニーの業績によって決定）がなされてしまうという社員からの意見も出始めているという。このような課題に対しては，評価制度を一部修正しながら対応している。また，現在，コンピテンシーは，態度要件，態度評価に用いられており，特に，専門職の中の営業についてはコンピテンシー評価を用いて専門性を把握するという形で活用されているが，海外子会社への導入は，今のところ進められていない。

このように，現段階では，第2段階で行われたGHRMシステムの構築という理念先行型の改革ではなく，各カンパニーのビジネス環境を踏まえた実務的な観点からHRMシステムの運用が行われている。

3. 考察結果

3-1. ケーススタディの考察結果と発見事実

以上，オムロンにおけるGHRMシステムへの改革プロセス及びその現状について考察してきた。もちろんこれまでに紹介してきた本ケーススタディの内容は，インタビュー調査当時のものであり，現在は新たな取り組みがなされていることが想定される。オムロンにおいても，導入プロセスに沿った形でGHRMシステムへの改革が行われた。しかし，本章で取り上げたオムロンでは，GHRMシステムの構築に乗り出したが，組織変革を受け，GHRMシステムの修正が図られた。本書では，グローバル経営の遂行という観点から，GHRMシステムの構築はグローバル企業にとって必要条件であると述べてきた。しかし，オムロンのケーススタディはわれわれが主張してきた議論と異なる状況を呈している。オムロンのケーススタディから，GHRMシステムの導入プロセスの背景にある鍵となる要因（発見事実）に

ついて以下論じていくことにする。

　第1は，MNCsの発展段階及び志向する国際戦略とGHRMシステムとの整合性の検討である。上述してきたように，オムロンでは，1990年代以降，海外従業員数の増加，及び海外市場でのビジネス展開の比重の高まりに伴い，海外子会社で活用してきた日本的HRMシステムが抱える問題点，すなわち，個人業績を評価する明確な基準や各自の業績が給与・処遇に反映されないという問題点があった。さらに，G'90s構想の下，グローバル市場でのさらなる飛躍が目指され，これらの要因から，オムロンは，本社—海外子会社間でのGHRMシステムの標準化を目指し，GHRMシステムの構築に乗り出した。G'90s構想の第2ステップであるGD2010という長期ビジョンの下では，各カンパニーを主体とした最適経営を行うことが目指された。カンパニー制への移行が行われた90年代，オムロンではHRMシステムを標準化するという方向性は変わっていなかった。しかし，カンパニー制を重視した経営を行っていく中で，各カンパニーによって，戦略や対象とする顧客，市場等が異なり，当初想定されていたHRMシステムを標準化していくことのメリットが希薄化したことから，役割等級制度への一本化，ひいては本社—海外子会社間でのGHRMシステムの標準化という方向性は見直され，職能資格制度との併用という形を採ることとなった。GHRMシステムの修正は，オムロンがビジネスを展開する上での実務的観点から行われたといえる。

　では，実務的な観点からのGHRMシステムの修正はどのように解釈することができるのだろうか。IHRMの先行研究，特に戦略類型論的視角に立った場合，MNCsの志向する戦略とIHRMとの関係性が重視され，国際戦略に応じて求められるIHRMのあり方も異なるととらえられる。オムロンでは，当初本社が主導して，グループ全体の戦略を策定してきたが，各カンパニーに戦略の立案・実行を委ねるという組織変革を受け，各カンパニーの国際戦略に適したIHRMを実行するという方向性へと変わった。ケーススタディでも述べてきたように，オムロンでは，各カンパニーや国内，海外関係会社の現地環境を重視したマネジメントを展開しようとしている。MNCsの戦略類型を踏まえると，各国の現地環境を重視したマネジメントを行うという意味で，オムロンの戦略は，マルチナショナル戦略（Bartlett and Ghoshal, 1992），

またはマルチドメスティック戦略（Porter, 1980, 1986）にあたると想定される。とすると，各カンパニーに応じた複数のHRMシステムを採用するという方向性は，戦略類型論的視角にもとづく研究の見解と一致する。しかし，各カンパニー及び関係会社の状況を踏まえてマネジメントを展開するということは，国内，海外関係会社間において，統一性のないHRMシステムがグループ内で複数活用されることを意味する。この状況に対し，オムロンでは，企業理念（オムロンウェイ）によるグループとしての緩やかな統合を図ることが目指されている。確かに，経営理念は，先行研究において，グローバルなビジネス展開を行う上でのグローバル接着剤（e.g., Bartlett and Ghoshal, 1992）としての役割を果たすことが指摘されている。本国で大切に醸成されてきた企業理念や価値観は，そのコンテクストから乖離すればするほど，その意味を伝達することが難しくなると考えられる。そのためオムロンでは，海外の従業員に自社の企業理念や価値観への共鳴を促す取り組みをしている。しかし，企業理念による従業員の統合は，HRMシステムが抱える問題点を払拭してはくれない。評価の公平性・客観性を担保すること，ひいては経営現地化問題の解決には至らないと考えられる。

　MNCsの戦略とIHRMとの整合性という問題を考えた場合，オムロンは，グローバル市場でのビジネス展開を目指していたが，海外子会社を含めたマネジメントはマルチドメスティックな観点から行われており，マネジメントの実態とオムロンが目指したGHRMシステムへの改革の方向性が合致していなかった，すなわち，改革当時のオムロンのビジネスは，発展段階論的視角でいうところのグローバル化段階に至っていなかったと解釈することができる。これは，オムロンのケーススタディで紹介した「グローバルな規模での人材異動の機会は2005年時点でほとんどみあたらない」，という中道氏の発言からも推察することができる。

　他方，武田薬品の場合，カンパニー制を採用しているが，標準化されたGHRMシステムを活用するという方向に向けた取り組みが展開されている。これは，武田薬品が，グローバル競争の圧力の下，グローバル市場でのさらなるプレゼンスの拡大，及びグローバル市場でのビジネス展開という点に生き残りをかけ，グローバル経営の遂行に強く拘った結果とみなすことがで

きる[10]。したがって，オムロンにおけるGHRMシステムの修正という状況は，MNCsの発展段階とIHRMとの関係性という観点から，グローバル化段階（グローバル経営の遂行）にまだ至っていない結果として解釈することができるだろう。

　第2は，日本企業における理念先行型によるGHRMシステムへの改革の着手の可能性である。GHRMシステム改革の検討課題として，われわれは第4章で，GHRMシステムの導入・運用に関する課題を指摘した。GHRMシステムを実行し，運用していくためには，GHRMシステム自体への適切な理解及びその導入を図ることが重要となる。しかし，導入自体の問題もさることながら，理念先行によるGHRMシステムへの改革は，実際に志向する戦略との不整合を引き起こし，GHRMシステムの導入・運用を困難にしている可能性がある。

　1990年代はGHRMシステム改革がある種のブームとなっていたということは既述した。企業が志向する国際戦略及びマネジメントの実態が十分に検討されることなく，GHRMシステムへの改革に着手した日本企業は少なくなかったのかもしれない。企業にうまく定着しない，運用できないという場合，各社の追求する国際戦略とGHRMシステムとの整合性が十分に考慮されていない，GHRMシステムを活用する企業の発展段階が適合していない，さらにはGHRMシステム改革を断行するトップ・マネジメントあるいは人事部のリーダーシップが欠如していた等のケースもあるのではないかと考えられる。そのため，グローバル経営の遂行を目指し，GHRMシステムへの改革に着手した企業では，本社―海外子会社間，海外子会社間での人材，それに伴う知識・技術の移転におけるインフラストラクチャーとしての機能や，それに伴う多様なバックグラウンドを持つ人材のマネジメントを可能とすると考えられるGHRMシステムの本来の役割，意義を実感する機会を持てず，ある種のジレンマに陥っているのかもしれない。

　国際戦略との整合性が十分に図られていない中で，理念先行型のGHRMシステムへの改革を行う弊害は，コンサルティング・ファームを活用し，適切な導入プロセスを経て，うまくGHRMシステムを導入できたとしてもそのGHRMシステムを運用する意味，意義が希薄化する可能性があるこ

と，またGHRMシステムが機能しない可能性があることである。その場合，GHRMシステムはシステムとして導入されているが，使いこなせない，または使いこなす必要がないことから，結局は従来のHRMシステムと同様に年功的運用がなされてしまう危険性がある。

オムロンがグローバル化段階へと発展し，グローバル経営が実際的な課題となってきた際に，オムロンに残された課題として次の点を指摘することができるだろう。第1は，HRMシステムとして保持すべき透明性の問題である。オムロンにおけるGHRMシステムの修正という状況は，実務的観点から行われ，結果として，役割等級制度と職能資格制度との併用という形が採られている。しかし，オムロンでは人材異動による処遇格差等を鑑みて資格給が取り入れられているため，なぜこのような処遇が行われるのかということを明示化することが困難となる。したがって，GHRMシステムの構築が目指された当初のオムロンが抱えていた問題点を払拭できたとはいえない状況にあると考えられる。

第2は，評価の公平性をグローバルな規模でどのように図るのかということである。オムロン本社と国内関係会社間で管理職昇格基準は統一化されているが，役割等級制度のグレードは各社によって異なり，本人給，役割給の比率も異なっている。さらに，職能資格制度を廃止しているカンパニーもある。加えて，海外子会社のHRMシステムも各国ごとに異なっている。つまり，これは，年功的な処遇を受けている従業員もいれば，成果にもとづいた処遇を受けている従業員もいるということを意味している。このような現状を踏まえて，オムロンでは，海外子会社の管理職以上も含めて評価の読み替えによって対応しようとしているが，そもそも異なるHRMシステムによって評価が行われているため，評価の読み替えを行ったとしても，評価の客観性・公平性が担保されているとはいえず，それらをどのように担保するかは将来へと引き継がれる重要な課題となろう。

以上，オムロンのケーススタディからのインプリケーション及びオムロンの抱える課題について考察してきた。では，次に，武田薬品及びオムロンの2社のケーススタディからの発見事実について考察していこう。

3-2. 武田薬品工業並びにオムロン2社のケーススタディからの発見事実

　GHRMシステムは，職務等級制度及びコンピテンシーマネジメントから構成されている。日本企業におけるHRMシステム改革を扱う研究の多くは，これらHRMシステムに着目し，議論が展開されてきた。しかし，グローバル企業での実際の活用やGHRMシステムの本来の役割，意義を考えた場合，HRMシステム自体の議論を展開することは意味をなさない。明らかにしなければならないことは，これらのHRMシステムが担保する客観性，公平性，グローバルな適用可能性といった要素が，グローバル市場を目指す日本企業のHRMシステムに"どれほど担保されているのか"ということにあるとわれわれは考えている。したがって，本項では，2社のケーススタディの考察を踏まえて，GHRMシステムを構成するHRMシステム自体の議論を超え，グローバル企業で活用されるGHRMシステムのあり方を規定する要因とは何かという視点から発見事実を明らかにする。

　第1は，GHRMシステムのあり方に影響を及ぼすと考えられるMNCsの戦略とGHRMシステムとの整合性の検討である。武田薬品並びにオムロンでは，いずれもグローバル市場でのさらなるプレゼンスの拡大，また武田薬品では，グローバルな競争環境下でのビジネス展開という意思決定により，GHRMシステムへの改革が行われた。前項で，われわれはオムロンにおけるGHRMシステムの修正は，戦略との整合性及びマネジメントの実態（企業の発展段階）が十分に考慮されていなかった可能性があることを指摘した。しかし，やはり，グローバル経営の遂行を考慮した場合，HRMシステムとしては，客観性，公平性が担保され，グローバルな規模で適用可能性の高いGHRMシステムを活用し，MNCグループとして標準化される方向に向かうと考えられる。グローバル経営を遂行する外資系MNCsの多くは，企業の出自も関係するが，すでにGHRMシステムを活用している。したがって，戦略類型論的視角に立つ研究を踏まえると，MNCsの志向する戦略によって，GHRMシステムの構成要素及びその採用度は規定されると考えられる。

　以下では，GHRMシステムの構成要素についてみていく。

　第2は，GHRMシステムに求められる要素として，トップ・マネジメント

第Ⅱ部　実証的考察

の経営志向性をあげることができる。これは，武田薬品においてみられた要素である。武田氏の強力なリーダーシップの下，グローバル企業としての飛躍，それに向けてのGHRMシステム改革が断行された。GHRMシステムの導入・構築に際して，武田氏自ら従業員に対してGHRMシステム構築の重要性を訴えるとともに，経営層からGHRMシステムへの改革を行った。人事部とコンサルティング・ファームとの密度の高い協働を通じて，GHRMシステムの社内への導入を確かなものにした。このような自助努力は，トップ・マネジメントが今後のビジネス展開（グローバル経営）をどのようにとらえているのかにかかわる事項である。本社のトップ・マネジメントが海外子会社に対しいかなる経営志向性を有するかを示す姿勢基準から，MNCsの多国籍化の程度をとらえたのは，Perlmutter (1969) である。グローバル経営の遂行を重視するトップ・マネジメントの姿勢は，彼の提示するEPGモデルのGeocentric（世界志向）にあたる。したがって，グローバル経営の遂行を重視するMNCsでは，世界志向的なトップ・マネジメントの姿勢が反映されたGHRMシステムが活用されると指摘することができるだろう。

　第3は規範（企業理念，価値観）による統合である。武田薬品，オムロンともに，GHRMシステムへの改革を行う際に，ヘイ・グループを活用したという経緯はあるが，ヘイ・グループの導入手法というだけではなく，多様なバックグラウンドを持つ人材を活用し，マネジメントを行うことを想定した場合，彼らに自社の存在意義や目指す方向性について理解を醸成することが重要となると考えられる。上述したように，本国で大切に醸成されてきた企業理念や価値観は，そのコンテクストから乖離すればするほど，その意味を伝達することが難しくなると考えられる。しかし，グローバル経営の遂行を念頭に置いた場合，PCNsのみならず，HCNs，TCNsを含めたグループ全体の社員に，企業理念を踏まえた各社のビジネスのあり方への深い共鳴や理解を促すことなしに，グローバル市場での競争優位性を構築していくことは難しいと考えられる。2社のケーススタディではいずれも企業理念は行動規範やコンピテンシーマネジメントに反映されていた。企業理念は企業の追求する国際戦略に合致した行動を従業員に採ることを促す役割を担っていると考えられ，従業員行動に影響を及ぼすものと考えられる（e.g., Bartlett and

Ghoshal, 1992；Schuler *et al.*, 1993；Nohria and Ghoshal, 1997)。したがって，グローバル経営の遂行を重視するMNCsほど，規範による統合という要素を重視したGHRMシステムを活用すると考えられる。

　第4は公平性の担保である。第3章，第5章，本章で詳しく論じてきたが，グローバル経営の遂行を念頭に置く企業において，評価の客観性，公平性をHRMシステムとして担保することは，多様な国籍を持つ従業員をマネジメントする上で欠かせない要素となる。繰り返し述べるが，日本企業の抱える経営現地化問題の解決を目指すのであれば，国籍を問わず公平な機会と処遇を提供し，保障すること，すなわち，その実現を可能とするGHRMシステムを活用することが必須となる。オムロンのケースでは，戦略の変更に伴いGHRMシステムの構築という方向性が修正されたが，武田薬品のようにグローバル市場を競争の舞台とする企業において，公平性をGHRMシステムとして担保することは必要条件となる。したがって，グローバル経営の遂行を重視するMNCsほど，公平性の担保という要素を重視したGHRMシステムを活用すると考えられる。

小括

　本章では，オムロンの単一事例のケーススタディを取り上げ，GHRMシステムへの改革が行われた背景，導入プロセス及び現状について考察してきた。また，ケーススタディからの発見事実として，GHRMシステムの導入に際して鍵となる要因には，①MNCsの発展段階及び戦略とGHRMとの整合性の検討，②日本企業における理念先行型によるGHRMシステムへの改革着手の可能性，という2点があることを指摘した。加えて，武田薬品及びオムロン2社のケーススタディからの発見事実として，①MNCsの戦略とGHRMとの整合性を図る重要性，またグローバル経営の遂行を目指す企業のGHRMシステムとして担保すべき要件には，②トップ・マネジメントの姿勢，③規範による統合，④公平性の担保の3つの仮説的な要件があることを指摘した。これらの仮説的な要件は，武田薬品，オムロン2社からのケー

第Ⅱ部　実証的考察

ススタディから導出されたものであり，これら要件の信頼性は確かではない。次章では，これまでの議論を踏まえて，実証研究に向けて，本書におけるGHRMシステムの概念モデルの構築及び概念の操作化を行う。

注

1) 本章において考察対象とさせていただきましたオムロン株式会社の宮崎敬一氏（人事部人事担当課長，1999年時点），中道教顕氏（人事勤労部部長，2005年時点）には，ご多忙にもかかわらずインタビュー調査にご協力いただきました。感謝の念に耐えません。厚く御礼を申し上げます。また，本章は，2005年10月に兵庫県立大学経済経営研究所の『研究資料』(No.195)に掲載した「グローバル企業の人事制度に関する概念フレームワークの構築に向けて－オムロンのケーススタディを中心に－」（笠原・西井，2005，pp.1-28：担当執筆 pp.1-28）に加筆・修正したものである。ここで取り上げるデータ，図表等は2005年時点のものであり，現在と異なる場合があることに注意されたい。
2) 論文執筆時点（2005年）でのことであることに注意されたい。
3) 本稿におけるオムロンについてのケーススタディは，関西生産性本部におけるキャリア・ディベロップメント・サービス事業部主幹（1999年時点）レスリー・ウェッブ氏の講演資料，2000年5月12日にレスリー・ウェッブ氏（キャリア・ディベロップメント・サービス事業部主幹，2000年時点），宮崎敬一氏（人事部人事担当課長，1999年時点）へ行ったインタビュー内容・内部資料，2005年8月11日に中道教顕氏（人事勤労部部長，2005年時点）に行ったインタビュー内容・内部資料，日本労働研究機構のウェブサイト（http://www.jil.go.jp/mm/hrm/20010914.html）に掲載されている人事労務管理事例資料内のオムロンの事例を参考に行っている。
4) 本社従業員数，国内関係会社従業員数はともに2005年5月30日現在での数字である（オムロンのウェブサイト参照）。また，海外関係会社従業員数は2005年3月末時点の数字である（オムロンのウェブサイト参照）。
5) このように，日本人派遣者が増加している理由は，2007年までに1,500億円の売上を達成するという目標を掲げ，2002年に中国に世界統括本社を設置し，現在中国の現地化を進めていくための準備段階にあるからである。2007年度以降は，中国における人材の現地化を進めていくため，日本人派遣者の人数を減らしていく方針となっている。
6) 風土調査は，3,332名のホワイトカラー，管理監督者層を対象にアンケート方式で行われ，会社側は各個人の回答内容を特定できない仕組みで2,760名からの回答を得た（古沢，2003，p.287）。オムロン社へのインタビューから，同社がGHRMシステムへの改革に際して，人事系コンサルティング・ファームのヘイ・グループを活用したことを確認している。
7) 役割等級制度とは，職務等級制度を意味する。オムロンでは，ヘイ・グループの提供

するヘイ・システムを独自にオーガナイズしたものを活用しているため，本稿では役割等級制度という言葉を用いることにする。
8) このように，オムロン本社の GHRM システムへの改革に際して，ヘイ・グループに依頼した背景には，先述した風土調査を行う際にヘイ社のコンサルティングを受けていたという経緯がある（2000 年 5 月のインタビュー調査による）。
9) 役割等級制度の枠組みは，管理職以上を対象としている。組合員（一般職）については，年俸制が導入される以前の制度，本人給と資格給をベースとした給与制度が運用されている。しかし，組合員の中からも，成果主義 HRM システムの導入に対する要望があがってきたこともあり，2000 年度から賞与の部分で格差をつける業績連動型の賞与へと移行した（2000 年 5 月のインタビュー調査による）。
10) GHRM システムの標準化を促す要因として次の点を指摘することができる。1 つは，製薬業界という業界特性の影響である。つまり，製薬業界では薬事法等，各国によって法的規制は異なるが，基本的にグローバル性の高い製品を扱っている。研究開発費の確保を目的に大手医薬品メーカーによる大型 M&A が進行している状況を踏まえると（勝呂，2003），M&A という手法を用いて競争力を担保する業界においては，競合他社を凌ぐ新薬開発を行い，研究資金や優秀な人材の獲得，保持を行うことがグローバル競争で生き残る大きな要因となる。加えて吸収する企業，合併する企業間で異なる HRM システムや HRM プラクティスが運用されていると考えられるため，企業間でそれらの統合を図ることが重視されるのかもしれない。この点に関して，Tanure and Gonzalez-Duarte（2007）は，買収対象企業にいる優秀な人材を確保し，彼らの流出を防ぐ方法として，HRM システムを統合することの重要性を指摘している。もう 1 つは，グローバル競争の激しい業界では，競合他社が導入しているグローバル・スタンダードに追従し，競争上のデメリットをいかに低位に抑えていくかということが競争優位を獲得する上で重視されていることから標準化が進められる，とも考えられる。

第7章

日本企業におけるGHRMシステムの実証分析

はじめに

　本章の目的は，日本企業におけるGHRMシステムの実証分析を行うことにある。前章で行った2社の説明的ケーススタディから，次の4点が仮説的な発見事実として導出された。

(1) MNCsの志向する戦略によって，GHRMシステムの構成要素は規定される。

(2) グローバル経営の遂行を重視するMNCsでは，世界志向的なトップ・マネジメントの姿勢が反映されたGHRMシステムが活用される。

(3) グローバル経営の遂行を重視するMNCsほど，規範（価値観や経営理念の共有）による統合という要素を重視したGHRMシステムを活用する。

(4) グローバル経営の遂行を重視するMNCsほど，公平性の担保という要素を重視したGHRMシステムを活用する。

　これらの仮説的な発見事実及び先行研究のレビューを通じて，本書におけるGHRMシステムの概念モデル及び仮説を導出する。次いで，概念モデル

の有効性及び仮説についての検証を行う。

1. 概念モデルの構築及び仮説の導出

1-1. MNCs における GHRM システムの概念モデル

1-1-1. MNCs の国際戦略と GHRM システムとの関係性[1]

　図7-1は，MNCsの国際戦略―GHRMシステム―成果の3者間の関係性を示した本分析の概念モデルである（図7-1参照）。以下，この図に沿って仮説の導出を試みる。

　IHRM研究の戦略類型論的視角に立つ研究では，国際戦略とIHRMとの整合性を図ることによって多国籍企業の競争力（成果）が創出されると考えられている。ここでまず明らかにしなければならないことは，多国籍企業の国際戦略をどのようにとらえるかということである。戦略適合を主張する先行研究では，論者によって多様な戦略概念が用いられており，コンセンサスが得られていないという課題が残されている。したがって，本稿で戦略類型論的視角から日本企業のGHRMシステムの実証分析を行う場合，これらの研究が抱える課題を引き継ぐことになる。IHRM研究の戦略類型論的視角に立つ代表的な研究としてSchuler et al.（1993）をあげることができるだろう。彼らは，Porter（1980, 1985）の競争戦略論（革新戦略，品質向上戦略，コスト削減戦略）の概念に依拠し，各戦略に応じたIHRMの類型化を想定している。しかし，彼らの援用する競争戦略の概念は，Schuler and Jackson（1987）の研究成果で取り上げたモデル（米国国内市場対象）を多国籍企業に援用したものでありその有効性は明らかにされていない。われわれの研究関心は，グローバル経営の遂行を志向する日本企業にあるため，彼らのモデルを採用するのは適切でないと判断した。

　他方，GHRM研究においても戦略類型論的視角に立つ研究がなされている。Dickmann and Müller-Camen（2006）は，Bartlett and Ghoshal（1989）の研究に依拠し，HRMの標準化の程度とナレッジ・ネットワーキングの2軸から，GHRMのフレームワークを導出している。彼らは，高度に統合（標準化）

図7-1　本分析の概念モデル

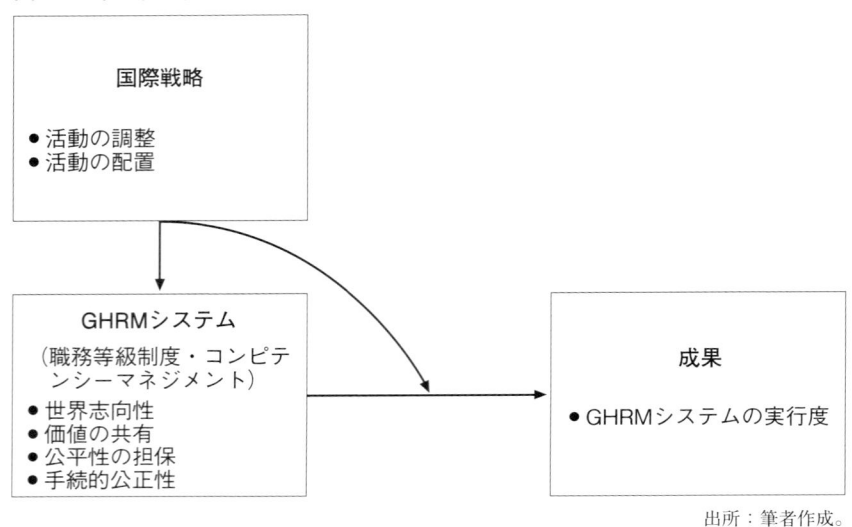

```
┌─────────────────────┐
│      国際戦略        │
│  ● 活動の調整        │
│  ● 活動の配置        │
└─────────┬───────────┘
          │         ╲
          ▼          ╲
┌─────────────────────┐    ┌──────────────────────┐
│    GHRMシステム      │    │        成果          │
│ (職務等級制度・コンピテ│──▶│                      │
│  ンシーマネジメント)  │    │ ● GHRMシステムの実行度│
│ ● 世界志向性         │    │                      │
│ ● 価値の共有         │    └──────────────────────┘
│ ● 公平性の担保       │
│ ● 手続的公正性       │
└─────────────────────┘
```

出所:筆者作成。

されたHRM指針・プラクティスを持ち,ナレッジ・ネットワーキングの程度が高いトランスナショナルHRM,標準化の程度が高く,ナレッジ・ネットワーキングの程度が低いグローバルHRM,標準化の程度が低い(ローカルに開発され実行される)がナレッジ・ネットワーキングの程度が高いコグノフェデレート(cognofederate)HRM,双方の程度が低いマルチドメスティックHRMの類型を示している。彼らの研究の1つの貢献点は,トランスナショナルHRM,グローバルHRMでは,"HRMの標準化の程度が高くなる"と想定していることにある。しかし,彼らのフレームワークでは,どのようにMNCsの国際戦略を測定するか,ということは十分に明らかにされていない。したがって,本稿ではMNCsの国際戦略に関する代表的な研究であるPorter (1986) の概念を援用することにする。

　Porter (1986) は,企業の競争優位を構築する舞台は,企業が属する産業にあるととらえ,企業が採るべき戦略は産業によって異なるとする議論を展開した。国際戦略の分類を産業においてはいるが,国際戦略のあり方は,価値連鎖の全体を考慮して,諸活動の配置と調整をどのように行うかによって決定されると主張する。ここで,価値連鎖とは,製造,販売,物流等のさま

ざまな企業活動が相互に依存し，買い手のために価値を創造する一連の活動を意味する（Porter，1985，邦訳，pp.48-49）。価値連鎖は，価値を生み出す活動である主活動，支援活動とマージンから構成されている。主活動とは，製品の物的創造，それを買い手に販売し輸送する活動，さらに販売後の援助サービス等である。他方，支援活動は，主活動を支援する人事・労務管理，資材調達といった活動を支援するものである（図7-2参照）。

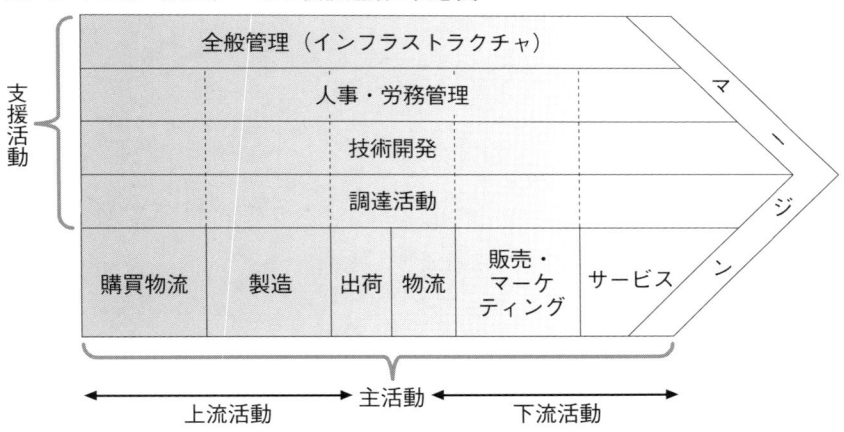

図7-2 Porter（1986）による価値連鎖の概念図

支援活動	全般管理（インフラストラクチャ）					マージン
	人事・労務管理					
	技術開発					
	調達活動					
	購買物流	製造	出荷物流	販売・マーケティング	サービス	

上流活動 ← → 主活動 ← → 下流活動

出所：Porter（1986，邦訳，p.29）から筆者が作成。

　この価値連鎖をどのように配置し，調整するのかは産業によって異なる。Porterは，産業をマルチドメスティック産業とグローバル産業の2つに分類し，次のような特徴があると指摘している。マルチドメスティック産業とは，競争環境が各国ごとに異なり，それ以外の国の競争とは無関係に行われるような業界（小売業，卸売業等）であり，本来国内的な産業（ドメスティック産業）が集合して構成された産業と考えられている（Porter，1986，邦訳，p.22）。この産業では，各国ごとに競争優位を構築するために，価値連鎖の各機能を各国ごとに配置し，現地市場へ適合させることが必要となるため，現地への権限委譲を大幅に行うことによって競争優位を構築することができるとされる。そのため，この業界に属する企業の国際戦略は，基本的には"国を中心にした戦略"であり，全体の戦略はその集合と考えられている。他方，グローバ

ル産業とは，世界全体で，製品やサービスの標準化が進んだ産業であり，上流活動（研究開発，調達，製造等）での規模の経済が競争優位の構築に影響を及ぼす産業（民間航空機，半導体，自動車等）である。この産業の特徴としては，1つの国での競争上の地位が他の国の地位によって大きく左右されるため，世界的規模で企業活動をある程度統合し，各国間での調整を行うことが競争優位の構築には不可欠であると考えられている。以上のような，価値連鎖内の"活動の配置"と"活動の調整"にもとづいて，Porter（1986）は，国際戦略の4つのパターンを示した（図7-3参照）。

図7-3　Porter（1986）による国際戦略の類型

活動の調整 高↑↓低	分散型	活動の配置	集中型
高	グローバル戦略 海外投資額が大きく，各国子会社間で高度な調整を行う		シンプル・グローバル戦略
低	マルチドメスティック戦略 多国籍企業，または1つの国だけで操業するドメスティック企業による国を中心とした戦略		マーケティングを分権化した輸出中心の戦略

出所：Porter（1986，邦訳，p.34）から筆者が作成。

　右下のセルにある"マーケティングを分権化した輸出中心の戦略（以下，輸出戦略）"では，基本的に価値連鎖活動のほとんどを本国に集中させ，海外市場にはマーケティング部門を置くというやり方がとられる（Porter，1986）。本国とマーケティング部門間での調整は低い。つまり，海外のマーケティング部門あるいは組織に大きな権限を与え，現地環境に適合した販売及びマーケティング活動を行わせることを基本としている（茂垣，2001，p.103）。右上のセルにある"シンプル・グローバル戦略"では，できる限り多くの活動（上流活動）を一国（本国）に集中し，マーケティング，販売は

海外市場に置くというやり方がとられる。ただし，輸出中心の戦略とは異なり，シンプル・グローバル戦略では，本国に集中している活動とマーケティング，販売活動は高度に調整されている。

活動を集中化するメリットとして，Porterは次の4点をとりあげている。第1は，活動に規模の経済性が大きいこと，第2に，活動に特異な習熟曲線があること，第3に，活動を行うのに，一か所または数か所の方が有利なこと，最後に，R&Dや製造のように同じ場所で連結して行うと調整がしやすいことである。この戦略は，1960年代から1970年代に，多くの日本企業が採用した戦略である（Porter, 1986, 邦訳, pp.34-36）。シンプル・グローバル戦略をとる場合には，世界各国で受け入れられることを前提に，標準化された製品を投入することが多い。そのため，各国市場の情報を収集し，国内に集中配置した製品の開発，設計にそれを反映させ，大量生産により規模の経済を達成することが可能となる（茂垣, 2001, p.104）。

次に，"マルチドメスティック戦略"である。これは，国によって製品ニーズが異なり，活動を一か所に集中すると規模の経済や習熟曲線における優位性が失われると考えられる場合に，各国に価値連鎖をフルセットで配置し，各国の環境変化に迅速に対応し，適応することを重視する戦略である。マルチドメスティック戦略を採る場合には，各国の市場ニーズにきめ細やかに反応することが可能となるため，各国市場に密着し，活動のノウハウの学習や把握が容易になるというメリットがある。

最後に，左上のセルにある"グローバル戦略"である。これは，諸活動を地理的に分散し，それらの活動を高度に調整する戦略である。この戦略の特徴は，次のようなものである。第1に，シンプル・グローバル戦略と同様に，世界規模で標準化した製品を販売し，規模の経済を追求することによって，巨額の研究開発投資を回収することが可能となる点である（Porter, 1986, 邦訳, p.209）。第2は，多くの国々の国家特殊優位の利用である。これは，各国の特徴をうまく利用し，諸活動を分散配置することによって（ローエンド商品や労働集約的工程を人件費の安い国への配置し，コスト低下を図る），競争力を向上させることである。これらのメリットをうまく機能させられるか否かは各拠点間の調整の問題となる（茂垣, 2001, pp.105-107）。

戦略類型論的視角に立つ場合，MNCsの志向する国際戦略に応じてIHRMのあり方（本稿ではGHRMシステムの構成要素を重視する程度）は異なると考えられる。以上のことから次の仮説が導出された。

仮説1：国際戦略は，GHRMシステムの構成要素の採用に正の影響を与える。

また，国際戦略とGHRMシステムとの適合性が成果に影響を与えているかという調整効果を検討する際には，活動の調整と活動の配置という2軸を用いて国際戦略をとらえ，仮説の検証を行った。それは，当初想定していたPorter（1986）の4類型で階層的重回帰分析を行ったが，多重共線性が発生し，下位検定を行うことができなかったためである。以上のことから，本稿では，Porter（1986）の主張する高度な活動の調整が求められ，かつ活動の配置の分散（低い）を志向する戦略でGHRMシステムの構成要素が重視され，それが成果に影響を与えると仮定する。これは，活動の調整が低いと想定されるマルチドメスティック戦略，輸出戦略を志向する企業，また活動の配置の集中（高い）が高いと想定されるシンプル・グローバル戦略，輸出戦略を志向する企業では，GHRMシステムの構築及びその導入は重視されないと想定することを意味する。なぜならば，本稿で主張するGHRMシステムは，グローバル経営及びグローバル戦略の遂行を行う企業を想定しているためである。先述したように，グローバル経営とは，拠点間の調整を通じて多国籍企業グループとしての強みを引き出すことが前提に置かれる。したがって，本稿では，活動の配置の分散を重視し，拠点間の調整を重視する戦略を想定する。では，GHRMシステムの構成要素についてそれぞれみていこう。

1-1-2. GHRMシステムの構成要素：①世界志向性：トップ・マネジメントの経営志向性

仮説的な発見事実の②は，グローバル経営の遂行を重視するMNCsでは，世界志向的なトップ・マネジメントの姿勢が反映されたGHRMシステムが活用されるというものであった。IHRMの発展段階論的視角を最初に提唱したのはPerlmutter（1969）であった。彼は，トップ・マネジメントの姿

勢という基準によって企業の多国籍化の程度をEPGモデルとして提示した。Perlmutter（1969）の研究を皮切りに，IHRMのあり方や特徴を発展段階論的視角からとらえる研究が行われるようになった（e.g., Franko, 1973；花田，1988a, 1988b；Adler and Ghardar, 1990；Adler, 1991）。Kopp（1994）は，Perlmutter（1969），Heenan and Perlmutter（1979）の研究に依拠し，日・米・欧のMNCsにおけるHRMプラクティス等のあり方が出自によってどのように異なるのか，またそれら企業が直面している問題等を明らかにした。

　Kopp（1994）の調査によると，日・米・欧の多国籍企業の中でも，日本企業は，海外子会社のトップ・マネジメントにHCNsを活用している比率が低いという結果が示されている。また，人事政策として，「世界共通の評価基準」，「現地人材の本社の経営幹部層登用に向けた教育訓練の実施」，「現地人材の本社，海外子会社への異動」，「グローバルな人材情報」の4つをあげ，これらが実行されている程度を調査している。その結果，日本企業においては，いずれの項目においても，欧米の多国籍企業と比較して低い数値を示していることを明らかにしている[3]（表7-1参照）。

表7-1　Kopp（1994）による日・米・欧のMNCsにおけるHRMプラクティスの実施状況

HRMプラクティス	日本企業	欧州企業	米国企業
世界共通の評価基準	24%	48%	58%
現地人材の本社の経営幹部層登用に向けた教育訓練の実施	24%	43%	33%
現地人材の本社，海外子会社への異動	15%	65%	54%
グローバルな人材情報	18%	61%	54%

出所：Kopp（1994, p.589）から筆者が作成。

　そして，日本企業の改善すべき側面として，日本企業では，本国志向的なHRMプラクティスが運用されているためHCNsやTCNsの登用には消極的であり，それが彼らのモチベーションを低下させ，流出を引き起こしていると指摘する。そして，日本企業への提言として，優秀なHCNs，TCNsの経営幹部層への登用を行うためのノンエスノセントリックなHRMプラクティス（国際的に標準化された評価基準等）を導入する必要があることを指摘している。ノンエスノセントリックなGHRMを行えるかどうかは本社，すなわちトップ

の経営志向性による（Kopp, 1994, pp.594-595）。人材の国籍にとらわれず，有能な人材を求めるというトップ自らの宣言や政策の構築，経営上の信念を具体的な行動によって示すこと（Heenan and Perlmutter, 1979, 邦訳, p.46）は，グローバル企業にとって重要な姿勢であり，世界志向的なHRMプラクティスを実施する上で欠かせない要素となる。既述したように，HRMシステムは，HRMプラクティスの基盤となるものである。したがって，世界志向的なHRMプラクティスを実践するためには，グローバルに適用可能なHRMシステムの構築が欠かせない。以上の議論から次の仮説が導出された。

仮説2-1：拠点間の活動の調整を重視する戦略は，世界志向的な人事施策の実施を重視するGHRMシステムの採用と成果との関係に対して正の調整効果を持つ。

仮説2-2：活動の配置の分散を重視する戦略は，世界志向的な人事施策の実行を重視するGHRMシステムの採用と成果との関係に対して正の調整効果を持つ。

1-1-3．GHRMシステムの構成要素：②価値の共有

第3の仮説的発見事実として明らかとなったのは，グローバル経営の遂行を重視するMNCsほど，規範（価値観や経営理念の共有）による統合という要素を重視したGHRMシステムを活用するということであった。先行研究では，多国籍企業のグローバルな規模でのビジネス展開が進むほど，本社―海外子会社間，海外子会社間の調整を行うことは複雑になることが指摘されている。そこで重要となるのが，入念に考案され明確に表現された企業（経営）理念である（Bartlett and Ghoshal, 1989, 邦訳, p.243）。企業理念とは，「経営者の最も重視する価値と哲学・世界観を統合した体系」であり（折橋, 1997, p.58），「ビジョンに掲げられた壮大な目標に向かって努力するための拠って立つべきもの」である（Bartlett and Ghoshal, 1989, 邦訳, p.83）。このような企業理念や価値観によって多国籍企業としての一体感を保つことは，規範的統合という言葉で表現されてきた。規範的統合とは，組織構成員を共通の目標や価値観，信念といった基準に合わせることによって組織構成員の

パースペクティブや行動を形成することを意味する（Nohria and Ghoshal, 1997, p.100）。規範的統合が重視される背景には，共通の価値観や信念をメンバーが理解し，吸収することによって，彼らは組織目標の達成に向けて協働すると考えられているためである（Eisenhardt, 1985, p.135）。Bartlett and Ghoshal（1989）は，トランスナショナル企業のマネジメントの一環として，明確かつ一貫した企業理念を共有することは，多国籍企業のアイデンティティを保ち，本社や海外子会社のマネジャーたちに自らの専門的な役割や責任，さらに何のためにこの仕事をするのかという意味を伝達する手段（グローバル接着剤）となると指摘した。本国で大切に醸成されてきた企業理念や価値観は，そのコンテクストから乖離すればするほどその意味を伝達することが難しくなると考えられている。したがって，グローバル経営を遂行する多国籍企業において，価値を共有することは重要な要素であるが，それを掲げるだけではなく全世界の従業員にそれを浸透・理解してもらう仕組みが重要となる。

1-1-3-1. 組織の目標や価値観の意義と役割

Collins and Porras（1994）は，ビジョナリーカンパニーとよばれる多くの企業における企業理念や価値観は，自分たちの中にあるもの，それぞれが肝に銘じ，骨の髄まで染み込んでいるものを表現したものであると述べている（Collins and Porras, 1994, p.124）。彼らは，アメリカの製薬企業であるメルクの事例を取り上げ，企業理念の重要性について指摘する。メルクは，糸状虫症の治療薬であるメクチザンを開発し，糸状虫症に感染した第3世界の100万人を超える人々に無料で提供した。糸状虫症とは，寄生虫が体内に入り込み，最後には目を侵して失明をもたらす病気である。メルクは，100万人の患者がいれば市場規模はかなり大きいと見込み，薬を買えないほど貧しい人々であっても，新薬が完成すれば，どこかの政府機関か非営利団体が買い上げて患者に提供するだろうと期待していたが，この期待は外れてしまった。そして，メルクは薬を必要としている全ての患者に無料で提供することを決めた。それに際し，薬を自らの手で，自費で配布し，糸状虫症に侵されて危険な状態にある100万人の患者に薬が確実に届くように行動した。こ

うした行動を採った背景には，メルクが何のために存在しているのかを示す理念「われわれは人々の生命を維持し，生活を改善する仕事をしている。すべての行動は，この目標を達成できたかどうかを基準に，評価されなければならない」（Collins and Porras, 1994, 邦訳, p.113）があったからであるという。メルクがこの決定を下した理由を聞かれた時，当時のバジェロスCEOは，このプロジェクトを進めなかったら，メルクの科学者，「人々の生命を維持し，生活を改善する仕事をしている」と自負する企業で働く科学者の士気が低下していただろうと話した。そして，「15年前，日本を初めて訪れたとき，日本のビジネス関係者に，第2次世界大戦後，日本にストレプトマイシンを持ち込んだのはメルクで，その結果，蔓延していた結核がなくなったといわれた。これは事実であり，当社はこれで利益を上げたわけではない。しかし，今日，メルクが日本でアメリカ系製薬会社の最大手であるのは，偶然ではなく，長い目で見るとこうした行為の結果は，何らかの形で必ず報いられると思っている」と語ったという（Collins and Porras, 1994, 邦訳, pp.77-78）。メルクの事例は，利益の追求を超えた企業の"使命"や"信念"の重要性をわれわれに示している。

ヒューレットパッカードの全社員に共有されている"HPウェイ"やジョンソン・アンド・ジョンソンの全社員に共有されている"我が信条"等の企業理念は，企業としての信念，使命を記したものであり，それを守り，貫き通すために，全社員の行動の基準（価値判断の拠り所）として表現されたものであるといえるだろう。しかし，経営理念や価値観の共有は一朝一夕にできるものではない。であるからこそ，多くの社員に経営理念や価値観への理解を醸成するために，ヒューレットパッカードは，社内の人材登用を重視する方針を採り，同社の理念を従業員の評価と昇進の際の基準にし，HPウェイに合わない者が上級幹部に昇進することがないような取り組みを行っている（Collins and Porras, 1994, 邦訳, p.142）。しかし，経営理念や価値観の共有を行うことの意味は現代が知識社会へと移行してきたこととも関係している。

知識社会とよばれる今日において，企業に属するあらゆる人材は，限定された知識を持つ専門家として解釈することができる。なぜならば，彼ら

は，高度な教育を受け，高度な専門知識を身に付けることによって価値を生み出すナレッジ・ワーカーであるからである（e.g., Drucker, 1992, 1993, 1999；Thurow, 1999）。このような専門家が企業に従事するようになるにつれ，マネジャーでさえも，自分の部下の仕事を詳細に理解することは難しくなる。ただし，各ナレッジ・ワーカーが保有する専門知識は，それ自体では不十分であり，統合されて初めて生産的となる（Drucker, 1993, 邦訳, p.100）。したがって，専門家の相互依存関係は高くなり（Schein, 1987, p.26），彼らの能力を統合するのが，マネジャーや組織の役割となる（Schein, 1987；Drucker, 1993）。このような専門家をマネジメントするには，明確な"使命"が必要となる。なぜならば明確な使命がなければ，それぞれの専門家は，組織の共通課題を中心として働くというよりも，自らの専門性を高めるという自己中心的な行動を採るようになり，その結果，各自が自らの専門能力にしたがって"成果"を定義するようになってしまうからである（Drucker, 1993, 邦訳, pp.106-111）。それは，専門家が自らの掲げた目標を達成することによって自らのステータスを獲得していくという特徴を持つことによる（Schein, 1987, pp.94-96）。だからこそ，企業としての"使命"を共有することによるマネジメントが重要となるのである。以上の議論から，次の仮説が設定された。

　　仮説3-1：拠点間の活動の調整を重視する戦略は，価値の共有を重視したGHRMシステムの採用と成果との関係に対して正の調整効果を持つ。
　　仮説3-2：拠点間の活動の配置の分散を重視する戦略は，価値の共有を重視したGHRMシステムの採用と成果との関係に対して正の調整効果を持つ。

1-1-4. GHRMシステムの構成要素：③公平性の担保，④手続的公正性

　仮説的発見事実の④は，グローバル経営の遂行を重視するMNCsほど，公平性の担保という要素を重視したHRMシステムを活用するということであった。公平性という概念は，組織行動論において組織的公正という概念で

とらえられてきた（e.g., Greenberg, 1993）。この組織的公正は，分配的公正と手続的公正の2つに分類される。分配的公正とは，希少な資源や成果を配分する際に求められる結果の公平性を意味する。分配的公正の観点からみると，成果主義HRMシステムで重視されている同一価値労働・同一賃金という考え方は，個人ではなく職務に関連して，その相対的貢献の度合いに応じて分配を決めるものであるために，どのような条件の下で，誰と誰との間に衡平が保たれることが，公正な給与体系へと繋がっていくのかということが重要となるという（田中，1998, p.153）。Greenberg（1986）は，217名の中間管理職を対象に公平な業績評価に関する実証研究を行い，査定にかかわる情報を評価される側が提供できること，考課面接で双方向のコミュニケーションがとれること，評価結果を再考させる機会が与えられていることなどの重要性を明らかにした。今日では，目標管理の実施やコンピテンシーマネジメントを活用する中で，上司と部下との間で目標の設定や，目標を達成できたのかどうかについて話し合う機会が作られ，評価の公平性や納得性を高める取り組みがなされている（e.g., 高木，2004）。MNCsがグローバル市場で競争優位を構築するためには，多様な人材をマネジメントすることが欠かせない。この実際的な問題から，グローバル経営の遂行を目指す企業では公平性を担保したGHRMシステムを活用することが重要となる。以上の議論から，次の仮説を導出することができる。

　仮説4-1：拠点間の活動の調整を重視する戦略は，公平性の担保を重視したGHRMシステムの採用と成果との関係に対して正の調整効果を持つ。
　仮説4-2：活動の配置の分散を重視する戦略は，公平性の担保を重視したGHRMシステムの採用と成果との関係に対して正の調整効果を持つ。

　他方，手続的公正性とは，意思決定の手続きに関して感じられる手段の公平性を意味している（e.g., Feuille and Delaney, 1992；Folger and Greenberg, 1985；Lind and Tyler, 1988）。手続的公正研究は，Leventhal

(1976,1980) によって提唱された公正判断理論 (justice judgment theory) と Thibaut and Walker (1975) によって提唱された手続的公正理論 (theory of procedual justice) に分類される。

　Leventhal (1976, 1980) によって提唱された公正判断理論では，組織における特定の意思決定が手続き的に公正であると判断されるためには，次の6つのルールにしたがっていなければならないとする。第1は，時間や対象者を越えて一貫した決定が下される一貫性のルール，第2は，個人的利害が決定に影響しない偏向抑制のルール，第3は，正確な情報にもとづいて決定が下される正確性のルール，第4は，誤った決定には訂正のための機会が与えられる修正可能性のルール，第5は意思決定の過程で当事者全ての利害が代表される代表性のルール，第6に，決定を実行に移すにあたって，現状の道徳的・倫理的基準に照らし合わせる倫理性のルールである。"一貫性のルール"とは，ある分配の手続きが特定の個人だけではなく，その組織にかかわる人全てに一貫した手続きであるかという"人に関する一貫性"と，手続きがある一定の期間は変わらないものであるという"時間に関する一貫性"から構成されている。また，第2の"偏向抑制のルール"とは，組織内で意志決定者が利己的な考え方や偏見に影響されてはならないということを意味している。第3の"情報の正確性のルール"とは，公正さの判断は誤りを最小限にしなければならず，決定が依存している情報は正確でなければならないということを意味している。第4の"修正可能性のルール"とは，最終分配の決定過程で修正の機会があることを示すものであり，第5の"代表性のルール"とは，組織内で手続きの影響を受ける人々の関心や価値観をできるだけ反映させたものでなければならないということを意味している。第6の"倫理性のルール"とは，手続きが一般的な道徳や倫理基準に反しないものである必要があるということを指している。

　Thibaut and Walker (1975) によって提唱された手続的公正理論では，裁判の場面における論争と評決の分析を主な研究対象としている。この研究では，紛争処理の基礎となる有用情報や証拠を自由に選定し，提示できる程度を示す過程コントロールと，紛争の結果を一方的に支配することができる程度を示す決定コントロールの違いに着目している (二村, 2004, p.145)。

そして，Thibaut and Walker（1975）らは，実験を行った結果，当事者に過程コントロールを与えた場合には，過程コントロールを与えられない場合と比較し，全く同じ評決結果であるにもかかわらず，その結果を公正なものとして知覚し，その受容の度合いも高いことを明らかにした。

　Kim and Mauborgne（1991）は，手続的公正研究に依拠して，グローバル戦略を実行する際に海外子会社のトップ・マネジメントは重要な促進者となるという前提に立ち，戦略的意思決定に際して手続的公正が確保されているかどうかによって，本社の決定事項に対する海外子会社の態度や行動，成果が大きく異なると論じた。後の研究（Kim and Mauborgne, 2005）においても，ブルー・オーシャン戦略を実行していく際には，手続的公正性が重要であるとし，彼らは，手続的公正性の3要素として，関与（engagement），説明（explanation），明快な期待内容（clarity of expectation）を示している。

　第1の関与とは，従業員に意見を求めたり，他者のアイデアや仮説に反論する機会を与えることによって，戦略の策定にかかわる機会を用意することである。これによって，1人1人の従業員とその考え方を経営陣が重視している旨を皆に伝えられるという。反論の機会を与えたり，従業員を関与させることによって，経営陣は判断の質を高めることができ，従業員は戦略の実行に深く関与するという。第2の説明とは，戦略を決めるに至った理由を関係者全てに説明して，理解を引き出すことを意味する。従業員たちは，経営陣が自分たちの意見も考慮した上で，会社の利益を重んじて判断を下したのだと信じる。仮に，自分たちの意見が通らなかったとしても，説明を受ければ，経営者の意図に信頼を寄せるという。第3の明快な期待内容とは，戦略が決まった後で，経営陣が従業員への期待内容を明快に述べることを指す。期待水準は高いかもしれないが，どのような基準で評価がなされるのか，実績が期待に届かなかった場合にはどのようなペナルティがあるのか，新しい戦略は何を目指し，誰が何に責任を負うのかといったことを明確にすることが重要であるという。このように，Kim and Mauborgne（1991, 2005）は，グローバル戦略の実行というコンテクスト及び戦略の実行をどのように促すかという視点から手続的公正性の重要性を指摘している。1990年代以降，日本企業において，GHRMシステムへの改革が行われてきたが，

第7章　日本企業におけるGHRMシステムの実証分析

Kim and Mauborgne（1991, 2005）によって指摘されている手続的公正性は，GHRMシステムを導入する際の企業側の姿勢及び従業員のGHRMシステム及びそれにもとづく評価，処遇等に対する納得性を高めることに援用することができると考えられる。2社のケーススタディからは，仮説的な発見事実として手続的公正性はとりあげられてはいなかったが，Kim and Mauborgne（2005）の先行研究に依拠し，GHRMシステムの構成要素として，手続的公正性を取り上げることとしたい。以上の議論から次の仮説が設定された。

仮説5-1：拠点間の活動の調整を重視する戦略は，手続的公正性を重視したGHRMシステムの採用と成果との関係に対して正の調整効果を持つ。

仮説5-2：活動の配置の分散を重視する戦略は，手続的公正性を重視したGHRMシステムの採用と成果との関係に対して正の調整効果を持つ。

1-1-5. 成果変数

IHRM研究における戦略類型論的視角に立つ研究では，成果変数として客観的指標（ROA, ROE, 労働生産性等）が用いられている。しかし，本稿では，どれほどGHRMシステムが"実行されているのか"というGHRMシステムの実行度による主観的尺度で成果を図ることにする。その理由は，売上高等の会計上の指標は，マーケティングやその他の活動の総合的な結果を示すもの（三崎，2004, p.175）であり，客観的指標による成果変数を用いることがGHRMシステムの有効性を必ずしも示すことに繋がらないと考えるからである。また，日本企業本社においてGHRMシステムへの改革が行われたが，GHRMシステムの導入・構築の実態に関する議論は十分に行われてきたとはいい難いからである。したがって，1990年代以降に関心が寄せられたGHRMシステムがどの程度日本企業本社で導入されているのかという実態を把握することには大きな意義があると考えられる。

本稿では，以上の議論にもとづき，次の2点を検討する。第1は，国際戦

略がGHRMシステムの構成要素の採用に影響を与えているかであり，第2は，国際戦略とGHRMシステムとの適合性が成果に影響を与えているかという調整効果の検討である。

2．方法

2-1．データ

　MNCsの国際戦略―GHRMシステム―成果の3者関係に関する実証分析を行うことを目的に，「日系多国籍企業における経営幹部層を対象とした人的資源管理システムに関する実態調査」という題目で，2007年9月に6か国以上に海外進出を行っている日本企業製造業，非製造業675社を対象に質問紙調査を実施した。

　調査対象の選定に際し，海外進出国数が6か国以上という基準を設け，海外進出企業総覧（2007）にもとづき，日本企業675社を抽出し，それら企業に対して調査票を郵送にて配布した。ここで，海外進出6か国以上という基準から日本企業を選定した理由について述べたい。MNCsの定義は多様になされており，今日では，幅広く2か国以上ととらえる研究もみられる（Jones, 2004）。Jones（2004）は，MNCsを「2か国以上に所在する事業活動ないしは営利を生み出す資産を運営管理する企業」（Jones, 2004, p.3）と定義している。しかし，既存研究においては6か国以上とする研究や5か国以上（吉原，1979，1997）とする研究もみられる。例えば，ハーバード大学の多国籍企業プロジェクトの研究グループは，①フォーチュンに掲載の米国の鉱工業最大500社のリストに含まれていること（1963年～1964年時点），②自社（親会社）の出資比率が25％以上である海外製造子会社を6か国以上に持っていること（1963年時点で），③他の企業の子会社でないこと，と操作的定義を行っている（吉原，1979，pp.65-68）。また，吉原（1997）は，ハーバード大学の多国籍企業プロジェクトによってなされた定義との共通性を踏まえて，①売上高上位500社以内（東京証券取引所1部上場のうちで），②5か国以上に海外製造子会社を所有という定義を行っている（吉原，1997, p.18）。ハ

ーバード大学の多国籍企業プロジェクト並びに吉原（1979）によって定められた定義では，製造子会社を所有していること，大企業であること（吉原，1997，p.22）といった点で共通性がみられる。

　本書の問題意識は，グローバル経営の遂行を目的として，多様なバックグラウンドを有する人材をどのようにマネジメントしていくかということにある。したがって，十分な海外子会社数を所有している企業であることが本調査の条件となる。また，上述した定義では，製造子会社が対象となっているが，本調査においては，販売子会社であったとしても，その拠点に在籍する人材（PCNs, HCNs, TCNs）をマネジメントする必要があると考えるため，必ずしも製造子会社である必要はないと判断した。以上のことから，本調査では，ハーバード大学の多国籍企業プロジェクトで定義されている海外進出6か国以上という基準を用いることとした。また，本調査では，日本企業本社がどのような戦略志向性を持つのか，また，それとGHRMシステム及び成果との関係性の実態を把握することを目的としているため，ハーバード大学多国籍企業プロジェクトによって提示されているそれ以外の基準については捨象した。

　調査対象の選定は，東洋経済新報社が提供する海外進出企業総覧2007年度版を利用し，調査票を郵送した。質問票調査は，全部で4回実施した。実施期間は，2007年9月から10月である。第1回は，2007年9月8日（質問票の送付），第2回は，2007年9月15日（葉書によるお願い），第3回は，2007年9月25日（質問票の送付），第4回は，2007年10月25日（質問票の送付）である。該当企業数は，調査企業からの非該当との回答を受け，672社となった。調査実施期間中は，質問票の回答者と電話や電子メール，FAX等で必要に応じて連絡をとり，89社からの回答を得た。しかし，回答をいただいた89社の内，13社については，回答拒否という結果となった[7]。また分析に耐えられないと判断される回答が3件みられた。したがって，有効回答数73社（有効回答率10.9％）となった[8]。業種の内訳は表7-2の通りである。

　表7-2をみると，電気・電子機器が全回答企業の27.4％（20社），機械が20.5％（15社）と多く，この2業種で全体の約49.3％を占めていることがわかる。ただし，以下で行う実証分析に耐えうることを考慮し，全73社のデータを

表7-2　質問票調査回答企業の度数分布表

業種	度数	%	有効%	累積%
電気・電子機器	20	27.4	28.2	28.2
機械	15	20.5	21.1	49.3
精密機器	7	9.6	9.9	59.2
航空業・物流関連業	4	5.5	5.6	64.8
化学・医薬	4	5.5	5.6	70.4
ゴム・皮革	4	5.5	5.6	76.1
自動車・部品	4	5.5	5.6	81.7
繊維業	3	4.1	4.2	85.9
建設	2	2.7	2.8	88.7
電気・電子機器卸売	2	2.7	2.8	91.5
窯業・土石	1	1.4	1.4	93.0
機械卸売	1	1.4	1.4	94.4
化学・医薬品卸売	1	1.4	1.4	95.8
鉄鋼製品卸売	1	1.4	1.4	97.2
金属製品卸売	1	1.4	1.4	98.6
小売業	1	1.4	1.4	100.0
無回答	2	2.7		
合計	73	100.0		

用いることにする。

2-2. 測定尺度

2-2-1. 日本企業の国際戦略の類型

　本調査では，Porter（1986）によって"活動の配置"と"活動の調整"という2軸によって類型化されている4つの国際戦略の特徴を6項目で構成される尺度を用いて測定した。尺度は，リッカート7点尺度を使用し，回答企業の志向する戦略が6項目に関してどれほど重点を置いているのかという程度について7（高い）から1（低い）の段階で評価してもらった。当初，活動の配置（3項目），活動の調整（3項目）で国際戦略の類型を行うことを想

定していたが，後に実施する階層的重回帰分析及びその下位検定にて十分な結果を得ることができなかった。この結果を受けて，国際戦略の質問項目に対して2因子に特定した因子分析を行い，活動の調整（2項目；$\alpha = .706$），活動の配置（2項目；$\alpha = .695$）を抽出した（表7-3参照）。

表7-3 国際戦略尺度に関する因子分析結果（主因子法，バリマックス回転後）

項目	活動の調整	活動の配置
1. 本社主導による海外子会社のコントロールの度合い	0.747	
2. 本社－海外子会社間，海外子会社同士でのノウハウ・専門知識等の共有度	0.750	
3. 研究開発活動の本国への集中度		0.735
4. 生産活動の本国への集中度		0.732
固有値	1.141	1.083
寄与率	28.522	7.07
累積寄与率	28.525	5.59
クロンバックα	0.706	0.695

各因子に該当する質問項目の単純平均値を算出し，それを基準に活動の調整，活動の配置の高低を決め，類型化を行った。その結果，国際戦略の類型に耐えられないと判断された5社を除き，グローバル戦略（17社），シンプル・グローバル戦略（21社），マルチドメスティック戦略（12社），輸出戦略（18社），合計68社となった。

2-2-2. GHRMシステムの構成要素

本調査では先行研究にもとづき，活動の高い調整を行う企業で重視されると想定される4つの構成要素について，21項目のGHRMシステム尺度の作成を行い，リッカート7点尺度（7：非常に良く当てはまる～1：全く当てはまらない）によって測定した（表7-4参照）。各構成要素のαは，世界志向（α；= .802），価値の共有（α；= .807），公平性の担保（α；= .631），手続的公正性（α；= .787）であった。国際戦略の類型と同様に，各構成要素に該当する質問項目の単純平均値を算出し，それを変数とした。

表7-4　GHRMシステムの構成要素の質問項目に関する度数分布表

項目	度数	最小値	最大値	平均値	標準偏差
世界志向性					
1. 経営幹部層の業績評価システムはグローバルに標準化している	73	1	7	3.59	1.577
2. グローバル戦略への貢献度を経営幹部層の報酬の評価指標に取り入れている	73	1	7	3.96	1.504
3. 本社－海外子会社間で知識共有が頻繁に行われている	73	2	7	4.70	1.244
4. 海外子会社同士で知識共有が頻繁に行われている	73	2	7	4.26	1.236
5. 本社，海外子会社の要職には，世界中から能力の高い人材を登用している	73	1	7	3.64	1.456
価値の共有					
6. グローバルな規模で価値観等（価値観，経営理念）を明示化し共有している	73	2	7	5.03	1.236
7. 価値観等をコンピテンシー（行動基準）として体系化している	73	1	7	4.26	1.492
8. 価値観等の共有が，経営幹部層の選別，教育，異動の基盤となっている	73	1	7	4.04	1.285
9. 価値観等を体系化し，それを評価，処遇に反映させている	73	1	7	4.01	1.467
10. 価値観等の共有は，セクショナリズムの弊害を克服する役割を担っている	73	1	6	4.03	1.166
11. 価値観等の共有は，本社－海外子会社間のコミュニケーションを促進している	73	1	7	4.47	1.270
公平性の担保					
12. 経営幹部層において評価基準はオープンにされている	73	1	7	4.77	1.671
13. 給与システムには競合他社のそれとある程度比較できる基準がある	73	1	7	4.44	1.491
14. 経営幹部層の成果責任を明確に管理するHRMシステムを採用している	73	1	6	3.86	1.512
15. 競合他社から必要とする人材を獲得することができる	73	1	7	3.47	1.491
16. 同一職務・同一賃金という考え方を重視している	73	1	7	4.00	1.491
17. 本社－海外子会社間，海外子会社同士での人材異動をスムーズに行える	73	1	7	4.07	1.398
手続的公正性					
18. 新しい人事の仕組みの導入理由について，経営陣から説明するよう努めている	73	1	7	4.81	1.430
19. 新しい人事の仕組みの導入に際して，対象者に意思決定参画機会を提供している	73	1	7	4.19	1.361
20. 新しい人事の仕組みの導入に際して，評価基準等についての説明を行っている	73	3	7	5.51	1.107
21. 新しい人事の仕組みの導入に際して，経営陣は目標，期待内容を明言している	73	1	7	5.21	1.322

2-2-3. 成果変数

成果変数は，GHRM システムがどの程度実行されているのかという主観的指標を用いた。質問項目は，先行研究及び質的調査から得られた知見を踏まえて操作化された。成果変数を構成する 10 項目は，7 点尺度（7：非常に良く実行できている〜1：全く実行できていない）で測定された（表7-5参照）。成果変数は，質問項目8項目の単純合計点を用いた[9]。

表7-5 成果の質問項目に関する度数分布表

項目	度数	最小値	最大値	平均値	標準偏差
1. 競合他社のベンチマーク	73	1	7	4.37	1.379
2. HRMシステムの信頼性・納得性の確保	72	2	6	4.35	1.023
3. 経営幹部層の経営成果に対する意識変革	73	2	7	4.99	1.074
4. 能力の高い人材の獲得	73	2	7	4.78	1.096
5. 能力の高い人材のリテンション	73	1	7	4.60	1.210
6. 価値観や経営理念の社内への浸透	73	2	7	5.16	1.291
7. 企業目標の達成率の向上	73	3	7	5.30	1.009
8. 収益性の向上	73	2	7	5.11	1.220

2-2-4. コントロール変数

GHRM システム及び成果との関係に外生的に影響を与えると考えられる要因として進出国数（10か国以上）及び操業年数をコントロール変数（いずれも自然対数に変換）として考慮した。以上，本分析で使用された全変数の相関係数は本稿末尾に添付している。

3. 結果

まず，本稿の第1の検討課題である国際戦略が GHRM システムの構成要素の採用に影響を与えているのかを明らかにすることを目的に，国際戦略の4類型と GHRM システムの4つの構成要素を構成する21の質問項目との一元配置分散分析を行った。その結果，次の4項目にて差がみられた[10]。具体的には，GHRM システムの質問項目3「本社－海外子会社間で知識共有が頻繁に行わ

れている」(F(3, 64) = 3.986, p＜.05), 質問項目4「海外子会社同士で知識共有が頻繁に行われている」(F(3, 64) = 4.890, p＜.01), 質問項目8「価値観等の共有が経営幹部層の選別, 教育, 異動の基盤となっている」(F(3, 64) = 2.857, p＜.05), 質問項目12「経営幹部層において評価基準はオープンにされている」(F(3, 64) = 4.483, p＜.01)であった。以上のことから, 仮説1は支持されたといえる。すなわち, 志向する国際戦略によって, GHRMシステムの構成要素の採用度が異なることが明らかとなった。

第2の課題である国際戦略とGHRMシステムとの適合性が成果に影響を与えているかという調整効果を検討することを目的に, 階層的重回帰分析を行った。その結果は表7-6の通りである。

国際戦略及びGHRMシステムの構成要素を独立変数, 成果を従属変数とした階層的重回帰分析の結果, 本モデルの決定係数は.644（調整済みR2乗は.525）であり, 1％水準で有意だった。多重共線性はみられなかった（VIF3以下）。表7-6のStep2では, 企業属性をコントロールした後に, 国際戦略変数が投入された。これら変数が成果に与える影響は, 活動の調整を重視するほど成果に対して負の影響を与えることが示されている[11]。次にStep3では, 企業属性や国際戦略変数をコントロールした後に, GHRMシステムの構成要素を投入した。その結果, GHRMシステムを構成する4つの構成要素の内, 世界志向性の構成要素の採用（β.373, p＜.01）, 価値の共有の採用（β.238, p＜.10）, 手続的公正性の採用（β.234, p＜.10）は成果に対して正の影響を与えていることがわかる。

次に, 本書での仮説2～5を検証するために国際戦略の2つの変数とGHRMシステムの4つの構成要素との交互作用項を作成し, それらを各重回帰式のStep4に投入した。表7-6のStep4をみると, 2つの交互作用項が成果に対して正の有意な影響を与えていることがわかる。1つは活動の調整と価値の共有の交互作用項である（β.362, p＜.01）。この結果は, 本稿の仮説3-1を支持している。つまり, 活動の調整を重視する戦略を志向する企業では, GHRMシステムの4つの構成要素の内, 価値の共有の採用が, 成果を説明する上で重要な役割を果たしていることを示している。もう1つは活動の配置と手続的公正性の交互作用項である（β.232, p＜.10）。本稿の仮説5-2

表7-6 階層的重回帰分析結果：国際戦略及びGHRMシステムの構成要素が成果に与える影響

独立変数	β	成果（SE）	t
Step1：コントロール変数			
操業年数（Log）	0.133	1.194	
進出国数（Log）	0.155	1.445	
R^2_1	0.056		†
Step2：国際戦略志向性			
活動の調整	-0.252	0.260	*
活動の配置	0.121	0.203	
R^2_2	0.058		
$\Delta R^2_{(1-2)}$	0.002		
Step3：GHRM構成要素			
世界志向	0.373	0.155	**
価値の共有	0.238	0.152	†
公平性の担保	-0.031	0.140	
手続的公正性	0.234	0.198	†
R^2_3	0.465		***
$\Delta R^2_{(2-3)}$	0.407		***
Step4：国際戦略－GHRMシステムの構成要素との交互作用			
活動の調整×世界志向	-0.081	0.054	
活動の調整×価値の共有	0.362	0.052	**
活動の調整×公平性の担保	-0.084	0.053	
活動の調整×手続的公正性	-0.129	0.099	
活動の配置×世界志向	0.080	0.050	
活動の配置×価値の共有	-0.089	0.056	
活動の配置×公平性の担保	0.123	0.057	
活動の配置×手続的公正性	0.232	0.079	†
R^2_4	0.525		***
$\Delta R^2_{(3-4)}$	0.060		†

注1：† $p<.10$，*$p<.05$，**$p<.01$，***$p<.001$．
注2：R^2_1，R^2_2，R^2_3，R^2_4は，Step1，Step2，Step3，Step4の調整済みR2乗を指す。
注3：$\Delta R^2_{(1-2)}$，$\Delta R^2_{(2-3)}$，$\Delta R^2_{(3-4)}$はStep2，Step3，Step4において各変数が投入された際の調整済みR2乗の増加量を指す。
注4：各ステップのF値は次の通りである。Step1（2.888），Step2（1.983），Step3（7.948），Step4（5.425）。

では，活動の配置の分散を志向する企業において手続的公正性の採用が成果に対して正の影響を与えると想定していた。しかし，階層的重回帰分析の結果は，その逆を示している。すなわち活動の配置の本国への集中を志向する企業では，手続的公正性の採用が成果を説明する上で重要な役割を果たしていることを示している。この点については，次節で述べることにしたい。

第Ⅱ部　実証的考察

　これら2つの交互作用項の結果について，成果を従属変数とする重回帰モデルにもとづき下位検定を行った結果が図7-4，図7-5である。

図7-4　活動の調整と価値の共有が成果に与える交互作用効果

成果　（縦軸：0〜30）

横軸：GHRMシステム　価値の共有（-1, μ, 1）

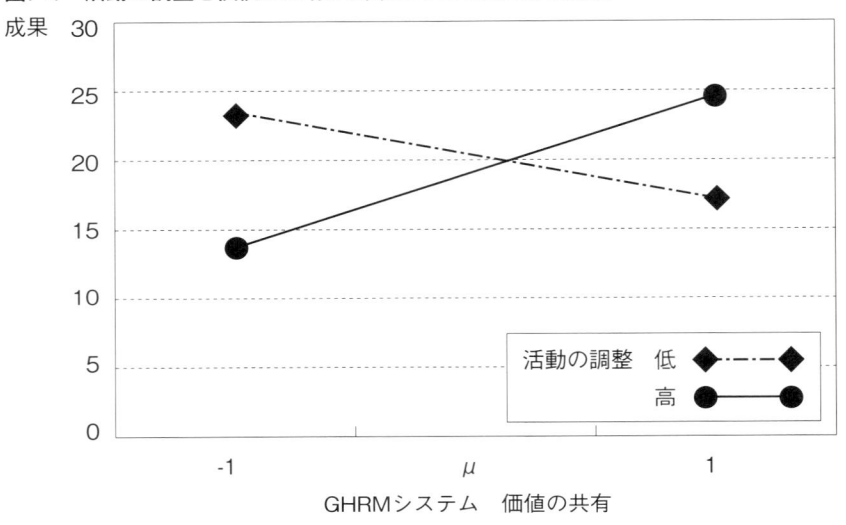

凡例：活動の調整　低（◆ 破線）／高（● 実線）

（-1のとき：低=約23.5、高=約13.5／1のとき：低=約17.5、高=約25）

図7-5　活動の配置と手続的公正性が成果に与える交互作用効果

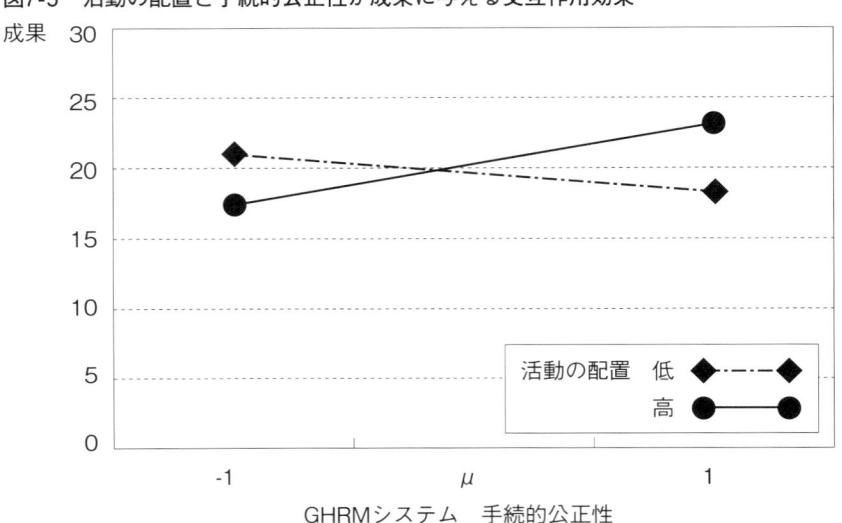

成果　（縦軸：0〜30）

横軸：GHRMシステム　手続的公正性（-1, μ, 1）

凡例：活動の配置　低（◆ 破線）／高（● 実線）

（-1のとき：低=約21、高=約17.5／1のとき：低=約18.5、高=約23.5）

図7-4は，活動の調整を重視する戦略を志向する企業では，GHRMシステムの価値の共有の採用が成果に対して正の効果を与えていることを示している一方で，活動の調整を重視する志向の低い企業では，価値の共有という構成要素は成果に対して負の効果を与えていることがわかる。

同様に，図7-5は，活動の配置を重視する，すなわち活動の配置の集中を志向する企業では，GHRMシステムの構成要素である手続的公正性が成果に正の効果を与えているが，一方で，活動の配置の分散を志向する企業では，成果に対して負の効果を与えていることがわかる。以上のことから，GHRMシステムの構成要素と成果との関係は，国際戦略の違いによって調整されることが明らかとなった。

4. 考察

本書では，戦略類型論的視角から，国際戦略―GHRMシステム―成果の3者関係について9つの作業仮説を設定し，その検証を試みた。第1の課題として，先行研究を踏まえて，志向する国際戦略によって，GHRMシステムの構成要素の採用度が異なることが仮説化され，一元配置分散分析を行った結果，仮説1は支持された。

本稿の第2の課題は，国際戦略とGHRMシステムとの適合性が成果に影響を与えているかという調整効果を検討することであった。成果を従属変数，国際戦略，GHRMシステムの構成要素を独立変数とした階層的重回帰分析を行った。その結果として，まず，GHRMシステムの構成要素である世界志向（1％水準），価値の共有（10％水準），手続的公正性（10％水準）は成果に対して正の影響を与えていたことがわかった。これは，近年，グローバル経営を念頭においたビジネスが日本企業において現実的な課題として認識され，能力・成果を勘案したHRMシステム改革が行われていることと深い関係があると考えられる。本書では，職務等級制度及びコンピテンシーマネジメントをグローバルな適用可能性の高いGHRMシステムとして想定しており，先行研究を踏まえて4つの構成要素を導出した。重回帰分析の結果は，

日本企業において，GHRMシステムに求められる構成要素が成果に対して正の影響を与えていることを示している。本書での成果変数は，GHRMシステムをどれほど実行しているのか，という実行度で測定している。成果変数の項目は，GHRMシステムを導入したことによって得られる結果として先行研究で指摘されている点である。つまり，この成果変数に正の影響を与えているということは，職務等級制度及びコンピテンシーマネジメントが日本企業本社において実行されているという実態を示しているものととらえられる。

　次に，国際戦略がGHRMシステムと成果に与える調整効果について述べたい。本書では，活動の調整と価値の共有の交互作用項が1％水準で成果に正の影響を与えていることが明らかとなった。これは，先行研究で指摘されているように，拠点間の調整を重視する戦略を高く志向する企業ほど，企業理念，価値観の共有が重要となることを示している。本国で醸成された企業理念や価値観は，そのコンテクストから乖離すればするほど，その意味を伝達することが難しくなると考えられる。したがって，グローバル市場でビジネスを展開する多国籍企業にとって，価値を共有することは，多国籍企業のアイデンティティを保ち，協働・コミュニケーションを促進するためのグローバル接着剤となる（Bartlett and Ghoshal, 1989）。価値の共有に関する質問項目は，コンピテンシーマネジメントに関するものであり，この結果は，GHRMシステムとして，価値の共有を促進する"仕組み"を担保することの重要性を示唆している。

　また，本分析結果は，活動の配置と手続的公正性の交互作用項が成果に対して10％水準で正の影響を与えていることを明らかにした。この結果は，われわれが構築した仮説5-2と逆の結果を示している。活動の配置を重視する戦略として，シンプル・グローバル戦略（21社），輸出戦略（18社）が想定される。特に，シンプル・グローバル戦略を志向する企業については，それら企業がグローバル戦略へと移行すると想定しているPorter（1986）の主張から説明することができるだろう。彼は，MNCsの国際戦略の類型を示しているが，各国間の製品ニーズの同質化の進展，ITの登場によって支援活動に規模の経済が生まれ，主活動の調整が行いやすくなってきたこと，集中化に伴う規模の経済性にかげりがみられ，多品種少量生産が可能となってき

たこと等の諸要因により，活動の極端な集中配置をする必要と機会は小さくなり，活動の配置をより分散の方向へ進展させると主張する。また価値連鎖全体をグローバルに調整する能力が技術進歩に伴い劇的に向上するために，高度な調整が可能となると指摘する。その結果，シンプル・グローバル戦略やマルチドメスティック戦略は，グローバル戦略の方向へ向かうと示唆している（Porter, 1986, 邦訳, pp.68-71）。

Porter（1986）の主張に依拠すれば，シンプル・グローバル戦略を志向する企業ではグローバル戦略の実行に移行しつつあると考えられ，本稿の中心的な考察対象であるGHRMシステムの構築が進められていると解釈することができる。その結果，GHRMシステムの一構成要素である手続的公正性が活動の配置を重視する戦略を志向する企業において10％水準で成果に正の調整効果を与えていたと解釈することができる。ただし，10％水準で成果に正の調整効果を与えている点，また輸出戦略を志向する企業においても手続的公正性が重視されるのかという点までは本分析結果から判断することができないため，これらの解釈はあくまでも推測の域を出ないものである。

小括

以上，本章では，戦略類型論的視角から，日本企業が志向する国際戦略の違いがGHRMシステムの構成要素及び成果に対してどのような影響を及ぼすのかということについて検証してきた。その結果，一元配置分散分析の結果から企業が志向する国際戦略によって重視されるGHRMシステムの構成要素が異なることが明らかとなった。階層的重回帰分析の結果から，GHRMシステムの4つの構成要素の内，世界志向性（β .737, p＜.01），価値の共有（β .238, p＜.10），手続的公正性（β .234, p＜.10）は成果に正の影響を与えていた。また，活動の調整を重視する戦略を志向する企業では，GHRMシステムの4つの構成要素の内，価値の共有の採用が成果を説明する上で重要な役割を果たしていた（β .362, p＜.01）。また活動の配置を重視する戦略を志向する企業では，GHRMシステムの構成要素である手続的公

正性の採用が成果に対して正の調整効果を与えていることが明らかとなった（β .232, $p<.10$）。これまでHRMシステムという切り口からの実証的考察はほとんど行われていなかった。しかし本書では，日本企業におけるGHRMシステムの活用の実態を考察対象とし，量的調査に基づく結果を示してきた。この点において，戦略類型論的視角に立つ先行研究とのリサーチギャップを若干ではあるが埋めることができた。

しかし一方で，本実証研究には外的妥当性の問題が残されている。本分析では，73社から得られたデータをもとに実証分析を行ったが，回答企業数の少なさから，その分析結果にはバイアスがかかっていることは否定できない。また，GHRMシステムがどの程度日本企業本社で導入されているのかという実態を把握することを目的に，本分析では，主観的尺度が用いられた。したがって，今後は客観的指標を用いた分析を行い，議論の精緻化を図る必要がある。

注

1) 本書ではこれまで一貫して，グローバル戦略とGHRMシステムとの整合性を図る重要性について述べてきた。しかし，本章では，先行研究を踏まえて，MNCsの国際戦略—GHRMシステム—成果の3者関係を考察する。本章で取り上げるPorter（1980, 1986）の研究において，グローバル戦略はMNCsの戦略類型の1つとしてとらえられている。以上のことから，本章では，MNCsの戦略を国際戦略という用語を用いて表現する。ただし，本書が考察対象とするのは，Porter（1980, 1986）の類型におけるグローバル戦略であることに変わりはない。
2) 活動の配置に関して，基本的に下流活動は買い手の近くに配置する必要があるため，図における「活動の配置」の分散−集中は主に上流活動（研究開発，調達，製造）を指している（茂垣, 2001, p.102）。
3) この調査以外にも，海外子会社の社長の国籍や，海外子会社における現地人材の管理職以上への登用に関しても調査が行われているが，日本企業は，いずれも，26.2％，48％と低い数値を示している（Kopp, 1994, pp.586-588）。
4) 本調査は，平成19年度村田学術振興財団研究助成事業の研究助成を受け，実施された。研究助成をしてくださった財団法人村田学術振興財団の関係者の皆様に心より御礼申し上げます。
5) 本分析では，SPSSver21を使用した。
6) この操作的定義は，バーノンによって記された多国籍企業の特徴（大企業であること等）

第 7 章　日本企業における GHRM システムの実証分析

にもとづいて行われた（吉原，1979，p.66）。その後ハーバード・グループは，米国以外の国に本社を持つ多国籍企業を次のような基準で選定した。①「フォーチュン」に掲載の米国以外の国の鉱工業最大 200 社のリストに含まれている企業（1970 年時点），②上記のフォーチュン誌のリストには含まれていないが，そのリストに含まれている企業と同じ程度の売上高を持つ製造企業 12 社を追加する，③日本の 6 大商社，西ドイツの 2 社，第 2 次大戦後に解体された日本の 6 大財閥のそれぞれの本社，これら 3 種類の企業 14 社を追加する。この基準によって選定された非米系多国籍企業 226 社のうち，日系多国籍企業は，キリンビール，雪印乳業等が選定されたが，海外製造子会社をほとんどもたず，輸出比率も低い企業がいくつか含まれていた。それは，企業規模の基準によって選定されていたためであった。そこで，米国の多国籍企業と非米系多国籍企業の選定基準を同一にするために，次のような新しい基準を設定した。その基準は，① 1967 年における売上高が 4 億ドル以上であること，② 1968 年 1 月 1 日現在において，自社（親会社）の出資比率が 25％以上の海外製造子会社を 6 か国以上に持っていること，の 2 つであった（吉原，1979，pp.65-68）。

7) 回答拒否との返事をいただいた企業では，人事戦略の根幹にふれる調査内容であるために，コンフィデンシャリティの観点から回答できないという理由が多くみられた。

8) このように，73 社と母数が少ないため，本章以降の分析においても，バイアスがかかっていることは否めない。

9) 質問票は 10 項目で作成したが，分析段階で精査した結果，質問項目 9，10 については他の成果指標の内容と質を異にしていることから，この 2 項目を除外し，8 項目で測定した。なお 10 項目で階層的重回帰分析を行った結果，モデルの決定係数調整済み R2 乗，有意な影響を与えている項目等について大きな差はなかった。

10) GHRM システムの質問項目 3 では，グローバル戦略と輸出戦略（5％水準），シンプル・グローバル戦略と輸出戦略（5％水準）で有意差がみられた。質問項目 4 では，グローバル戦略と輸出戦略（5％水準），シンプル・グローバル戦略と輸出戦略（1％水準）で有意差がみられた。質問項目 8 では，グローバル戦略とシンプル・グローバル戦略（10％水準）で有意差がみられた。質問項目 12 では，グローバル戦略とマルチドメスティック戦略（5％水準），シンプル・グローバル戦略とマルチドメスティック戦略（1％水準）で有意差がみられた。

11) 活動の調整がなぜ成果に対して負の影響を与えるのかを明らかにするために，成果を従属変数，活動の調整を独立変数とした単回帰分析を行った。その結果，β .037，SD. 287 で成果に対して正の影響を与えていた。次に，活動の調整と GHRM システムの各構成要素とで重回帰分析を行った結果，公平性の担保以外の構成要素との重回帰分析では活動の調整は成果に対して負の影響を与えていた。コントロール変数を含めて同様の分析を行った結果，GHRM システムの全構成要素にて活動の調整は成果に対して負の影響を与えていた。単回帰分析の結果を踏まえると，短絡的に活動の調整は成果に対して負の影響を与えているととらえることはミスリードすることになる。他の諸変数との調整の結果，活動の調整が高い場合，成果に対して負の影響を及ぼしていると考えられる。

表7-7　本実証分析で使用された変数間の相関係数

変数	Mean	(SD)	1	2	3	4	5	6	7	8	9	10	11	12	13	14	15	16	17
1.成果	33.88	5.55	1.000																
2.進出国数(Log)	2.30	.49	.292**	1.000															
3.操業年数(Log)	4.18	.39	.042	.178†	1.000														
4.活動の調整	-0.04	2.34	.020	-.199†	-.136	1.000													
5.活動の配置	-0.04	2.76	.132	-.073	-.093	-.044	1.000												
6.世界志向性	-0.14	4.60	.524***	.130	-.172†	.422***	-.041	1.000											
7.価値の共有	0.15	4.91	.581***	.042	-.173†	.289**	.219†	.597***	1.000										
8.公平性の担保	-0.12	4.89	.389**	.288**	-.099	.026	.008	.433***	.359**	1.000									
9.手続的公正性	0.17	3.30	.527***	.227*	-.080	.208†	.289*	.372**	.565***	.349**	1.000								
10.活動の調整×世界志向性	4.49	12.36	.088	.083	.022	-.290**	-.040	-.057	-.065	-.099	-.042	1.000							
11.活動の調整×価値の共有	3.27	13.50	.150	-.147	-.133	-.024	.029	-.045	.012	-.113	.026	.542***	1.000						
12.活動の調整×公平性の担保	.30	13.11	-.170*	-.260**	.016	.114	.170†	-.107	-.123	-.508***	-.075	.109	.149	1.000					
13.活動の調整×手続的公正性	1.58	6.91	-.030	-.298**	-.027	.049	.161	-.022	.044	-.089	.046	.190†	.457***	.327**	1.000				
14.活動の配置×世界志向性	0.50	15.10	.181†	.024	.087	-.044	-.109	-.007	.065	.277*	.069	-.064	-.276*	.140	1.000				
15.活動の配置×価値の共有	2.91	14.92	.209*	.166†	.138	.030	-.120	.075	.121	.325**	.049	-.151	-.112	-.318*	-.081	.660***	1.000		
16.活動の配置×公平性の担保	.11	12.99	.240*	-.068	-.051	.202†	-.087	.343**	.366**	.286*	.100	-.344**	-.351*	-.040	.127	.401***	.209	1.000	
17.活動の配置×手続的公正性	2.58	9.12	.223*	.029	.087	.145	-.217**	.089	.057	.104	.017	.018	-.099	.090	-.157	.368***	.564***	.280*	1.000

注：*p<.05，**p<.01，***p<.001．

終章

結論と残された課題

1. 主要な結論の要約

　本書の目的は，日本企業本社のGHRM（IHRMのグローバル化）という問題について，"HRMシステム"という視点から考察することにあった。終章では，本書の要約と意義，そして今後の研究課題を示し，本書を締めくくりたい。

　第Ⅰ部の理論的考察は，第1章から第4章までで構成されていた。第1章では，本書の問題を解明するための予備考察として，IHRM研究の発展系譜をたどりながら，今日多くのMNCsが直面しているグローバル経営の遂行という観点から，GHRM研究の特徴及び研究の位置づけを示した。本書では，IHRM研究及びSIHRM研究は，MNCsへのHRM研究，SHRM研究を拡張した研究として位置づけた。他方，GHRM研究は，IHRM研究及びSIHRM研究が統合されたものととらえ，グローバル市場を対象にビジネス展開を図るMNCsへと拡張された研究として位置づけた。このように位置づけたGHRM研究は，グローバル経営の遂行という観点からHRMのあり方を考察するものであり，グローバル戦略とHRMとの関係性を重視する。このような観点からHRMのグローバル統合・現地適応の論理を明らかにすること，また，PCNsのみならず，HCNs，TCNsも含めてグローバルマネジャーをとらえ，彼らを対象とするHRMのあり方を検討するという特徴があることを指摘した。

　第2章では，GHRM研究の観点に立った際の日本企業のIHRM上の課題と

して,経営現地化問題を取り上げた。なぜ,グローバル経営の遂行を考えた場合,経営現地化が必要とされるのか,なぜ日本企業において経営現地化がなかなか進展しないのか,という2点を明らかにした。第1の経営現地化が必要とされる理由は,海外派遣者を活用するさまざまなデメリットを解消すること,また,グローバルな規模でビジネス展開を図るMNCsにとって,PCNsのみに依存したマネジメント体制を続けることには物理的限界があること,そのため,HCNs,TCNsを含めたグローバルに活躍する人材を育成,活用することがグローバル経営・グローバル戦略を遂行する上で欠かせない要素となっていることを指摘した。第2の日本企業において経営現地化が進まない理由として,日本的経営システムに組み込まれ日本的HRMシステムが形成されてきたため,日本企業の海外子会社の経営は,海外派遣者による直接統制によって行われるという特徴があることを指摘した。このような仕組みが日本企業の競争力を構築していると考えられてきたが,一方で経営現地化を進める上での阻害要因となっていることも明らかになった。したがって,日本企業がグローバル市場でビジネス展開を図るためには,HRMシステムのグローバリゼーションを図る必要がある。これが本書の主な主張点であった。これを明らかにするために,第3章では,本書がGHRMシステムとして想定する職務等級制度及びヘイ・システム,コンピテンシーマネジメントの先行研究,概念について理論的に考察した。その結果,職務等級制度及びヘイ・システムは,GHRMシステムとして,評価の客観性・公平性を担保することが可能であること,コンピテンシーマネジメントは,企業業績の向上,経営戦略・目標の遂行という観点から属人的要素にかかわらず企業が必要とする人材の特徴を明示化できるという点を明らかにした。コンピテンシーによって特定化された人材の能力を実際の成果に結びつけるためには,彼らに要求される成果責任を明確にする仕組み,すなわち職務等級制度及びヘイ・システムが必要となる。これらHRMシステムを併用することにより,グローバルな適用可能性の高いGHRMシステムとして機能することを指摘した。

　第4章では,成果主義HRMに関する懐疑論の批判的検討を行った。能力,成果を勘案したHRMシステムに対する根強い懐疑論の論点を明らかにし,これらの議論には,グローバル競争という変数が全く考慮されていない点を

指摘した。さらに，Cappelli（1997）の研究に依拠し，懐疑論が根拠とする欧米文化にもとづいたHRMシステムは日本企業に適さないとする議論への反駁として，米国企業においてもかつて終身雇用にもとづくHRMが行われてきたが，グローバル競争の圧力を背景に，能力・成果を勘案するHRMシステムへと変化してきたことに言及した。さらに，日本企業で能力・成果を勘案するHRMシステムがうまく活用できないという課題に対して，HRMシステム自体に問題があるのではなく，①新たなHRMシステムを導入する際のノウハウの獲得や企業側の取り組み姿勢に関する課題，②新たなHRMシステムの実際の運用にかかわる課題があることを示した。

　第Ⅱ部は，第5章から第7章までで構成され，質的アプローチ，量的アプローチ双方の視点からの実証的考察が行われた。第5章，第6章では，GHRMシステム改革に取り組んだ日本企業2社の説明的ケーススタディを行った。第5章では，日本を代表する武田薬品工業のケーススタディを行った。武田薬品がGHRMシステム改革へ乗り出した背景には，医薬品業界におけるグローバルな競争環境の変化があったこと，グローバル企業としての成長を目指すという戦略転換があったことを示した。武田薬品がGHRMシステム改革を成功裏に収めることができた要因として，本書では，①競争環境の変化を背景に，武田國男氏への社長交代があり，武田氏のリーダーシップを果たす役割が大きかったこと，②GHRMシステムの導入に際して，武田薬品はコンサルティング・ファームを活用し，積極的な協働を通じて自助努力を行ったこと，を指摘した。

　続く第6章では，オムロン社を取り上げ，GHRMシステム改革の導入プロセスに関する説明的ケーススタディを行った。オムロンがGHRMシステムへの改革を始めた時期からの内部資料及びGHRMシステム改革担当者等に対する複数回にわたるインタビュー調査を実施することができたため，「文脈や過程，生々しい経験，現場での根拠づけを行う」という質的アプローチが持つメリット（Punch, 1998）を生かすため，調査対象者の生の声を取り上げた。オムロンでGHRMシステム改革が着手された背景には，グローバル市場でのさらなるプレゼンスを高めること，海外従業員数の増加への対応というオムロンの直面しているビジネス及びその環境の変化があり，海外子

会社における日本的HRMシステムの抱える問題を解決することを目的に，GHRMシステムへの改革が行われた。しかし，カンパニー制を重視した経営を行っていく中で，各カンパニーによって，戦略や対象とする顧客，市場等が異なり，当初想定されていたHRMシステムを標準化していくことのメリットが希薄化したことから，役割等級制度への一本化，ひいては本社―海外子会社間でのHRMシステムの標準化という方向性が見直された。GHRMシステムの修正は，オムロンがビジネスを展開する上での実務的観点から行われたといえる。オムロンのケーススタディから，導出されたインプリケーションは，①MNCsの志向する国際戦略とGHRMシステムとの整合性を検討する重要性であり，②日本企業における理念先行型によるGHRMシステム改革の着手の可能性であった。日本を代表する2社のケーススタディを通じて，GHRMの実践に向けた取り組みがどれほど重要であり，また難しいものなのかを明らかにした。さらに，総括として，本章では，2社のケーススタディからの仮説的な発見事実として次の4つを示した。①MNCsの志向する戦略によって，GHRMシステムの構成要素及びその採用度は規定される。②グローバル経営の遂行を重視するMNCsは，世界志向的なトップ・マネジメントの修正が反映されたGHRMシステムが活用される。③グローバル経営の遂行を重視するMNCsほど，規範による統合という要素を重視したGHRMシステムを活用する。④グローバル経営の遂行を重視するMNCsほど，公平性の担保という要素を重視したGHRMシステムを活用する。

　第7章では，説明的ケーススタディから得られた仮説的な発見事実及び先行研究のレビューを踏まえて，MNCsが志向する国際戦略の違いがGHRMシステムの構成要素及び成果に対してどのような影響を及ぼすのかということについて検証した。本章では，MNCsの志向する国際戦略―GHRMシステム―成果の3者関係について，9つの作業仮説を設定し，次の検証を試みた。第1は，国際戦略がGHRMシステムの構成要素の採用に影響を与えているのかを明らかにすることを目的とした一元配置分散分析である。GHRMシステムの4つの構成要素を構成する21の質問項目の内，4項目にて差がみられた。この結果を受け，第2に，国際戦略とGHRMシステムとの適合性が成果に影響を与えているかという調整効果を検討することを目的に，階層

終章　結論と残された課題

的重回帰分析を行った。本モデルの重回帰係数Rは.802，R2乗は.525であり1％水準で有意だった。その結果，まず，GHRMシステムの4つの構成要素の内，世界志向性（β .737, p＜.01），価値の共有（β .238, p＜.10），手続的公正性（β .234, p＜.10）は成果に正の影響を与えていた。次に，活動の調整を重視する戦略を志向する企業では，GHRMシステムの4つの構成要素の内，価値の共有の採用が成果を説明する上で重要な役割を果たしていた（β .362, p＜.01）。また活動の配置を重視する戦略を志向する企業では，GHRMシステムの構成要素である手続的公正性の採用が成果に対して正の調整効果を与えていることが明らかとなった（β .232, p＜.10）。

　本書の意義について，以下では理論的インプリケーション，実践的インプリケーションに分けて論じることにしたい。

2. 理論的インプリケーション

　本書における第1の理論的インプリケーションは，日本企業のGHRMという課題に対して，HRMシステムという視点から考察したことにある。先行研究では，日本企業のIHRM上の課題や日本企業のIHRMの現状はHRMプラクティスの観点から行われていた。しかし，本書では，日本企業のIHRM上の課題を解決するには，HRMプラクティスレベルからの対応及び考察では限界があるのではないかとの問題意識のもと，日本企業がグローバル企業へと発展し，グローバル経営・グローバル戦略の遂行を行うためには，グローバルな規模で標準化されたGHRMシステムを構築する必要があると主張している。GHRMシステムを構築することによって，先行研究で指摘されてきた日本企業の抱えるIHRM上の課題，すなわち経営現地化問題の解決の一助となること，またMNCグループとしてグローバル経営を実行するにあたり，PCNsのみならず，HCNs，TCNsを含めたグローバルマネジャーの育成，登用，活用が可能となることを指摘した。

　第2に，日本企業におけるGHRMシステム改革の階層構造側面を指摘した点である。この点は，後に述べる実践的インプリケーションとも重なる部分

237

である。理論的インプリケーションという見地に立った場合，グローバル経営が実際的な課題となっている今日，成果主義HRMシステム自体の考察や議論，そうあるべきとの規範論，またそれに対する安易な懐疑論はもはや意味をなさない。GHRMの構築は，グローバル経営を遂行する上で不可欠であり，GHRMシステムへの改革は，日本企業にとってグローバル企業へと発展するために必要なプロセスである。従来日本企業が活用してきたHRMシステムとは論理が異なるため，その導入，運用という点で苦戦している企業も多いと思われる。本書では，GHRMシステムの構築を図っている企業，もしくは図ろうとしている企業に対して，GHRMシステムの論理を理解すること，自社の志向する国際戦略とGHRMとの整合性を検討すること，それを導入する際の課題，運用の課題があることを指摘した。この点は，先行研究ではほとんど指摘されてこなかった部分であり，先行研究に対する本書の貢献点である。

　第3に，日本企業におけるGHRMシステム改革の背景，実態を明らかにした点である。日本企業で導入が進められているGHRMシステムは，従来主に実務レベルから議論が展開されてきたこともあり，学術的，理論的な見地からは十分な考察が行われてきたとはいえない。事例研究が行われていたとしても，HRMシステムの説明に終始し，なぜGHRMシステム（または成果主義HRMシステム）を導入しなければならなかったのかという背景については十分に考察されていなかった。しかし，本書では，なぜ，GHRMシステムへの改革が必要なのか，どのように導入されているのかといった"文脈"に着目し，説明的ケーススタディを行っている。したがって，特に，懐疑論に対しては，グローバルな競争環境への変化という視点及びGHRMシステムの階層構造側面を示すことにより懐疑論の抱えている限界点を示すことができた。また規範論に対してはGHRMシステムの階層構造側面という点を指摘することにより，規範論を超えた知見をもたらすことができたと考えられる。GHRMシステムとして，何を担保しなければならないか，という要件については，実証研究においても明らかにすることができた。ただし，日本企業におけるGHRMシステムへの改革は継続的な取り組みである。したがって本書で明らかにしたことは，調査，及び執筆の時点において切り取

ることのできた"現実の一側面"にすぎない。

3. 実践的インプリケーション

　本書における実践的なインプリケーションは，GHRMシステムへの改革に取り組む日本企業に対して，GHRMシステムへの改革には階層構造側面があることを示した点にある。GHRMシステムの構築に際して，本書では，説明的ケーススタディを踏まえ，①各企業の国際戦略とGHRMシステムとの整合性の課題，②HRMシステムを導入する際のノウハウの獲得や企業側の取り組み姿勢に関する課題，③HRMシステムの実際の運用にかかわる課題があることを指摘した。GHRMシステムを導入する際にまず考慮すべき点は，①の問題である。自社の置かれている競争環境，志向する国際戦略との適合性を踏まえた上で，GHRMシステムの導入を行うことが重要である。MNCsの志向する国際戦略とGHRMシステムとの整合性が図られていたとしても，導入，運用という局面における課題をクリアしなければならない。GHRMシステムを導入しようとする際，抵抗勢力の存在，従業員の納得性を高めるための準備，GHRMシステムを導入する際のノウハウの獲得や，日本的経営システムとの整合性をどのように図るか（運用）等多くの困難が生じると思われる。しかし，1つ1つの課題に真摯に向き合い，GHRMシステムを活用するという強い企業側の意思（e.g., Maister, 2008）や自助努力なくしてGHRMシステムの構築は難しいだろう。言うは易し，行うは難しである。結果を出すまでやり続けることが重要である。本書は，日本企業本社を対象に議論を展開してきたが，GHRMシステムはあくまでもGHRMを実行するための基盤となるものである。GHRMシステムをベースとし，グローバル及びローカルのHRMプラクティスの運用がある。それらHRMプラクティスをグローバル経営の遂行という観点からどのように設計し，運用するかということが，多様な人材の活用を可能とし，ひいては，MNCグループとして，グローバルな競争優位を構築することに繋がると考えられる。日本企業のGHRMという問題は，単なるHRMシステムの改革という安易な議論では

済ますことのできないほど，日本企業に多大な労力を求める課題である。しかし，グローバル市場でのさらなる活躍に向けて，日本企業は，GHRMの構築・運用を通じてグローバルな競争優位を構築するために，目前にはだかる大きな壁を乗り越えていくことができる，と筆者は強く信じている。

4. 本書に残された課題

　本書にはいくつかの残された課題がある。ここでは主要な研究課題のみを取り上げ，本書を終えることにする。

　第1の研究課題は，本書では日本企業本社を研究対象としてきたために，日系海外子会社におけるHRMシステムの実態（どのようなHRMシステムが活用され，どのような問題点を抱えているのか等の現状）について十分に考察することができなかった点である。この点を明らかにすることは，本書が主張してきたGHRMシステムの実態，すなわち，本社―海外子会社間，海外子会社間のGHRMシステムの標準化という実態を解明することに繋がる。また外資系企業との比較研究を通じて，GHRMシステムの役割についての知見を深めていく必要もあるだろう。第2の研究課題は，グローバル経営の遂行という観点から，どのようなHRMプラクティスがグローバルに統合され，あるいは現地適応されるのかという"論理"を明らかにすることである。本書では，GHRMシステムの構築，あり方に焦点を当てていたため，グローバル及びローカルのHRMプラクティスの役割について考察することができなかった。グローバル経営の遂行という観点からHRMの役割を考えると，各MNCによって志向する国際戦略は異なるため，重視されるべきHRMポリシーやプラクティスも当然異なると考えられる。

　グローバル及びローカルHRMプラクティスが，グローバル経営の遂行及びグローバル戦略の実行に"どのように貢献しているのか"，換言すれば，グローバル及びローカルHRMプラクティスは，グローバル経営の遂行に向け，どのように設計・マネジメントされ，それがMCNグループとしてのグローバルな競争優位を構築しているのかという論理を明らかにすることであ

る。IHRM研究では，MNCsの国際戦略の影響を受けHRMが形成されるとする戦略類型論的視角に立つ研究及び制度論的視角に立つ研究が重ねられてきた。しかし，先行研究では，MNCsの国際戦略の遂行に向け，HRMポリシー，プラクティスがどのように貢献しているのか，すなわち，なぜ特定の国際戦略を追求する場合，特定のHRMプラクティスが重視されるのかという関係性はほとんど明らかにされていない。したがって，特定の国際戦略を追求する際に重視されるHRMプラクティスの意義や論理を示すことが，先行研究への貢献へと繋がると考えられる。また，制度論的視角に立つ研究では，海外子会社のHRMプラクティスが現地企業のそれとどの程度類似しているのか，または本社のそれと類似性が高いのか，を考察対象としており，"MNCグループ"としてどのように整合性が図られているのか，という点は（e.g., Dickmann and Müller-Camen, 2006）はほとんど考察されていない。したがって，この視点からの考察を進めることは，GHRM研究の発展に貢献することに繋がると考えられる。

　最後に，本書では，グローバル経営の遂行という観点から，日本企業のGHRMという問題をGHRMシステムという視点から考察してきたが，知識社会，クリエイティブ資本主義社会といわれる今日において，HRMの意義や役割，また本社における人事機能の役割，またナレッジ・ワーカーとしての従業員の質，価値，彼らを対象とするマネジメントのあり方は大きく変化してきていると考えられる。ナレッジ・ワーカーを対象とするGHRMを考察することは，本書での議論に新たな知見をもたらしてくれるだろう。この意味でコンサルティング・ファーム等の知識集約型企業におけるGHRMを考察し，製造MNCsとの比較研究を行うことは，GHRM研究の発展に大きく寄与すると考えられる。以上の検討課題を解明するためには，さらなる質的・量的調査が必要となる。

　これらの本書に残された課題こそ，冒頭で述べたわれわれの大きな研究課題を解明する次の重要なステップとなる。研究に真摯に向き合い，学術的，にはもちろんであるが，実践的な諸課題の解明に専心していきたい。

■ 引用・参考文献

海外参考文献

Abbas, A. J., and Robert, C. C. (1996) "Global managers: qualities for effective competition," *International Journal of Manpower*, Vol.17, No.6/7, pp.5-12.

Adams, J. S. (1964) "Inequity in social exchange," in L. Berkowits (Ed.), *Advances in experimental social psychology*, Orlando, Tokyo: Academic Press, pp.267-299.

Adler, N. J. (1991) *International dimensions of organizational behavior, 2nd edition*, Boston: PWS-KENT Pub. Co. (江夏健一・桑名義晴監訳『異文化組織のマネジメント』セントラル・プレス株式会社, 1996年)

Adler, N. J., and Bartholomew, S. (1992) "Managing globally competent people," *Academy of Management Executive*, Vol.6, Iss.3, pp.52-65.

Adler, N. J., and Ghadar, F. (1990) "International strategy from the perspective of people and culture: the North American context," in A. M. Rugman (Ed.), *Research in global strategic management : international business research for the twenty-first century*, Vol.1, Greenwich, CT: JAI Press, pp.179-205.

Akingbola, K. (2006) "Strategy and HRM in nonprofit organizations: evidence from Canada," *The International Journal of Human Resource Management*, Vol.17, Iss.10, pp.1707-1725.

Alpander, G. (1982) *Human resource management planning*, New York: AMACOM.

Armstrong, M., and Murlis, H. (1994) *Reward management: a handbook of remuneration strategy and practice, 3rd edition*, London: Kogan Page Ltd.

Atkinson, J. W. (1964) *An introduction to motivation*, Princeton, N J : Van Nostrand.

Bair, J., and Ramsay, H. (2003) "MNCs and global commodity chains: implications for labor strategy," in W. N. Cooke (Ed.), *Multinational companies and global human resource strategies*, Westport, CT: Quorum Books, pp.43-64.

Baker, J. C., and Ivancevich, J. M. (1971) "The assignment of American executives abroad: systematic, haphazard, or chaotic?," *California Management Review*, Vol.13, No.3, pp.177-182. (中島潤監訳「アメリカ人経営幹部の海外配属：体系的か, 場当たり的か, それとも無秩序か？」『国際ビジネス・クラッシックス』文眞堂, 第17章 (pp.323-335), 1990年)

Barney, J. (1991) "Firm resources and sustained competitive advantage," *Journal of Management*, Vol.17, No.1, pp.9-120.

Barrie, J., and Pace, R. W. (1997) "Competence, efficiency, and organizational learning," *Human Resource Development Quarterly*, Vol.8, No.4, pp.335-342.

Bartlett, C. A., and Ghoshal, S. (1989) *Managing across borders: the transnational solution*,

Boston, MA: Harvard Business School Press.（吉原英樹監訳『地球市場時代の企業戦略：トランスナショナル・マネジメントの構築』日本経済新聞社，1990年）

Bartlett, C. A., and Ghoshal, s. (1992) *Transnational management*, Chicago: Irwin.（梅津祐良訳『MBAのグローバル経営』日本能率協会マネジメントセンター，1998年）

Bartlett, C. A., and Ghoshal, S. (2003) "What is a global manager?," *Harvard Business Review*, August, pp.101-108.

Bebenroth, R., and Kanai, T. (2011) *Challenges of Human Resource Management in Japan*, London: Routledge.

Becker, B., and Gerhart, B. (1996) "The impact of human resource management on organizational performance: progress and prospects," *Academy of Management Journal*, Vol.39, Iss.4, pp.779-801.

Beechler, S., and Bird, A. (1994) "The best of both worlds?: an exploratory study of human resource management practices in US-based Japanese affiliates," in N. Campbell and F. Burton (Eds.), *Japanese multinationals: strategies and management in the global kaisha*, London: Routledge.

Beechler, S., and Yang, J. Z. (1994) "The transfer of Japanese-style management to American subsidiaries: contingencies, constraints, and competencies," *Journal of International Business Studies*, Vol.25, No.3, pp.467-491.

Beer, M., Spencer, B., Lawrencem P., Quinn Mills, D., and Walton, R. (1985) *Human resource management: a general manager's perspective*, New York: Free Press.

Belous, R. S. (1989) *The contingent economy: the growth of the temporary, part-time and subcontracted workforce*, Washington, D. C. : National Planning Association.

Bird, A., Taylor, S., and Beechler, S. (1998) "A typology of international human resource management in Japanese multinational corporations: organizational implications," *Human Resource Management*, Vol.37, No.2, pp.159-172.

Björkman, I. (2006) "International human resource management research and institutional theory," in G. K. Stahl and I. Björkman (Eds.), *Handbook of research in international human resource management*, Cheltenham, UK: Edward Elgar, pp463-474.

Björkman, I., and Lu, Y. (2001) "Institutionalization and bargaining power: explanations of human resource management practices in international joint ventures-the case of Chinese-Western joint ventures," *Organization Studies*, Vol.22, No.3, pp.491-512.

Björkman, I., and Stahl, G. K. (2006) "International human resource management research: an introduction to the field," in G.K. Stahl and I. Björkman (Eds.), *Handbook of research in international human resource management*, Cheltenham, UK: Edward Elgar, pp.1-12.

Björkman, I., Fey, C. F., and Park, H. J. (2007) "Institutional theory and MNC subsidiary

Black, J. S. (1988) "Work role transitions: a study of American expatriate managers in Japan," *Journal of International Business Studies*, Vol.19, Iss.2, pp.277-294.

Black, J. S., and Gregersen, H. (1991) "Antecedents to cross-cultural adjustment for expatriates in Pacific Rim assignments," *Human Relations*, Vol.44, No.5, pp.497-515.

Black, J. S., Mendenhall, M., and Oddou, G. (1991) "Toward a comprehensive model of international adjustment: an integration of multiple theoretical perspectives," *Management*, Vol.16, No.2, pp.291-317.

Black, J. S., Gregersen, H. B., Mendenhall, M. E., and Stroh, L. (1999) *Globalizing people through international assignments*, Reading, MA: Addison-Wesley. (白木三秀・永井裕久・梅澤隆監訳, ㈶国際ビジネスコミュニケーション協会翻訳協力『海外派遣とグローバルビジネス―異文化マネジメント戦略―』白桃書房, 2001年)

Boak, G., Thompson, D., and Mitchell, L. (1991) *Developing managerial competences: the management learning contract approach*, London: Pitman.

Boseman, G., and Phatak, A. (1989) *Strategic management: text and cases, 2nd edition*, New York: Wiley.

Bowden, J. A., and Masters, G. N. (1993) *Implications for higher education of a competency-based approach to education and training*, Canberra: Australian Govt. Pub. Service.

Bowen, D. E., and Ostroff, C. (2004) "Understanding HRM-firm performance linkages: the role of the 'strength' of the HRM system," *Academy of Management Review*, Vol.29, No.2, pp.203-221.

Boxall, P. (1996) "The strategic human resource management debate and the resource-based view of the firm," *Human Resource Management Journal*, Vol.6, Iss.3, pp.59-75.

Boyatzis, R. E. (1982) *The competent manager: a model for effective performance*, New York: John Wiley & Sons.

Brewster, C. (1998) "Strategic HRM: questions raised by international and comparative data," in P. M. Wright, L. D. Dyer, J. W. Boudreau, and G. T. Milkovich (Eds.), *Research in personnel and human resources management: strategic human resources management in the twenty-first century*, Supplement 4, Greenwich, CT: JAI Press, pp53-74.

Brewster, C. (2006) "Comparing HRM policies and practices across geographical borders," in G. Stahl and I. Björkman (Eds.), *Handbook of research in international human resource management*, Cheltenham, UK: Edward Elgar pp.68-90.

Brewster, C., and Myers, A. (1989) "Managing the global manager: new research data," Cranfield Information and Library Service, Cranfield University, *School Working Paper*, 40/89, pp.1-9.

Brewster, C., and Tregaskis, O. (2003) "Convergence or divergence of contingent employment practices?: evidence of the role of MNCs in Europe," in W. M. Cooke (Ed.), *Multinational companies and global human resource strategies*, Westport, CT: Quorum Books, pp.143-166.

Brewster, C., and Suutari, V. (2005) "Global HRM: aspects of a research agenda," *Personnel Review*, Vol.34, No.1, pp.5-21.

Brewster. C., Sparrow, P., and Harris, H. (2005) "Towards a new model of globalizing HRM," *The International Journal of Human Resource Management*, Vol.16, No.6, pp.949-970.

Briscoe, D., Schuler, R., and Tarique, I. (2012) *International human resource management: policies and practices for multinational enterprises, 4th edition*, New York: Routledge.

Brown, R. B. (1993) "Meta competence: a recipe for reframing the competence debate," *Personnel Review*, Vol.22, No.6, pp.25-36.

Bruning, N. S. (2011) "Taking stock of the research on evolving relationships between Japanese human resource management practices and firm performance," in R. Bebenroth and T. Kanai (Eds.), *Challenge of human resource management in Japan*, New York: Routledge.

Buckley, P. J., and Casson, M. (1976) *The future of the multinational enterprise*, London: Macmillan.

Burgoyne, J. G. (1993) "The competence movement: issues, stakeholders and prospects," *Personnel Review*, Vol.22, No.6, pp.6-14.

Butler, J. E., Ferris, G. R., and Napier, N. K. (1991) *Strategy and human resources management*, Cincinnati, OH: South-Western Pub. Co.

Caliguiri, P. (2000) "The big five personality characteristics as predictors of expatriates' desire to terminate the assignment and supervisor-rated performance," *Personnel Psychology*, Vol.53, No.1, pp.67-88.

Caliguiri, P. (2006) "Developing global leaders," *Human Resource Management Review*, Vol.16, No.2, pp.219-228.

Cappelli, P. (1997) *Change at work*, New York: Oxford University Press.

Cappelli, P. (1999) *The new deal at work: managing the market-driven workforce*, Boston: Harvard Business School Press.(若山由美訳『雇用の未来』日本経済新聞社, 2001年)

Cappelli, P., and Crocker-Hefter, A. (1993) "Distinctive human resources are firms' core competencies," *Organizational Dynamics*, Vol.24, Iss.3, pp.7-22.

Cenzo, D. A., and Robbins, S. P. (1996) *Human resource management, 5th edition*, New

York: John Wiley & Sons.

Charles, V. M., and Eduardo, P. S. (1993) "An ethical argument for host country workforce training and development in the expatriate management assignment," *Journal of Business Ethics*, Vol.12, No.12, pp.635-642.

Christensen, C. M., Alloworth, J., and Dillon, K. (2012) *How will you measure your life?*, London, UK: HarperCollins Publisheres.（櫻井祐子訳『イノベーション・オブ・ライフ』翔泳社，2012年）

Church, A. T. (1982) "Sojourner adjustment," *Psychological Bulletin*, Vol.91, No.3, pp.540-572.

Clark, P., and Mueller, F. (1996) "Organizations and nations: from universalism to institutionalism?," *British Journal of Management*, Vol.7, Iss.2, pp.125-139.

Collings, D. G., Scullion, H., and Dowling, P. J. (2009) "Global staffing: a review and thematic research agenda," *The International Journal of Human Resource Management*, Vol.20, No.6, pp.1253-1272.

Collins, J. (2001) *Good to great: why some companies make the leap and others don't*, New York: HarperBusiness.（山岡洋一訳『ビジョナリーカンパニー②飛躍の法則』日経BP社，2001年）

Collins, J., and Porras, J. I. (1994) *Built to last: successful habits of visionary companies*, New York: HarperBusiness.（山岡洋一訳『時代を超える生存の原則』日経BP出版センター，1995年）

Cooke, W. N. (2003) *Multinational companies and global human resource strategies*, Westport, CT : Quorum Books.

Dany, F., Guedri, Z., and Hatt, F. (2008) "New insights into the link between HRM integration and organizational performance: the moderating role of influence distribution between HRM specialists and line managers," *The International Journal of Human Resource Management*, Vol.19, Iss.11, pp.2095-2112.

Davenport, T. H., and Prusak, L. (1998) *Working knowledge: how organizations manage what they know*, Boston: Harvard Business School Press.（梅本勝博訳『ワーキング・ナレッジ：「知」を活かす経営』生産性出版，2000年）

Davenport, T. H., and Harris, J. G. (2007) *Competing on analytics: the new science of winning*, Boston: Harvard Business Press.（村井章子訳『分析力を駆使する企業：発展の五段階：分析で答を出す六つの問題』日経BP社，2011年）

Davenport, T. H., and Harris, J. G. (2010) *Analytics at work: smarter decisions, better results*, Boston: Harvard Business Press.（村井章子訳『分析力を武器とする企業：強さを支える新しい戦略の科学』日経BP社，2008年）

Deci, E. L. (1975) *Intrinsic motivation*, New York: Plenum Press.（安藤延男・石田梅男訳『内発的動機付け』誠信書房，1980年）

Deci, E. L., and Ryan, R. M. (1985) *Intrinsic motivation and self-determination in human behavior*, New York: Plenum Press.

De Cieri, H., and Dowling, P. J. (1997) "Strategic international human resource management: an Asia-Pacific perspective," *Management International Review*, Vol.37, Special Issue, pp.21-42.

De Cieri, H., Cox, J. W., and Fenwick, M. S. (2001) "Think global, act local: from naïve comparison to critical participation in the teaching of strategic international human resource management," *Tamara: Journal of Critical Postmodern Organization Science*, Vol.1, Iss.1, pp.68-79.

De Cieri, H., and Dowling, P. J. (2006) "Strategic international human resource management in multinational enterprises: developments and directions," in G. Stahl and I. Björkman (Eds.), *Handbook of research in international human resource management*, Cheltenham, UK: Edward Elgar, pp.15-34.

Deley, J. E., and Doty, D. H. (1996) "Modes of theorizing in strategic human resource management: tests of universalic, contingency, and configurational performance predictions," *Academy of Management Journal*, Vol.39, No.4, pp802-835.

Dickmann, M., and Müller-Camen, M. (2006) "A typology of international human resource management strategies and process," *The international Journal of Human Resource Management*, Vol.17, No.4, April, pp.580-601.

Dickmann, M., and Baruch, Y. (2011) *Global careers*, New York: Routledge.

DiMaggio, P., and Powell, W. (1983) "The iron cage revisited: institutional isomorphism and collective rationality in organizational fields," *American Sociological Review*, Vol.48, Iss.2, pp.147-160.

DiMaggio, P., and Powell, W. (1991) *The new institutionalism in organizational analysis*, Chicago: University of Chicago Press.

Dowling, P. J. (1988a) "International human resource management," in L. Dyer (Ed.) *Human resource management: evolving roles and responsibilities*, Washington, D.C.: ASPA/BNA Series, 1, pp.228-257.

Dowling, P. J. (1988b) "International and domestic personnel/human resource management: similarities and differences," in R. S. Schuler, S. A. Youngblood, and V. L. Huber (Eds.), *Readings in personnel and human resource management, 3rd edition*, St. Paul, MN: West Publishing.

Dowling, P. J. (1999) "Completing the puzzle: issues in the development of the field of international human resource management," *Management International Review*, Vol.39, Iss. 3, pp.27-43.

Dowling, P. J., and Welch, D. E. (1988) "International human resource management: an Australian perspective," *Asia Pacific Journal of Management*, Vol.6, No.1, pp.39-65.

Dowling, P. J., and Schuler, R. S. (1990) *International dimensions of human resource management*, Boston: PWS-Kent Pub. Co.

Dowling, P. J., Schuler, R. S., and Welch, D. (1994) *International dimensions of human resource management, 2nd ed.*, Belmont, CA: Wadsworth Pub.

Dowling, P. J., Welch, D. E., and Schuler, R. S. (1999) *International human resource management: management people in a multinational context*, OH: South-Western College Publishing.

Doz, Y., Bartlett, C. A., and Prahalad, C. K. (1981) "Global competitive pressures and host country demands: managing tensions in MNCs," *California Management Review*, Vol.23, Iss. Spring, pp.63-74.

Doz, Y. L., and Evans, P. A. L. (1992) "Dualities: a paradigm for human resource and organizational development in complex multinationals," in V. Pucik, N. M. Tichy, and C. K. Barnett (Eds.), *Globalizing management: creating and leading the competitive organization*, New York: John Wiley, pp.85-106.

Doz, Y., Santos, J., and Williamson, P. (2001) *From global to metanational: how companies win in the knowledge economy*, Boston: Harvard Business School Press.

Draganidis, F., and Mentzas, G. (2006) "Competency-based management: a review of systems and approaches," *International Management & Computer Security*, Vol.14, No.1, pp.51-64.

Drucker, P. F. (1992) *The age of discontinuity: guidelines to our changing society*, New Brunswick, NJ: Transaction Publishers.（上田惇生訳『断絶の時代：いま起こっていることの本質』ダイヤモンド社，1999年）

Drucker, P. F. (1993) *Post-capitalist society*, New York: HarperBusiness.（上田惇生・佐々木実智男・田代正美訳『ポスト資本主義社会：21世紀の組織と人間はどう変わるか』ダイヤモンド社，1993年）

Drucker, P. F. (1999) *Management challenge for the 21st century*, New York: HarperBusiness.（上田惇生訳『明日を支配するもの：21世紀のマネジメント革命』ダイヤモンド社，1999年）

Dubois, D. D. (1993) *Competency-based performance improvement: a strategy for organizational change*, Amherst, MA: HRD Press.

Dubois, D. D. (1998) *The competency casebook*, Amherst, MA: HRD Press.

Dunning, J. H. (1979) "Explaining changing patterns of international production: in defence of the eclectic theory," *Production*, Vol.41, Iss.4, pp.269-296.

Dyer, L., and Holder, G. W. (1988) "A strategic perspective of human resource management," in L. Dyer (Ed.), *Human resource management: evolving roles and responsibilities*, Washington, D. C.: The Bureau of National Affairs, pp.257-271.

Dyer, L., Kochan, T. A., and Batt, R. (1992) "International human resource studies: a framework for future research," *CAHRS working paper series*, Cornell

University ILR School, pp.1-51.

Edström, A., and Galbraith, J. R. (1977) "Transfer of managers as a coordination and control strategy in multinational organizations," *Administrative Science Quarterly*, Vol.22, Iss.2, pp.248-263.

Edwards, T., and Kuruvilla, S. (2005) "International HRM: national business systems, organizational politics and the international division of labor in MNCs," *International Journal of Human Resource Management*, Vol.16, No.1, pp.1-21.

Eisenhardt, K. M. (1985) "Control: organizational and economic approaches," *Management Science*, Vol.31, No.2, pp.134-149.

Evance, P., and Doz, Y. (1989) "The dualistic organization," in P. Evans, Y. Doz, and A. Laurent (Eds.), *Human resource management in international firms: change, globalization, innovation*, Oxford, MA: Blackwell, pp.219-242.

Evans, P., and Lorange, P. (1989) "The two logics behind human resource management," in P. Evans, Y. Doz, and A. Laurent (Eds.), *Human resource management in international firms: change, globalization, innovation*, Oxford, MA: Blackwell, pp.144-161.

Evans, P., Pucik, V., and Barsoux, J. L. (2002) *The global challenge: framework for international human resource management*, Boston: McGraw-Hill/Irwin.

Ferner, A., and Quintanilla, J. (1998) "Multinationals, national business systems and HRM: the enduring influence of national identity or a process of 'Anglo-Saxonization'," *The International Journal of Human Resource Management*, Vol.9, No.4, pp.710-731.

Ferris, G. R., Rosen, S. D., and Barnum, D. T. (1995) *Handbook of Human Resource Management*, Oxford, MA: Blackwell.

Feuille, P., and Delaney, J. T. (1992) "The individual pursuit of organizational justice: grievance procedures in nonunion workplace," in K. M. Rowland and G. R. Ferris (Eds.), *Research in personnel and human resources management*, Stamford, CT: JAI Press, pp.187-232.

Flick, U. (2002) *An introduction to qualitative research, 2nd edition*, London: Sage. (小田博志・山本則子・春日常・宮地尚子訳『質的研究入門：〈人間の科学〉のための方法論』春秋社, 2002年)

Florida, R. (2002) *The rise of the creative class: and how it's transforming work, leisure, community and everyday life*, New York: Basic Books. (井口典夫訳『クリエイティブ資本論：新たな経済階級（クリエイティブ・クラス）の台頭』ダイヤモンド社, 2008年)

Florida, R. (2005) *Cities and the creative class*, New York: Routledge. (小長谷一之訳『クリエイティブ都市経済論：地域活性化の条件』日本評論社, 2010年)

Florida, R. (2007) *The flight of the creative class: the new global competition for talent*,

New York: HarperBusiness.（井口典夫訳『クリエイティブ・クラスの世紀：新時代の国，都市，人材の条件』ダイヤモンド社，2007年）

Florida, R.（2008）*Who's your city? : how the creative economy is making where to live the most important decision of your life*, New York: Basic Books.（井口典夫訳『クリエイティブ都市論：創造性は居心地の良い場所を求める』ダイヤモンド社，2009年）

Florida, R., and Kenney, M.（1991）"Transplanted organizations: the transfer of Japanese industrial organization to the U. S.," *American Sociological Review*, Vol.56, No.3, pp.381-398.

Florida, R., and Kenney, M.（1993）*Beyond mass production: the Japanese system and its transfer to the U. S.*, New York: Oxford University Press.

Folger, R., and Greenberg, J.（1985）"Procedural justice: an interpretative analysis of personnel systems", in K. Rowland and G. Ferris (Eds.), *Research in personnel and human resources management*, Vol.3, Greenwich, CT: JAI Press, pp.141-183.

Fombrum, C. J., Tichy, N. M., and Devanna, M. A.（1984）*Strategic human resource management*, New York: Wiley.

Franko, L. G.（1973）"Who manages multinational enterprises?," *Columbia Journal of World Business*, Vol.8, No.2, pp.30-42.

Frannery, T. P., Hofrichter, D. A., and Platten, P. E.（1996）*People, performance, & pay: dynamic compensation for changing organizations*, New York: Free Press.

Friedman, T.（2005）*The world is flat: a brief history of the globalized world in the twenty-first century*, London: Allen Lane.（伏見威蕃訳『フラット化する世界：経済の大転換と人間の未来』日本経済新聞社，2006年）

Galbraith, J. R., and Nathanson, D. A.（1978）*Strategy implementation: the role of structure and process*, St. Paul, MN: West Publishing.（岸田民樹訳『経営戦略と組織デザイン』白桃書房，1989年）

Ghadar, F., and Adler, N. J.（1989）"Management culture and the accelerated product life cycle," *Human Resource Planning*, Vol.12, No.1, pp.37-42.

Ghoshal, S., and Bartlett, C. A.（1997）*The individualized corporation*, New York: HarperBusiness.（グロービス・マネジメント・インスティテュート訳『個を活かす企業』ダイヤモンド社，1999年）

Glaser, B. G., and Strauss, A. L.（1967）*The discovery of grounded theory: strategies for qualitative research*, New York: Aldine Pub.（後藤隆・大出春江・水野節夫訳『データ対話型理論の発見：調査からいかに理論を生み出すか』新曜社，1996年）

Govindarajan, V., and Gupta, A. K.（2001）*The quest for global dominance*, San Francisco: Jossey-Bass, 1st edition.

Grant, R.（1991）"The resource-based theory of competitive advantage: implications for strategy formulation," *California Management Review*, Spring, pp.114-135.

Greenberg, J.（1993）"The social side of fairness: interpersonal and informational classes of organizational justice," in R. Cropanzano (Ed.), *Approaching fairness in human resource management*, Hilsdale, NJ: L. Erlbaum Associates, pp.79-103.

Gregersen, H. B., and Black, J. S. (1996) "Expatriate performance appraisal in U. S. multinational firms," *Journal of International Business Studies*, Vol.27, No.4, pp.711-738.

Guest, D. E. (1987) "Human resource management and industrial relations," *Journal of Management Studies*, Vol.24, No.5, pp.503-521.

Guest, D. E. (1997) "Human resource management and performance: a review and research agenda," *The International Journal of Human Resource Management*, Vol.8, Iss.3, pp.263-276.

Hage, J. (1972) *Techniques and problems of theory construction in sociology, 1st edition*, New York: John Wiley & Sons(小松陽一・野中郁次郎訳『理論構築の方法』白桃書房,1978年)

Hall, E. T. (1976) *Beyond culture*, New York: Anchor Press.(岩田慶治・谷 泰訳『文化を超えて』TBSブリタニカ,1979年)

Hammer, M., and Champy, J. (1993) *Re-engineering the corporation: a manifesto for business revolution*, New York: HarperCollins.(野中郁次郎監訳『リエンジニアリング革命:企業を根本から変える業務革新』日経ビジネス人文庫,2002年)

Hannon, J. M., Huang, I.-C. and Jaw, B.-S. (1995) "International human resource strategy and its determinants: the case of subsidiaries in Taiwan," *Journal of International Business Studies*, Vol.26, Iss.3, pp.531-554.

Harvey, M. (1996) "The selection of managers for foreign assignments: a planning perspective," *The Columbia Journal of World Business*, Vol.31, Iss.4, pp.102-118.

Harvey, M. (1998) "Global dual-career couple mentoring: a phase model approach," *Human Resource Planning Society*, Vol.21, Iss.2, pp.33-48.

Harvey, M., and Novicevic, M. M. (2001) "Selecting expatriates for increasingly complex global assignments," *Career Development International*, Vol. 6, No.2, pp.69-86.

Harzing, A. W. (1999) *Managing the multinationals: an international study of control mechanisms*, Cheltenham, UK: Edward Elgar.

Harzing, A. W. (2001) "Who's in charge?: an empirical study of executive staffing practices in foreign subsidiaries," *Human Resource Management*, Vol.40, No.2, pp.139-158.

Harzing, A. W. (2004) "Composing an international staff," in A. W. Harzing and J. V. Ruysseveldt (Eds.), *International human resource management, 2nd edition*, London: Sage Publications, pp.251-282.

Hay, E. N. (1958) "Any job can be measured by its 'know, think, do' elements," *Personnel Journal*, Vol.36, No.11, pp.403-406.

Hay, E. N., and Purves, D. (1954) "A new method of job evaluation: the guide chart-

profile method," *Personnel*, July, pp.72-80.
Hays, R. D. (1972) "Ascribed behavioral determinants among US expatriate managers," *Journal of International Business Studies*, Vol.2, Iss.1, pp.40-46.
Hays, R. D. (1974) "Expatriate selection: insuring success and avoiding failure," *Journal of International Business Studies*, Vol.5, Iss.1, pp.25-37.
Hedlund, G. (1986) "The hypermodern MNC: a heterarchy?," *Human Resource Management*, Vol.25, Iss.1, pp.9-35.
Heenan, D. A., and Perlmutter, H. (1979) *Multinational organization development*, Reading, MA: Addison-Wesley. (江夏健一・奥村皓一監修, 国際ビジネスセンター訳『グローバル組織開発』文眞堂, 1990年)
Hendry, C. (2003) "Applying employment systems theory to the analysis of national models of HRM," *The International Journal of Human Resource Management*, Vol.14, Iss.8, pp.1430-1442.
Hersey, P., and Blanchard, K. H. (1972) *Management of organizational behavior: utilizing human resources*, Englewood Cliffs, NJ: Prentice-Hall. (山本成二・水野基・成田攻訳『行動科学の展開：人的資源の活用』生産性出版, 1978年)
Hersey, P., Blanchard, K. H., and Johnson, D. E. (1996) *Management of organizational behavior: utilizing human resources, 7th edition*, Uppersaddle River, NJ: Prentice-Hall.
Hoffmann, T. (1999) "The meanings of competency," *Journal of European Industrial Training*, Vol.23, Iss.6, pp.275-285.
Hofstede, G. (1980) *Culture's consequences: international differences in work-related values*, Beverly Hills, CA: Sage. (万成博・安藤文四郎監訳『経営文化の国際比較：多国籍企業の中の国民性』産業能率大学出版部, 1984年)
Hofstede, G. (1991) *Cultures and organizations: software of the mind*, London: McGraw-Hill. (岩井紀子・岩井八郎訳『多文化世界：違いを学び共存への道を探る』有斐閣, 1995年)
Hopkins, B. L., and Mawhinney, T. C. (1992) *Pay for performance: history, controversy, and evidence*, Binghamton, NY: Haworth Press.
Horton, S. (2000) "Introduction – the competency movement: its origins and impact on the public sector," *International Journal of Public Sector Management*, Vol. 13, No.4, pp.306-318.
Howard, C. G. (1974) "Model for the design of a selection program for multinational executives," *Public Personnel Management*, Vol.3, No.2, pp.138-145.
Huselid, M. A. (1995) "The impact of human resource management practices on turnover, productivity, and corporate financial performance," *Academy of Management Journal*, Vol.38, No.3, pp.635-672.
Hymer, S. H. (1976) *The international operations of national firms: a study of direct*

foreign investment, Cambridge, MA: MIT Press.（宮崎義一訳『多国籍企業論』岩波書店，1979年）
Jacoby, S. M.（1985）*Employing bureaucracy: managers, unions, and the transformation of work in American industry, 1900-1945*, New York: Columbia University Press.（荒又重雄・木下順・平尾武久・森杲訳『雇用官僚制』北海道大学図書刊行会，1989年）
Jarillo, C., and Martines, J.（1990）"Different roles for subsidiaries: the case of multinational corporation in Spain," *Strategic Management Journal*, Vol.11, Iss.7, pp.501-512.
Jones, G.（1996）*The evolution of international business: an introduction*, London: Routledge.（桑原哲也他訳『国際ビジネスの進化』有斐閣，1998年）
Jones, G.（2004）*Multinationals and global capitalism: from the nineteenth to the twenty first century*, New York: Oxford University Press.（安室憲一・梅野巨利訳『国際経営講義—多国籍企業とグローバル資本主義』有斐閣，2007年）
Kamoche, K.（1996）"Strategic human resource management within a resource-based capability view of the firm," *Journal of Management Studies*, Vol.33. No.2, pp.213-233.
Kandola, B.（1996）"Are competencies too much of a good thing?," *People Management*, Vol.2, No.9, pp.21-22.
Kasahara, T., and Nishii, S.（2011）"Toward an operating the global HRM systems: from a perspective of HRM system reform," Institute for Policy Analysis and Social Innovation, *University of Hyogo, Discussion Paper*, No.32, pp.1-18（担当執筆：pp.1-18）．
Kasahara, T., and Nishii, S.（2012）"The fitted relationship between HRM and the global strategy: an exploratory case study of knowledge-intensive firms," Institute for Policy Analysis and Social Innovation, University of Hyogo, *Discussion Paper*, No.49（Rev. version），May, pp.1-25.
Kasahara, T., and Nishii, S.（2013a）"What is global strategy and HRM for KIFs," *European Journal of Business Research*, Vol.13, No.1, pp.61-76.
Kasahara,T., and Nishii, S.（2013b）"What is the role of gobal human resource management in KIFs", Proceedings of 39th Annual Conference of the European International Business Academy（EIBA），pp.1-38.
Kaplan, R. S., and Norton, D. P.（1996）*The balanced socorecard: translating strategy into action*, Boston: Harvard Business School Press.（吉川武男訳『バランススコアカード「新しい経営指標による企業変革」』社会経済生産性本部，1997年）
Keating, M., and Thompson, K.（2004）"International human resource management: overcoming disciplinary sectarianism," *Employee Relations*, Vol.26, No.6, pp.595-612.

Keely, T. D. (2001) *International human resource management in Japanese firms: their greatest challenge*, Basingstoke, UK: Palgrave Macmillan.

Kiessling, T., and Harvey, M. (2005) "Strategic global human resource management research in the twenty-first century: an endorsement of the mixed-method research methodology," *The International Journal of Human Resource Management*, Vol.16, Iss.1, pp.22-45.

Kim, W. C., and Mauborgne, R. (1991) "Implementing global strategies: the role of procedural justice," *Strategic Management Journal*, Vol.12, Special Issue: Global Strategy (Summer), pp.125-143.

Kim, W. C., and Mauborgne, R. (1993) "Making global strategies work," *Sloan Management Review*, Vol.34, Iss.3, pp.11-27.

Kim, W. C., and Mauborgne, R. (2005) *Blue ocean strategy: how to create uncontested market space and make the competition irrelevant*, Boston: Harvard Business School Press.（有賀裕子訳『ブルー・オーシャン戦略』ランダムハウス講談社，2005年）

Kim, A., and Lee, C. (2012) "How does HRM enhance strategic capabilities?: evidence from the Korean management consulting industry," *The International Journal of Human Resource Management*, Vol.23, Iss.1, pp.126-146.

Kindleberger, C. P. (1969) *American business abroad: six lectures on direct investment*, New Haven, CT: Yale University Press.（小沼敏監訳『国際化経済の論理』ぺりかん社，1970年）

Kobrin, S. K. (1987) "Expatriate reduction and strategic control in American multinational corporations," *Human Resource Management*, Vol.27, No.1, pp.63-75.

Kopp, R. (1994) "International human resource policies and practices in Japanese, European, and United States multinationals," *Human Resource Management*, Vol.33, Iss.4, pp.581-599.

Kopp, R. (1999) "The rice-paper ceiling in Japanese companies: why it exists and persists," in S. Beechler and A. Bird (Eds.), *Japanese multinationals abroad*, New York: Oxford University Press, pp.107-128.

Kuruvilla, S., Frenkel, S., and Peets, D. (2003) "MNC's as diffusers of best practices in HRM/LR in developing countries," in W. M. Coke (Ed.), *Multinational companies and global human resource strategies*, Westport, CT: Quorum Books, pp.167-193.

Lado, A. A., and Wilson, M. C. (1994) "Human resource systems and sustained competitive advantage: a competency-based perspective," *Academy of Management Review*, Vol.19, No.4, pp.699-727.

Lane, G. (1989) *Management and labor in Europe: the industrial enterprise in Germany,*

Britain and France, Cheltenham, UK: Edward Elgar.

Laurent, A. (1986) "The cross cultural puzzle of international human resources management," *Human Resource Management*, Vol.25, Iss.1, pp.91-102.

Lawler, E. E. Ⅲ (1986) *High-involvement management: participative strategies for improving organizational performance*, Jossey-Bass Publishers.

Lawler, E. E., Ⅲ (1981) *Pay and organization development*, Reading, MA: Addison-Wesley Pub. Co. (田中政光訳『検証　成果主義』白桃書房, 2004年)

Lawler, E. E., Ⅲ (1990) *Strategic pay: aligning organizational strategies and pay systems*, San Francisco: Jossey-Bass Publishers.

Lawrence, P. R., and Lorsh, J. W. (1969) *Organization and environment: managing differentiation and integration*, Homewood, IL.: R.D. Irwin. (吉田博訳『組織の条件適応理論』産業能率短期大学出版部, 1977年)

Ledford, G. E., Jr. (1995) "Paying for the skills, knowledge, and competencies of knowledge workers," *Compensation Benefits Review*, Vol.27, No.4, pp.55-62.

Legge, K. (1978) *Power, innovation and problem-solving in personnel management*, London: McGraw-Hill.

Lengnick-Hall, C. A., and Lengnick-Hall, M. L. (1988) "Strategic human resource management: a review of the literature and a proposed typology," *Academy of Management Review*, Vol.13, No.3, pp.454-470.

Leventhal, G. G. (1976) "The distribution of rewards and resources in groups and organizations," in L. Berkowitz (Ed.), *Advanced experimental social psychology*, Vol.9, NY; Academic Press, pp.92-131.

Laventhal, G. G. (1980) "What should be done with equity theory?: new approaches to the study of fairness in social relationship," in K. J. Gergen, M. S. Greenberg, and R. H. Willis (Eds.), *Social exchange: advances in theory and research*, New York: Plenum, pp.27-55.

Lichia, Y., and Saner, R. (2000) "Determining the impact of cognitive styles on the effectiveness of global managers: propositions for further research," *Human Resource Development Quarterly*, Vol.11, Iss.3, pp.319-324.

Lind, E. A., and Tyler, T. R. (1988) *The social psychology of procedural justice*, New York: Plenum.

Lloyd, S. L., L. and Härtel, C. E. J. (2001) "Predicting IHRM strategy and practice decisions: development of the IHRM orientation typology," *Cross Cultural Management: An International Journal*, Vol.11, Iss.4, pp.60-76.

Mabey, C., Salaman, G., and Storey, J. (1998) *Human resource management: a strategic introduction*, Oxford, MA: Blackwell.

MacDuffie, J. P. (1995) "Human resource bundles and manufacturing performance: organizational logic and flexible production systems in the world auto industry,"

Industrial and Labor Relations Review, Vol.48, Iss.2, pp.197-221.

Maister, D. (2008) *Strategy and the fat smoker: doing what's obvious but not easy*, Boston: The Spangle Press.（紺野登解説・加賀山卓朗訳『「脱でぶスモーカー」の仕事術：なぜ"分かっていてもできない"のか』日本経済新聞出版社，2009年）

Martin, G., and Beaumont, P. (1998) "Diffusing 'best practice' in multinational firms: prospects, practice and contestation," *The International Journal of Human Resource Management*, Vol.9, Iss.4, pp.671-695.

Martin, G., Beaumont, P., and Pate, J. (2003) "A process model of strategic HRM/LR change in MNCs: the case of AT&T and NCR in the United Kingdom," in W. N. Cooke (Ed.), *Multinational companies and global human resource strategies*, Westport, CT: Quorum Press, pp.101-122.

McBeth, G. (1990) *Practical management development: strategy for management resourcing and development in the 1990s*, Oxford, MA: Blackwell.

McCall, M. W., Jr. (1998) *High flyers: developing the next generation of leaders*, Boston: Harvard Business School Press.（金井壽宏監訳，リクルートワークス研究所訳『ハイ・フライヤー：次世代リーダーの育成法』プレジデント社，2002年）

McClell, S. (1994) "Gaining competitive advantage through strategic management development," *Journal of Management Development*, Vol.13, Iss.5, pp.4-13.

McClelland, D. C. (1953) *The achievement motive*, New York: Appleton-Century-Crofts.

McClelland, D. C. (1961) *The achieving society*, Princeton, NJ: Van Nostrand.（林保監訳『達成動機：企業と経済発展におよぼす影響』産業能率大学出版部，1971年）

McClelland, D. C. (1976) *The achieving society: with a new introduction*, New York: Irvington Publishers.

McClelland, D. C., and Atkinson, J. W. (1953) *The achievement motive*, New York: Appleton-Century-Crofts.

McLagan, P. A. (1997) "Competencies: the next generation," *Training and Development*, Vo.51, No.5, pp.40-47.

Mendenhall, M., and Oddou, G. (1985) "The dimensions of expatriate acculturation: a review," *Academy of Management Review*, Vol.1, No.10, pp.39-47.

Miles, R. E., and Snow, C. C. (1978) *Organizational strategy, structure, and process*, Stanford, CA: McGraw-Hill.（土屋守章訳『戦略型経営—戦略選択の実践シナリオ』ダイヤモンド社，1983年）

Miller, E. L., and Cheng, J. L. C. (1978) "A closer look at the decision to accept an overseas position," *Management International Review*, Vol.18, No.3, pp.25-33.

Morgan, P. V. (1986) "International HRM: fact or fiction?," *Personnel Administrator*, Vol.31, No.9, pp.43-47.

Morrison, A. J., and Roth, K. (1992) "A taxonomy of business-level strategies in global industries," *Strategic Management Journal*, Vol.13, Iss.6, pp.399-417.

Murray, H. A. (1938) *Explorations in personality: a clinical and experimental study of fifty men of college age*, New York: Oxford University Press. (外林大作訳『パーソナリティ』誠信書房, 1961年)

Noe, R. E., Hollenbeck, J. R., Gerhart, B., and Wright, P. M. (2000) *Human resource management: gaining a competitive advantage, 3rd edition*, Boston: Irwin/McGraw-Hill.

Nohria, P. N., and Ghoshal, S. (1997) *The differentiated network: organizing multinational corporations for value creation*, San Francisco: Jossey-Bass Publishers.

Nohria, P. N., and Rosenzweig, P. (1994) "Influences on human resource management practices in multinational corporations," *Journal of International Business Studies*, Vol.25, No.2, pp.229-251.

Novicevic, M., M., and Harvey, M. (2001) "The changing role of the corporate HR function in global organizations of the twenty-first century," *The International Journal of Human Resource Management*, Vol.12, Iss.8, pp.1251-1268.

Oberg, K. (1960) "Cultural shock: adjustment to new cultural environment," *American Anthropology*, Vol.7, pp.177-182.

Ouchi, W. (1981) *Theory Z: how American business can meet the Japanese challenge*, MA: Addison-Wesley. (徳山二郎訳『セオリーZ 日本に学び, 日本を超える』株式会社CBS・ソニー出版, 1981年)

Patching, K. (2011) "Throw away that leadership competency model," *Industrial and Commercial Training*, Vol.43, Iss.3, pp.160-165.

Paauwe, J., and Boselie, P. (2005) "Best practices…in spite of performance: just a matter of imitation?," *International Journal of Human Resource Management*, Vol.16, Iss. June, pp.987-1003.

Pemberton, J. D., Stonehouse, G. H., and Yarrow, D. J. (2001) "Benchmarking and the role of organizational learning in developing competitive advantage," *Knowledge and Process Management*, Vol.8, No.2, pp.123-135.

Perlmutter, H. (1969) "The tortuous evolution of the multinational corporation," *Columbia Journal of World Business*, Vol.4, No.1, pp.9-18.

Pfeffer, J. (1994) *Competitive advantage through people*, Boston: Harvard Business School Press.

Pfeffer, J. (1995) "Producing sustainable competitive advantage through the effective management of people," *Academy of Management Executive*, Vol.9, No.1, pp.55-69.

Phatak, A. V. (1983) *International dimensions of management*, Boston: Kent Publishing Co.

Pickett, L. (1998) "Competencies and managerial effectiveness: putting competencies to work," *Public Personnel Management*, Vol.27, Iss.1, pp.103-115.

Porras, J., Emery, S., and Thompson, M.（2007）*Success built to last: creating a life that matters*, New York: Plume.（宮本喜一訳『ビジョナリー・ピープル』英治出版, 2007年）

Porter, M. E.（1980）*Competitive strategy: techniques for analyzing industries and competitors*, New York: Free Press.（土岐坤・中辻萬治・服部照夫訳『新訂・競争の戦略』ダイヤモンド社, 1995年）

Porter, M. E.（1985）*Competitive strategy: creating and sustaining superior performance*, New York: Free Press.（土岐坤・中辻萬治・小野寺武夫訳『競争優位の戦略』ダイヤモンド社, 1985年）

Porter, M. E.（1986）*Competition in global industries*, Boston: Harvard Business School Press.（土岐坤・中辻萬治・小野寺武夫訳『グローバル企業の競争戦略』ダイヤモンド社, 1989年）

Prahalad, C. K.（1976）"Strategic choices in diversified MNCs," *Harvard Business Review*, Vol.54, No.4, pp.67-78.

Prahalad, C. K., and Doz, Y.（1987）*The multinational mission: balancing local demands and global vision*, New York: Free Press.

Prahalad, C. K., and Hamel, G.（1994）*Competing for the future*, Boston: Harvard Business School Press.（一條和生訳『コア・コンピタンス経営』日本経済新聞社, 1995年）

Prahalad, C. K., and Krishnan, M. S.（2008）*The new age of innovation: driving cocreated value through global networks*, New York: McGraw-Hill.

Pucik, V.（1992）"Globalization and human resource management," in V. Pucik, N. M. Tichy, and C. K. Barnett（Eds.）, *Globalizing management: creating and learning the competitive organization*, New York: John Wiley & Sons, pp.61-81.

Pucik, V.（1999）"When performance does not matter: human resource management in Japanese-owned U. S. affiliates," in S. Beechler and A. Bird（Eds.）, *Japanese multinationals abroad*, New York: Oxford University Press, pp.107-128.

Pudelko, M., and Harzing, A.-W.（2011）"Japanese human resource management: inspirations from abroad and current trends of change," in R. Bebenroth and T. Kanai（Eds.）, *Challenge of human resource management in Japan*, New York: Routledge.

Punch, K. F.（1998）*Introduction to social research: quantitative and qualitative approaches, 2nd edition*, London: Sage.（川合隆男監訳『社会調査入門：量的調査と質的調査の活用』慶応義塾大学出版会, 2005年）

Quinn, R. E., Faerman, S. R., Thompson, M. P., and McGrath, M.（1996）*Becoming a master manager: a competency framework, 2nd edition*, New York: John Wiley & Sons.

Quintanilla, J., and Ferner, A.（2003）"Multinationals and human resource management: between global convergence and national identity," *International Journal of Human Resource Management*, Vol.14, No.3, pp.363-368.

Reich, R. B. (1991) *The work of nations: preparing ourselves for 21st-century capitalism*, New York: Alfred A. Knopf. (中谷巌訳『ザ・ワーク・オブ・ネーションズ』ダイヤモンド社，1991年)

Reynolds, G. (2004) "A short history of the evolution of IHRM in the U. S.: a personal perspective," in D. R. Briscoe and R. S. Schuler (Eds.), *International human resource management: policy and practice for the global enterprise, 2nd edition*, London: Routledge.

Risher, H. (2002) "Pay-for-performance: the key to making it work," *Public Personnel Management*, Vol.31, Iss.3, pp.317-332.

Rock, M. L. (1984) *Handbook of wage and salary administration, 2nd edition*, New York: McGraw-hill.

Rosenzweig, P. M. (2006) "The dual logics behind international human resource management: pressures for global integration and local responsiveness," in G. Stahl and I. Björkman (Eds.), *Handbook of research in international human resource management*, Cheltenham, UK: Edward Elgar, pp.36-48.

Rosenzweig, P. M., and Nohria, N. (1994) "Influences on human resource management practices in multinational corporations," *Journal of International Business Studies*, Vol.25, Iss.2, pp.229-251.

Rosenzweig, P. M., and Singh, J. V. (1991) "Organizational environments and the multinational enterprise," *Academy of Management Review*, Vol.16, No.2, pp.340-361.

Ross, J. (1981) "A definition of human resources management," *Personnel Journal*, Vol.60, No.10, pp.781-783.

Rowley, C., Benson, J., and Warner, M. (2004) "Towards an Asian model of human resource management? : a comparative analysis of China, Japan and South Korea," *The International Journal of Human Resource Management*, Vol.15, Iss.4-5, pp.917-933.

Rugman, A. M. (1981) *Inside the multinationals: the economics of internal markets*, New York: Columbia University Press. (江夏健一・中島潤・有澤孝義・藤沢武史訳『多国籍企業と内部化理論』ミネルヴァ書房，1983年)

Sandra, K. (1998) "Competency-based education and training: myths and realities," ERIC Publications (http://eric.ed.gov/ERICWebPortal/search/detailmini.jsp?_nfpb=true&_&ERICExtSearch_SearchValue_0=ED415430&ERICExtSearch_SearchType_0=no&accno=ED415430)

Schein, E. H. (1987) *The art of managing human resources*, New York: Oxford University Press.

Schuler, R. S. (1992) "Strategic human resource management: linking the people with the strategic needs of the business," *Organizational Dynamics*, Vol.21, Iss.1, pp.18-31.

Schuler, R. S., and Jackson, S. E. (1987) "Linking competitive strategy and human resource management practices," *Academy of Management Executive*, Vo.1, No.3, pp.207-219.

Schuler, R. S., and Jackson, S. E. (2005) "A quarter-century review of human resource management in the U. S.: the growth in importance of the international perspective," *Management Review-The International Review of Management Studies*, Vol.16, NO.1, pp.11-35.

Schuler, R. S., and MacMillan, I. (1984) "Gaining competitive advantage through human resource management," *Human Resource Management*, Vol.23, No.3, pp.241-255.

Schuler, R. S., Budhwar, P. S., and Florkowski, G. W. (2002) "International human resource management: review and critique," *International Journal of Management Review*, Vol.4, No.1, pp.41-70.

Schuler, R.S., Dowling, P. J., and De Cieri, H. (1993) "An integrative framework of strategic international human resource management," *Journal of Management*, Vol.19, Iss.2, pp.419-459.

Schuler, R. S., Fulkerson, J. R., and Dowling, P. J. (1991) "Strategic performance measurement and management in multinational corporations," *Human Resource Management*, Vol.30, Iss.3, pp.365-392.

Scott, W. R. (1987) "The adolescence of institutional theory," *Administrative Science Quarterly*, Vol.32, No.4, pp.493-511.

Scott, W. R. (1995) *Institutions and organizations*, Thousand Oaks, CA: Sage Publications.

Scott, W. R. (2003) *Organizations: rational, natural, and open systems*, fifth edition, Upper Saddle River, NJ: Prentice-Hall.

Scullion, H., and Collings, D.G. (2006) *Global staffing*, London: Routledge.

Scullion, H., Collings, D. G., and Gunnigle, P. (2007) "International human resource management in the 21st century: emerging themes and contemporary debates," *Human Resource Management Journal*, Vol.17, No.4, pp.309-319.

Sekiguchi, T., Takeuchi, N., and Takeuchi, T. (2011) "Strategic human resource management research in the Japanese context: unique opportunities for theory advancement," in R. Bebenroth and T. Kanai (Eds.), *Challenge of human resource management in Japan*, New York: Routledge, pp.133-153.

Skenes, C., and Kleiner, B. H. (2003) "The Hay system of compensation", *Management Research Review*, 26, pp.109-115.

Slater, R. (1999) *Saving big blue: leadership lessons and turnaround tactics of IBM's Lou Garsner*, New York: McGraw-Hill.（宮本喜一訳『IBMを蘇らせた男ガースナー』日経BP社，2000年）

Sorge, A. (2004) "Cross-national differences in human resources and organization," in A.-W. Harzing and J. van Ruysseveldt (Eds.), *International human resource management*, London: Routledge, pp.117-140.

Sparrow, P., Brewster, C., and Harris, H. (2004) *Globalizing human resource management*, New York: Routledge.

Spencer, L. M., and Spencer, S. M., Jr. (1993) *Competence at work: models for superior performance*, New York: John Wiley & Sons. (梅津祐良共訳『コンピテンシーマネジメントの展開』生産性出版, 2001年)

Stanek, M. B. (2000) "The need for global managers: a business necessity," *Management Decision*, Vol.38, No.4, pp.232-243.

Stone, K. (1975) "The origins of job structures in the steel industry," *Labor Market Segmentation*, Vol.6, Iss.2, pp.27-84.

Stroh, L. K., and Caligiuri, P. M. (1998) "Strategic human resources: a new source for competitive advantage in the global arena," *The Journal of Human Resource Management*, Vol.9, No.1, pp.1-17.

Sullivan, K., Chan, L., Shapiro, D., and Pomery, C. (1988) "Wage spiral makes bosses' heads spin," *Asian Business*, Vol.48, No.8, pp.59-60.

Sundaram, A. K., and Black, J. S. (1992) "The environment and internal organization of multinational enterprises," *Academy of Management Review*, Vol.17, Iss.4, pp.729-757.

Suzanne, B., and the MIT Industrial Performance Center (2006) *How we compete: what companies around the world are doing to make it in today's global economy*, New York: Currency/Doubleday. (楡井浩一訳『MITチームの調査研究によるグローバル企業の成功戦略』草思社, 2006年)

Tan, D., and Mahoney, J. T. (2002) "An empirical investigation of expatriate utilization: resource-based, agency, and transaction costs perspectives," *Office of Research Working Paper*, No.025-0129, University of Illinois at Urbana-Champaign.

Tanure, B., and Gonzalez-Duarte, R. (2007) "Managing people in radical changes (M&As): the adoption of intrinsically consistent HRM strategies in Brazilian companies," *International Journal of Manpower*, Vol.28, Iss.5, pp.369-383.

Taybe, M. (2001) "Transfer of HRM practices across cultures: an American company in Scotland," *The International Journal of Human Resource Management*, Vol.9, Iss.2, pp.332-358.

Taylor, F. W. (1911) *The principles of scientific management*, New York: Harper & Brothers. (上野陽一訳『科学的管理法』産能大学出版部, 1957年)

Taylor, S. (2006) "Emerging motivations for global HRM integration," Keynote speech to conference on "Multinational and the international diffusion of organizational forms and practices: convergence and diversity within the global economy," IESE Business School, Barcelona, Spain, July 15-17, 2004, pp.1-26.

Taylor, S., Beechler, S., and Napier, N. (1996) "Toward an integrative model of strategic international human resource management," *Academy of Management Review*, Vol.21, No.4, pp.959-985.

Thibaut, J., and Walker, L. (1975) *Procedural justice: a psychological analysis*, Hillsdale, NJ: Erlbaum.

Thomas, D. C., and Lazarova, M. B. (2006) "Expatriate adjustment and performance: a critical review," in G. K. Stahl and I. Björkman (Eds.), *Handbook of research in international human resource management*, Cheltenham, UK: Edward Elgar, pp.247-264.

Thompson, J. (1967) *Organizations in action*, New York: McGraw-Hill.

Thurow, L. C. (1999) *Building wealth: the new rules for individuals, companies, and nations in a knowledge-based economy*, New York: HarperCollins. (山岡洋一訳『富のピラミッド:21世紀の資本主義への展望』TBSブリタニカ, 1999年)

Tichy, N., Fombrun, C., and Devanna, M.A. (1982) "Strategic human resource management," *Sloan Management Review*, Vol.23, No.2, pp.47-61.

Toffler, A. (1990) *Power shift: knowledge, wealth, and violence at the edge of the 21st century*, New York: Bantam Books. (徳山二郎訳『パワーシフト:21世紀へと変容する知識と富と暴力』フジテレビ出版, 1990年)

Tovey, L. (1993) "Competency assessment: a strategic approach–Part I," *Executive Development*, Vol.6, Iss.5, pp.16-19.

Tovey, L. (1994) "Competency assessment: a strategic approach–Part II," *Executive Development*, Vol.7, Iss.1, pp.16-19.

Townsend, P., and Cairns, L. (2003) "Developing the global manager using a capability framework," *Management Learning*, Vol.34, No.3, pp.318-328.

Tung, L. R. (1981) "Selection and training of personnel for overseas assignments," *Columbia Journal of World Business*, Spring, pp.68-78.

Tung, L. R. (1982) "Selection and training procedures of U. S., European, and Japanese multinationals," *California Management Review*, Vol.25, No.1, pp.57-71.

Tung, L. R. (1984) "Strategic management of human resources in the multinational enterprise," in J. C. Baker, J. K. Ryans, and D. G. Howard, Jr. (Eds.), *International business classics*, Lexington, MA: Lexington Books. (中島潤監訳「多国籍企業における人的資源の戦略的管理」『国際ビジネス・クラッシックス』文眞堂, 第18章 (pp.336-351), 1990年)

Tung, R. L. (1987) "Expatriate assignments: enhancing success and minimizing failure," *Academy of Management Executive*, Vol.1, No.2, pp.117-125.

Ulrich, D. O. (1990) *Organizational capability: competing from the inside out*, New York: John Wiley & Sons.

Ulrich, D. O. (1999) "Integrating practice and theory: towards a more unified view of HR," in P. Wright., L. Dyer, and J. Boudreau (Eds.), *Strategic human resource management in the twenty-first century*, Supplement 4, New York: Elsevier Science, pp.53-74.

United Nations (1993) *Management consulting: a survey on the industry and its largest firms*, New York: United Nations.

United Nations (1994) *World investment report: transnational corporations employment and the workplace*, Geneva: United Nations. (IBI国際ビジネス研究センター訳『多国籍企業と雇用問題：国連貿易開発会議・世界投資報告書』国際書院, 1994年)

Vance, C. M., and Paderon, E. S. (1993) "An ethical argument for host country workforce training and development in the expatriate management assignment," *Journal of Business Ethics*, Vol.12, Iss.8, pp.635-641.

Vernon, R. (1966) "International investment and international trade in the product life cycle," *Quarterly Journal of Economics*, Vol.80, No.2, pp.190-207.

Vernon, R. (1971) *Sovereignty at bay: the multinational spread of U. S. enterprises*, New York: Basic Books. (霍見芳浩訳『多国籍企業の新展開』ダイヤモンド社, 1978年)

Vroom, V. H. (1964) *Work and motivation*, New York: John Wiley & Sons. (坂下昭宣・榊原清則・小松陽一・城戸康彰訳『仕事とモチベーション』千倉書房, 1982年)

Walton, R. E. (1985) "From control to commitment in the workplace," *Harvard Business Review*, March/April, pp.77-84.

Wang, Dan-Shang, and Shyu, Chi-Lih (2008) "Will the strategic fit between business and HRM strategy influence HRM effectiveness and organizational performance?," *International Journal of Manpower*, Vol.29, Iss.2, pp.92-110.

Welch, D. (1994) "Determinants of international human resource management approaches and activities: a suggested framework," *Journal of Management Studies*, Vol.31, Iss.2, pp.139-164.

Welch, D. (2003) "Globalisation of staff movements: beyond cultural adjustment," *Management International Review*, Vol.43, No.2, pp.149-169.

Werbel, J. and DeMarie, S.M. (2005) "Aligning strategic human resource management and person-environment fit," *Human Resource Management Review*, Vol.15, No.4, pp.247-262

White, R. W. (1963) *Ego and reality in psychoanalytic theory: a proposal regarding independent ego energies*, New York: International Universities Press. (中園正身訳『自我のエネルギー：精神分析とコンピテンス』新曜社, 1985年)

Whitley, R. (1992a) "The comparative analysis of business systems," in R. Whitley (Ed.), *European business systems: firms and markets in their national contexts*, London: Sage Publications.

Whitley, R. (1992b) *Business systems in East Asia: firms, markets, and societies*, London: Sage Publications.

Whitley, R. (1999) *Divergent capitalisms: the social structuring and change of business systems*, Oxford, UK: Oxford University Press.

Willkinson, B. (1996) "Culture, institutions and business in East Asia," *Organization Studies*, Vol.17, No.3, pp.421-447.

Winterton, J., and Winterton, R. (1999) *Developing managerial competence*, London: Routledge.

Wong, Chi-Sum, and Law, K. S. (1999) "Managing localization of human resources in the RPC: a practical model," *Journal of World Business*, Vol.34, No.1, pp.26-40.

Wood, R., and Payne, T. (1998) *Competency-based recruitment and selection: a practical guide*, New York: John Wiley & Sons.

Woodruffe, C. (1990) *Assessment centres: identifying and developing competence*, London: Institute of Personnel Management.

Woodruffe, C. (1993) "What is meant by a competency?," *Leadership & Organization Development*, Vol.14, Iss.1, pp.29-36.

Wright, P. M., and McMahan, G. C. (1992) "Theoretical perspective for strategic human resource management," *Journal of Management*, Vol.18, No.2, pp.295-320.

Wright, P. M., MacMahan, G. C., and McWilliams, A. (1994) "Human resources and sustained competitive advantage: a resource-based perspective," *The International Journal of Human Resource Management*, Vol.5, Iss.2, pp.301-326.

Wright, P. M., and Snell, S. A. (1998) "Toward a unifying framework for exploring fit and flexibility in strategic human resource management," *Academy of Management Review*, Vol.23, No.4, pp.756-772.

Wright, P., and Sherman, W. S. (1999) "Failing to find fit in strategic human resource management: theoretical and empirical problems, " in P. M. Wright (Ed.), *Strategic human resources management in the twenty-first century: research in personnel and human resources management,* Supplement 4, Stanford, CA：Jay Press Inc.

Yang, J. Z. (1992a) "Americanization or Japanization of human resource practices: a study of Japanese manufacturing plants and service firms in the U. S.," in S. B. Prasad (Ed.), *Advances in international comparative management*, Vol.7, Greenwich, CT: JAI Press.

Yang, J. Z. (1992b) "Organizational and environmental impact on the use of Japanese-style HRM policies in Japanese firms in the U. S.," *The International Executive*, Vol.34, No.4, pp.321-343.

Yin, R. K. (1994) *Case study research: design and methods, 2nd edition*, CA: Sage.（近藤公彦訳『ケース・スタディの方法』千倉書房，1996年）

Youndt, M. A., Snell, S. A., Dean, J. W., Jr., and Lepak, D. P. (1996) "Human resource management, manufacturing strategy, and firm performance," *Academy of Management Journal*, Vol.39, No.4, pp.836-866.

Zeira, Y., and Banai, M. (1985) "Selection of managers for foreign posts," *International Studies of Management and Organization*, Vol.15, No.1, pp.35-51.

Zhu, G., Wolff, S. B., and Spencer, S. "Executive jobs are not created equal: how jobs shape the competencies displayed by outstanding executive," Profwoff. org, GEI partners website (http:www. profwokff.org/GEIPartners/index_files/Page339.htm)

日本語参考文献

浅川和宏（2003）『グローバル経営入門』日本経済新聞社。
安部　忠（1986）『実戦・企業買収』日本経済新聞社。
安保哲夫・板垣博・上山邦雄・河村哲二・公文溥（1991）『アメリカに生きる日本的生産システム：現地工場の「適用」と「適応」』東洋経済新報社。
有村貞則（2007）『ダイバーシティ・マネジメントの研究』文眞堂。
安藤研一（2003）「〈論説〉1990年代における欧州経済の回復と労働市場，EU統合」『静岡大学経済研究』第7巻第3-4号，pp.381-393，静岡大学。
石井　修二（2001）「グローバル・スタンダードとしての新しい能力主義―コンピテンシー・マネジメントの展開―」『日本労務学会誌』第3巻第1号，pp.2-12。
石川淳志・佐藤健二・山田一成（1998）『見えないものを見る力』八千代出版。
石田英夫（1985）『日本企業の国際人事管理』日本労働協会。
石田英夫（1989）「マネジメントの現地化問題」『日本労働協会雑誌』No.357，pp.28-35。
石田英夫編著（1994）『国際人事』中央経済社。
石田英夫（1999）『国際経営とホワイトカラー』中央経済社。
石田英夫・白木三秀（1990）『企業グローバル化の人材戦略』日刊工業新聞社。
ERP研究会（1996）『SAP革命』日本能率協会マネジメントセンター。
今野浩一郎（1996）『人事管理入門』日本経済新聞出版社。
今野浩一郎（1998）『勝ち抜く賃金改革』日本経済新聞社。
岩出　博（2002）『戦略的人的資源管理論の実相』泉文堂。
江夏健一・桑名義晴（2002）『理論とケースで学ぶ国際ビジネス』同文舘。
大前研一（2002）『チャイナ・インパクト』講談社。
奥野明子（1998）「全般管理システムとしての目標管理」『経営研究』第48巻第1号，pp.79-97，大阪市立大学経営学会。
奥林康司（1999）「チーム作業方式の歴史的意義」『産研論集』No.21，pp.25-36，札幌大学経営学部付属産業経営研究所。
小原久治（1996）『現代日本の医薬産業』高文堂出版社。
折橋靖介（1997）『グローバル経営論』白桃書房。
笠原民子（2002a）「ナレッジ・ワーカーを対象とした人的資源管理に関する一考察―コンピテンシー概念の理論的考察を中心に―」『星陵台論集』第35巻第1号，pp.37-62，神戸商科大学。
笠原民子（2002b）「コンピテンシーマネジメントの競争優位獲得のメカニズム―コンピテンシー概念にもとづく人事制度を中心に―」『星陵台論集』第35巻第2号，pp.37-62。
笠原民子（2003）「武田薬品工業におけるグローバル人事制度への改革プロセス―コンピテンシーマネジメントと成果主義にもとづく人事制度の構築―」『星陵台論集』第36巻第1号，pp.15-39。
笠原民子（2004a）「グローバル企業を対象とした人事制度に関する一考察」『星陵台論集』

第36巻第3号，pp.31-52，神戸商科大学。
笠原民子（2004b）「成果主義人事管理の今日的意義に関する一考察～成果主義人事管理の史的考察を中心に～」『星陵台論集』第37巻第2号，pp.53-68，兵庫県立大学。
笠原民子（2005）「日系多国籍企業のグローバル化のプロセス―人的資源管理の視点から―」『星陵台論集』第38巻第2号，pp.119-135。
笠原民子（2007）「日本企業へのグローバル化のインパクト」『新グローバル経営論』安室憲一編著，白桃書房，第3章，pp.43-57。
笠原民子（2008a）「企業の人的資源管理」『現代企業論』実教出版，第8章，pp.123-142。
笠原民子（2008b）「日系多国籍企業の経営幹部層を対象としたグローバルHRMシステムに関する実証研究」『ANNUAL REPORT OF THE MURATA SCIENCE FOUNDATION』No.22，pp.550-566。
笠原民子（2008c）「日系多国籍企業におけるグローバルGHRシステムに関する一考察」，学位請求論文，神戸商科大学，pp.1-265。
笠原民子（2012a）「グローバル人的資源管理の検討課題：国際人的資源管理の発展系譜を踏まえて」『四国大学紀要』人文社会編38号，pp.113-137，四国大学。
笠原民子（2013）「日本企業における経営現地化の諸課題：HRMシステム改革の重要性」『アジア経営研究』No.1，pp.99-110。
笠原民子・西井進剛（2005）「グローバル企業の人事制度に関する概念フレームワークの構築に向けて―オムロンのケーススタディを中心に―」『研究資料』No.195, pp.1-28（担当執筆pp.1-28），兵庫県立大学経済経営研究所。
笠原民子・西井進剛（2013）「知識集約型企業のグローバル人的資源管理」『多国籍企業研究』第6号，pp.19-41。
柏木　宏（1992）『米国の雇用平等法と在米日系企業の対応』日本太平洋資料ネットワーク。
関西生産性本部（1999）『グローバル競争力を高める経営革新～国際標準対応と世界最適・ローカル最適の企業行動を考える～』財団法人関西生産性本部。
関西生産性本部（2000a）『KPC2000ハイライト』財団法人関西生産性本部。
関西生産性本部（2000b）『グローバル経営の再構築～ヒト・モノ・カネ・情報の全体最適を目指して～』財団法人関西生産性本部。
関西生産性本部（2004a）『グローバル競争に打ち勝つ「人」と「組織」の変革～経営革新・人事制度改革・グローバル人材育成～』財団法人関西生産性本部。
関西生産性本部（2004b）『訪米雇用人事戦略調査団～職務型賃金導入による労働市場活性化に向けて米国の雇用と人事賃金制度の現状と今後の展望を探る～』財団法人関西生産性本部。
関西生産性本部（2005）『訪米人事・経営戦略調査団―ダイバシティ（多様性）のダイナミズムを活かした競争力強化策を探る―』財団法人関西生産性本部。
韓国経済新聞社（2002）『サムスン電子―躍進する高収益企業の秘密―』東洋経済新報社。
儀我壮一郎・上田広蔵・蔵本喜久（1996）『武田薬品　萬有製薬（メルク）』大月書店。
岸保行（2010）「誰が優秀な人材なのか？―日系ものづくり企業の台湾マネジメントと「セ

　　　　カンド・ベスト・プラクティス型」人材活用─」『国際ビジネス研究』第2巻第2号，
　　　　pp.47-60。
金原達夫（1988）「国際経営における現地化の可能性」『広島大学経済論叢』第12巻第1号，
　　　　pp.51-76。
楠田　丘（2002）『日本型成果主義』生産性出版。
小林規威（1980）『日本の多国籍企業』中央経済社。
小池和男（1999）『仕事の経済学 第2版』東洋経済新報社。
小池和男（2005）『仕事の経済学 第3版』東洋経済新報社。
小池和男（2008）『海外日本企業の人材形成』東洋経済新報社。
小池和男・猪木武徳編著（1987）『人材形成の国際比較─東南アジアと日本』東洋経済新報社。
小池和男・青木昌彦・中谷巌（1989）『日本企業のグローバル化の研究：情報システム・研
　　　　究開発・人材育成』PHP研究所。
蔡　笁錫（2002）「経営戦略と人材マネジメント：戦略的人的資源間理論」『MBA人材マネ
　　　　ジメント』中央経済社，第3章，pp.30-46。
榊原英資（1999）『市場原理主義の終焉　国際金融の十五年』PHP研究所。
榊原清則（1995）『日本企業の研究開発マネジメント』千倉書房。
坂下昭宣（2004）「エスノグラフィー・ケーススタディ・サーベイリサーチ」『国民経済雑誌』
　　　　190（2），pp.19-30。
坂本康實（1982）「発展途上国における日系進出企業の経営政策」『上智経済論集』第20巻，
　　　　第1号，pp.1-7。
笹島芳雄（1995a）「ヘイシステムの職務評価」『労政時報』3146号，pp.72-75。
笹島芳雄（1995b）「ヘイシステムによる賃金制度の導入と運用」『労政時報』3147号，
　　　　pp.54-57。
佐藤郁哉（1992）『フィールドワーク：書を持って街へ出よう』新曜社。
佐藤郁哉（2002）『組織と経営について知るための実践フィールドワーク入門』有斐閣。
佐藤郁哉（2002）『フィールドワークの技法』新曜社。
佐藤博樹（1984a）「日系進出企業における経営現地化の現状と特徴（上）」法政大学大原社
　　　　会問題研究所社会労働問題センター『研究資料月報』第307号，pp.1-17。
佐藤博樹（1984b）「日系進出企業における経営現地化の現状と特徴（下）」法政大学大原社
　　　　会問題研究所社会労働問題センター『研究資料月報』第308号，pp.3-14。
佐藤　徹（2002）「日本的経営システムの変容に関する考察」『マネジメント・レビュー』第7巻，
　　　　pp.79-102，関西学院大学。
椎名武雄（2001）『外資と生きる─IBMとの半世紀　私の履歴書』日経ビジネス人文庫。
澁谷　覚（2009）「マーケティング研究におけるケース・スタディの方法論」『マーケティ
　　　　ング科学の方法論』白桃書房，第6章，pp.111-139。
じほう（2002a）「21世紀の医療と創薬 これからの医療・薬物療法はどう変わるか」『月刊薬事』
　　　　3月臨時増刊号，じほう。
じほう（2002b）『薬事ハンドブック』じほう。

島　弘（2000）『人的資源管理論』ミネルヴァ書房。
社会経済生産性本部雇用システム研究センター（2000）『日本型コンピテンシーモデルの提案』財団法人社会経済生産性本部。
社団法人経済同友会（1998）『第13回企業白書　資本効率重視経営―日本企業再活性化のための提案―』経済同友会。
城　重幸（2004）『内側から見た富士通の「成果主義」の崩壊』光文社。
城　重幸（2005）『日本型「成果主義」の可能性』東洋経済新報社。
白石弘幸（2005）『経営戦略の探求―ポジション・資源・能力の統合理論』創成社。
白木三秀（1995）『日本企業の国際人的資源管理』日本労働研究機構。
白木三秀（2006）『国際人的資源管理の比較分析』有斐閣。
白木三秀（2010）「在アジア日系多国籍企業の人材マネジメントの現状と課題」竹内宏・末廣昭・藤村博之編『人材獲得競争：世界の頭脳をどう生かすか！』学生社，第2部，2，pp.155-177。
勝呂敏彦（2003）『医薬品・化粧品』産学社。
須田敏子（2005）「日本における長期雇用の制度化プロセス：制度論からの仮説の提示」『京都産業大学論集』社会科学系列第22号，pp.41-96，京都産業大学。
生産性労働情報センター（2000）『日本型コンピテンシー研究報告書：日本型コンピテンシーモデルの提案』社会経済生産性本部。
関　尚弘・白川　克（2009）『プロジェクトファシリテーション：クライアントとコンサルタントの幸福な物語』日本経済新聞出版社。
園田茂人（2001）『アジアからの視線―日系企業で働く1万人からみた「日本」』東京大学出版会。
高木晴夫（2004）『人的資源マネジメント戦略』有斐閣。
高橋俊介（1998）『人材マネジメント論』東洋経済新報社。
高橋俊介（1999）『成果主義』東洋経済新報社。
高橋俊介（2002）『成果主義は怖くない「仕事人生」を幸せにするキャリア創造』プレジデント社。
高橋俊介（2006）『新版　人材マネジメント論』東洋経済新報社。
高橋伸夫（2004）『虚妄の成果主義：日本型年功制復活のすすめ』日経BP社。
竹内規彦（2005）「我が国製造業における事業戦略，人的資源管理施策，及び企業業績」『日本労務学会誌』第7巻第1号，pp.12-27。
竹内規彦（2008a）「人的資源管理政策・施策」若林　満監修，松原敏浩・渡辺直登・城戸康彰編『経営組織心理学』ナカニシヤ出版，第9章，pp.161-187。
竹内規彦（2008b）「海外の経営系主要ジャーナルにみる日本の人的資源管理研究の軌跡と今後の課題」『経営行動科学』第21巻第3号，pp.187-200。
竹内規彦（2011）「日本企業における産業特性と高業績人材マネジメントシステム：米国研究の発展的インプリケーション」『組織科学』第44巻第4号，pp.39-51。
武田國男（2005）『落ちこぼれタケダを変える』日本経済新聞社。
武田公男・武田嘉孝（2006）「日本的経営システムと雇用延長」『Review of economics and

information studies』第7巻第1・2号，pp.51-76，岐阜聖徳学園大学。
竹村之宏（2002）『日本型を活かす人事戦略』日本経団連出版。
竹中征夫（1986）『人の集め方，使い方，活かし方』日経マグロウヒル社。
竹中征夫（1987）『企業買収戦略―M&Aによる新しい企業成長―』ダイヤモンド社。
田端昌平（2007）「グローバルとは」安室憲一編著『新グローバル経営論』白桃書房，第1章，pp.3-22。
田中堅一郎（1998）『社会的公正の心理学　心理学の視点から見た「フェア」と「アンフェア」』ナカニシヤ出版。
田村正紀（2006）『リサーチ・デザイン：経営知識創造の基本技術』白桃書房。
近安理夫（2001）『戦略的ERPの実践』東洋経済新報社。
筒井清子・山岡熙子（2003）『グローバル化と平等雇用』学文社。
東洋経済新報社（2007）『海外進出企業総覧2007（会社別編）』東洋経済新報社。
東洋経済新報社（2012）『海外進出企業総覧2012（会社別編）』東洋経済新報社。
永野仁（1992）「操業年数と人材の現地化―アジア進出日系企業の数量分析―」『政経論叢』第60巻第56号，pp.587-612。
中橋国蔵・當間克雄（2001）『経営戦略のフロンティア』東京経済情報出版。
西井進剛（2004）「経営コンサルティング・ファームのグローバル戦略：ヘイ・グループ日本支社の探索的ケース・スタディを中心に」『国際ビジネス研究学会年報』第10号，pp.301-314。
西井進剛（2013）『知識集約型企業のグローバル戦略とビジネスモデル：経営コンサルティング・ファームの生成・発展・進化』同友館。
日経BP社（2004）「サムスン，引き抜きの裏事情」『日経ビジネス』6月7日号，pp.30-33。
日経連職務分析センター（1989）『新人事考課制度の設計と運用』日経連広報部。
日経連能力主義管理研究会（1969）『能力主義管理－その理論と実践－』日経連出版部。
日本経団連出版（2003）『最新成果主義型人事考課シート集―本当の強さをつくる評価・育成システム事例』日本経団連出版。
日本在外企業協会（1994）『わが国企業の海外事業におけるマネジメント現地化の今日的課題』社団法人日本在外企業協会。
日本在外企業協会（2000）『グローバル経営における組織・人材戦略』社団法人日本在外企業協会。
日本労働研究機構編（2000）『第1回日系グローバル企業の環境適合型HRMシステム調査』日本労働協会。
根本孝（1988）『外資系企業の人的資源管理』創成社。
根本孝・諸上茂登編著（1994）『国際経営と企業文化』学文社。
野中郁次郎・紺野登（2012）『知識創造経営のプリンシプル：賢慮資本主義の実践論』東洋経済新報社。
長谷川廣（1971）『現代労務管理制度論』青木書店。
花田光世（1988a）「グローバル戦略を支える人事システムの展開法（上）」『ダイヤモンド・

ハーバード・ビジネス』7月号，pp.55-64。
花田光世（1988b）「グローバル戦略を支える人事システムの展開法（下）」『ダイヤモンド・ハーバード・ビジネス』8-9月号，pp.103-112。
林　吉郎（1985）『異文化インターフェイス管理』有斐閣。
林　吉郎（1988）「海外子会社の現地経営」吉原英樹・林吉郎・安室憲一『日本企業のグローバル経営』東洋経済新報社，第7章，pp.143-170。
林　吉郎（1994）『異文化インターフェイス経営』日本経済新聞社。
樋口純平（2006）「成果主義の導入プロセスにおける問題と対応」『日本労働研究雑誌』第48巻第11号，pp.53-62。
開本浩矢（2007）『入門組織行動論』中央経済社。
藤野哲也（1998）『グローバリゼーションの進展と連結経営』文眞堂。
藤本隆宏（2004）『日本のもの造り哲学』日本経済新聞社。
二村英幸（2001）「成果主義と個別人事管理—成果主義におけるコンピテンシーの効用と課題—」『組織科学』第34巻第3号，pp.32-41。
二村敏子（2004）『現代ミクロ組織論』有斐閣。
古沢昌之（2003）「在中国日系企業における人的資源管理の変革」『大阪商業大学論集』第127号，pp.281-304，大阪商業大学。
古沢昌之（2008）『グローバル人的資源管理論』白桃書房。
Florida, R.（2007）「クリエイティブ・クラスとは何か」『DIAMONDハーバード・ビジネス・レビュー』5月号，pp.38-51，ダイヤモンド社。
ヘイコンサルティンググループ（2001）『正しいコンピテンシーの使い方』PHP研究所。
ヘイコンサルティンググループ（2007）『グローバル人事、課題と現実　先進企業に学ぶ具体策』日本経団連出版。
三崎秀央（2004）『研究開発従事者のマネジメント』中央経済社。
三品和広（2004）『戦略不全の論理』東洋経済新報社。
三輪卓己（2003）『入門人的資源管理』中央経済社。
宮本光晴（1999）『日本の雇用をどう守るか：日本型職能システムの行方』PHP研究所。
茂垣広志（1994）「国際人的資源管理の基本的視座と本社志向的エクスパトリエイト」『横浜経営研究』第15巻第2号，pp.140-152，横浜国立大学。
茂垣広志（2000）「グローバル経営における組織・人材戦略—その考察と日本企業への示唆—」『グローバル経営における組織・人材戦略』社団法人日本在外企業協会，pp.1-10。
茂垣広志（2001）『グローバル戦略経営』学文社。
茂垣広志編著（2006）『国際経営：グローバル・マネジメント：国際ビジネス戦略とマネジメント』学文社。
安田　均（2007）「富士通新人事制度における成果主義と能力主義」『山形大学紀要』第35巻第2号，pp.107-127，山形大学。
安室憲一（1986）『国際経営行動論』森山書店。
安室憲一（1992）『グローバル経営論』千倉書房。

安室憲一（2000）「ビジネス・モデルとコンピテンシー―人的資源管理のニューパラダイム―」，『商大論集』第51巻第5号，pp.55-85，神戸商科大学。
安室憲一（2001）「アメリカの新エクセレントカンパニーにおける人的資源管理－コンピンンシーに基づく新システムについて－」『訪米「人事戦略」調査団報告書』財団法人関西生産性本部，pp.16-29。
安室憲一（2012）『多国籍企業と地域経済―「埋め込み」の力』御茶の水書房。
安室憲一・マティアス・キッピング（2013）「シルク・ドゥ・ソレイユの競争優位の源泉としての「人的資源管理」」『大阪商業大学アミューズメント産業研究所紀要』第15号，pp.39-56。
箭内　昇（1999）『元役員が見た長銀破綻』文藝春秋。
柳下公一（2001）『分かりやすい人事が会社を変える：「成果主義」導入・成功の法則』日本経済新聞社。
柳下公一（2003）『ここが違う！勝ち組企業の成果主義』日本経済新聞社。
吉田民人（1999）「21世紀の科学―大文字の第2次科学革命―」『組織科学』第32巻第3号，pp.4-26。
吉原英樹（1979）『多国籍経営論』白桃書房。
吉原英樹（1989）『現地人社長と内なる国際化』東洋経済新報社。
吉原英樹（1996）『未熟な国際経営』白桃書房。
吉原英樹（1997）『国際経営』有斐閣。
吉原英樹（2002）『国際経営論への招待』有斐閣ブックス。
吉原英樹・林吉郎・安室憲一（1988）『日本企業のグローバル経営』東洋経済新報社。
吉原英樹・岡部曜子・澤木聖子（2001）『英語で経営する時代：日本企業の挑戦』有斐閣。
渡辺一明（2004）『最新人事制度改革入門』東洋経済新報社。

参照URL：URL最新確認年月日

IT proウェブサイト
〈http://itpro.nikkeibp.co.jp/article/COLUMN/20070717/277610/〉（2012年8月20日）

イニシア・コンサルティングウェブサイト
〈http://www.initiaconsulting.co.jp〉（2007年12月19日）

オムロン株式会社ウェブサイト
〈http://omron.co.jp〉（2007年12月19日）

外務省ウェブサイト「海外在留邦人数調査統計（2006年度〜2012年度）」
〈http://www.mofa.go.jp/mofaj/toko/tokei/hojin/〉（2013年6月18日）

Jin-Jourウェブサイト
〈http://www.rosei.jp/market/detail.php?item_no=871〉（2012年8月14日）

株式会社ジェイテクトウェブサイト
〈http://www.jtekt.co.jp/ir/〉（2013年6月18日）

株式会社じほうウェブサイト「医薬品業界発展への布石：07年を振り返る」記者の視点，2007年12月19日号．
〈http://www.japan-medicine.com/shiten/shiten1.html〉．（2007年12月19日）

Japan Timesウェブサイト
〈http://job.japantimes.com/cl_f_01.php〉（2007年12月19日）

ソニー株式会社ウェブサイト
〈http://www.sony.co.jp/SonyInfo/IR/〉（2013年6月18日）

ダイキン工業株式会社ウェブサイト
〈http://www.daikin.co.jp/company/〉（2013年6月18日）

武田薬品工業株式会社ウェブサイト
〈http://www.takeda.co.jp〉（2007年12月19日）

株式会社デンソーウェブサイト
〈http://www.denso.co.jp/ja/aboutdenso/corporate/〉（2013年6月18日）

株式会社東芝ウェブサイト
〈http://www.toshiba.co.jp/index_j3.htm〉（2013年6月18日）

独立行政法人医薬品医療機器総合機構ウェブサイト
〈http://www.pmda.go.jp/ich/ich_index.html〉（2007年12月19日）

NIKKEI DESKTOPウェブサイト
〈http://dp.nikkei.co.jp/colm/colCh.cfm?i=t_yanai57〉（2007年12月19日）

日産自動車株式会社ウェブサイト
〈http://www.nissan-global.com/JP/COMPANY/〉（2013年6月18日）

日本製薬工業会ウェブサイト
〈http://www.jpma.or.jp/policy/020122.html〉（2007年12月19日）

日本労働研究機構「人事労務管理事例：グローバル人事制度ガイドラインの制定：オムロン」，

2001年4月〜2002年3月。

〈http://www.jil.go.jp/mm/hrm/index2001.html〉（2007年12月19日）

長谷川閑史「トップの素顔」net irウェブサイト．2004年夏号．

〈http://www.net-ir.ne.jp/ir_magazine/sugao/vol066_4502.html〉（2007年12月19日）

パナソニック株式会社ウェブサイト

〈http://panasonic.co.jp/ir/〉（2013年6月18日）

萬有製薬株式会社ウェブサイト

〈http://www.banyu.co.jp/content/corporate/〉（2007年12月19日）

Hewitt Associats「Survey Highlights HR Outsourcing：Trends & Insights 2005」Knowledge Center．2005年6月。

〈http://www.hewittassociates.com/_MetaBasicCMAssetCache_/Assets/Articles/hrtrends_highlights.pdf〉（2007年12月19日）

Hay Groupウェブサイト

〈http://www.haygroup.co.jp〉（2012年8月14日）

ホンダ技研工業株式会社ウェブサイト

〈http://www.honda.co.jp/investors/〉（2013年6月18日）

マーサージャパン株式会社ウェブサイト

〈http://www.mercer.co.jp/services/servicestopic.jhtml?topicId=140200041〉（2007年12月19日）

三菱重工業株式会社ウェブサイト

〈http://www.mhi.co.jp/finance/index.html〉（2013年6月18日）

三菱電機株式会社ウェブサイト

〈http://www.mitsubishielectric.co.jp/corporate/〉（2013年6月18日）

箭内　昇「第57回『オフィスの掃除』と『掃除されたオフィス』〜成果主義の本質（その1）」，NIKKEI DESKTOP．2005年1月24日。

〈http://dp.nikkei.co.jp/colm/colCh.cfm?i=t_yanai57〉（2007年12月19日）

ユート・ブレーンLLC合同会社「世界の大型医薬品売上ランキング2006」ニュースリリース

〈http://www.utobrain.co.jp/news-release/2007/070700/NewsRelease0707.pdf〉（2007年12月19日）

セジデム・ストラテジックデータ（株ユート・ブレーン事業部）ウェブサイト

〈http://www.utobrain.co.jp/news/20130624.shtml〉（2013年10月25日）

Peace Corpsウェブサイト

〈http://www.peacecorps.gov/〉（2012年3月18日）

Profwolff.orgウェブサイト

〈http://www.profwolff.org/GEIPartners/index_files/Page339.htm〉（2012年8月12日）

資料　質問調査票

【資料】質問調査票

2007 年 10 月 20 日

各 位

「日系多国籍企業における経営幹部層を対象とした
人的資源管理システムに関する実態調査」
アンケート調査へのご協力のお願い

謹啓　秋晴の候、時下ますますご清栄のこととお喜び申し上げます。平素は格別のご高配を賜り、厚く御礼申し上げます。さて、この度、グローバルな規模でビジネス展開を図っておられます日系多国籍企業を対象に、標記の調査を実施することになりました。

本調査の目的は、「博士論文」の一部の実証研究として、日系多国籍企業の本社の経営幹部層を対象とした人的資源管理システムに関する実態を把握することにあります。とりわけ、2000 年前後から、日系多国籍企業の本社において、グローバル競争に耐え得る人的資源管理システムの構築に関する記事等を目にするようになりました。同種の調査は、他の機関も既に行っていることと存じますが、日系多国籍企業の皆様のますますのご発展のための指針作りに役立つ分析を行うことを企図しております。

アンケートにお答えいただきました内容につきましては、統計数値として処理いたします。ご協力いただきました皆様の社名、記載者のお名前などに関する情報は一切公表いたしません。

つきましては、業務多忙の折、誠に恐縮に存じますが、本調査の趣旨をご理解いただき、どうかご協力を賜りますよう、心からお願い申し上げます。

謹白

```
調査名　　：日系多国籍企業における経営幹部層を対象とした
　　　　　　人的資源管理システムに関する実態調査
調査内容　：人的資源管理システムの実態把握、問題点の抽出
調査方法　：郵送調査
調査対象　：6 カ国以上に海外進出されている日系多国籍企業
　　　　　　（海外進出企業総覧 2007 年度版にて抽出）
回答締切　：2007 年 10 月 31 日（水曜日）
研究助成　：採択番号（A71207）
　　　　　　平成 19 年度村田学術振興財団研究助成事業
```

【お願い】
・ご回答いただきました調査票は、2007 年 10 月 31 日（水曜日）までに、同封の返信用封筒に入れ、ご返送ください。または、ファックスにて（■■■■■■■■：大学院　笠原宛）お送りいただければ結構です。

【成果物について】
・ご回答いただきました調査票は、統計分析を行い、学術論文（博士論文）としてまとめさせていただきます。ご回答を賜りました企業の皆様に対しては、後日、集計結果をご送付し、ご協力のお礼とさせていただきます。

【お問合せ先】
・調査主体　：兵庫県立大学大学院　経営学研究科　博士後期課程　国際経営専攻　安室憲一研究室所属
　　　　　　　笠原　民子
・事務局　　：〒651-2197　神戸市西区学園西町 8-2-1
　　　　　　　兵庫県立大学　神戸学園都市キャンパス　経営学研究科　笠原民子研究室（403 号室）
・電話番号　：090-■■■■■■■■（笠原直通）；ファックス：078-■■■■■■■■（大学共有）

日系多国籍企業における経営幹部層を対象とした
人的資源管理システムに関する実態調査

1. **貴社名・記入者について**

貴 社 名	
記入者氏名	役 職 名
E-mail	

2. **貴社のグローバル戦略について**
   〔1〕貴社のグローバル戦略についてお伺いいたします。以下の項目について、どれほど<u>重点を置かれているのかという程度</u>について、当てはまると思う程度を表す数字に〇印をつけてください。※貴社の事業内容(複数事業本部制の採用等)によって一概に言えないとは存じますが、<u>貴社の基本的な考え方</u>についてお答えください。

   〈低← 程度 →高〉
   ①提供している製品・サービスの標準化の程度・・・・・・・・・・・・・・・・・・・・・・・・ 1-2-3-4-5-6-7
   ②本社主導による海外子会社のコントロールの度合い・・・・・・・・・・・・・・・・・・・ 1-2-3-4-5-6-7
   ③本社-海外子会社間,海外子会社同士でのノウハウ・専門知識等の共有度 ・・・・ 1-2-3-4-5-6-7
   ④研究開発活動の本国への集中度・・・・・・・・・・・・・・・・・・・・・・・・・・・・・・・・・・ 1-2-3-4-5-6-7
   ⑤生産活動の本国への集中度・・・・・・・・・・・・・・・・・・・・・・・・・・・・・・・・・・・・・ 1-2-3-4-5-6-7
   ⑥販売・マーケティング・サービス活動の各国への分散度・・・・・・・・・・・・・・・・ 1-2-3-4-5-6-7

3. **日本本社で運用されている人的資源管理システムについて**
   〔1〕<u>日本本社で</u>運用されている現行の人的資源管理システム(※経営幹部層以上)の運用状況についてお伺いいたします。以下の項目について<u>どれほど実行されているのか</u>という程度について、当てはまると思う程度を表す数字に〇印をつけて下さい。

1	2	3	4	5	6	7
全く実行できていない	ほとんど実行できていない	あまり実行できていない	どちらとも言えない	少しは実行できている	かなり実行できている	非常に良く実行できている

   〈運用状況について〉
   ①競合他社のベンチマーキング・・・・・・・・・・・・・・・・・・・・・・・・・・・・・・ 1-2-3-4-5-6-7
   ②HRMシステムの信頼性・納得性の確保・・・・・・・・・・・・・・・・・・・・・ 1-2-3-4-5-6-7
   ③経営幹部層の経営成果に対する意識の変革・・・・・・・・・・・・・・・・・・・・ 1-2-3-4-5-6-7
   ④能力の高い人材の獲得・・・・・・・・・・・・・・・・・・・・・・・・・・・・・・・・・・・・ 1-2-3-4-5-6-7
   ⑤能力の高い人材のリテンション・・・・・・・・・・・・・・・・・・・・・・・・・・・・ 1-2-3-4-5-6-7
   ⑥価値観や経営理念の社内への浸透・・・・・・・・・・・・・・・・・・・・・・・・・・・ 1-2-3-4-5-6-7
   ⑦企業目標の達成率の向上・・・・・・・・・・・・・・・・・・・・・・・・・・・・・・・・・・ 1-2-3-4-5-6-7
   ⑧収益性の向上・・・ 1-2-3-4-5-6-7
   ⑨基幹業務システムの一環としての人事モジュールの構築・運用 ・・・・ 1-2-3-4-5-6-7
   ⑩人材検索情報データベースの構築・運用・・・・・・・・・・・・・・・・・・・・・ 1-2-3-4-5-6-7

資料　質問調査票

〔2〕貴社の現行の人的資源管理システム（※経営幹部層以上）の具体的な内容についてお伺いいたします。以下の項目で，当てはまると思う程度を表す数字に〇印をつけてください。

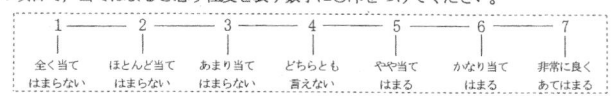

```
  1 ——— 2 ——— 3 ——— 4 ——— 5 ——— 6 ——— 7
全く当て ほとんど当て あまり当て どちらとも やや当て かなり当て 非常に良く
はまらない はまらない はまらない 言えない はまる はまる あてはまる
```

〈貴社の現行の人的資源管理システムの中身について〉
　①経営幹部層の業績評価システムは，グローバルに標準化している ･･････････ 1－2－3－4－5－6－7
　②グローバル戦略への貢献度を経営幹部層の報酬の評価指標に取り入れている ･･･ 1－2－3－4－5－6－7
　③本社－海外子会社間で知識共有が頻繁に行われている ････････････････････ 1－2－3－4－5－6－7
　④海外子会社同士で知識共有が頻繁に行われている ････････････････････････ 1－2－3－4－5－6－7
　⑤本社，海外子会社の要職には，世界中から能力の高い人材を登用している ･･･ 1－2－3－4－5－6－7

　①グローバルな規模で価値観等（価値観，経営理念）を明示化し共有している ･･ 1－2－3－4－5－6－7
　②価値観等をコンピテンシー（行動基準）として体系化している ････････････ 1－2－3－4－5－6－7
　③価値観等の共有が，経営幹部層の選別，教育，異動の基盤となっている ･････ 1－2－3－4－5－6－7
　④価値観等を体系化し，それを評価，処遇に反映させている ････････････････ 1－2－3－4－5－6－7
　⑤価値観等の共有は，セクショナリズムの弊害を克服する役割を担っている ･･･ 1－2－3－4－5－6－7
　⑥価値観等の共有は，本社－海外子会社間のコミュニケーションを促進している ･･ 1－2－3－4－5－6－7

　①経営幹部層において評価基準はオープンにされている ････････････････････ 1－2－3－4－5－6－7
　②給与システムには競合他社のそれとある程度比較できる基準がある ･･･････ 1－2－3－4－5－6－7
　③経営幹部層の成果責任を明確に管理するHRMシステムを採用している ･･････ 1－2－3－4－5－6－7
　④競合他社から必要とする人材を獲得することができる ････････････････････ 1－2－3－4－5－6－7
　⑤同一職務・同一賃金という考え方を重視している ････････････････････････ 1－2－3－4－5－6－7
　⑥本社－海外子会社間，海外子会社同士での人材異動をスムーズに行える ････ 1－2－3－4－5－6－7

　①新しい人事の仕組の導入理由について，経営陣から説明するよう努めている ･･ 1－2－3－4－5－6－7
　②新しい人事の仕組の導入に際して，対象者に意思決定参画機会を提供している ･ 1－2－3－4－5－6－7
　③新しい人事の仕組の導入に際して，評価基準等についての説明を行っている ･･ 1－2－3－4－5－6－7
　④新しい人事の仕組の導入に際して，経営陣は目標，期待内容を明言している ･･ 1－2－3－4－5－6－7

〔3〕現行の人的資源管理システム（※経営幹部層以上）を開発・導入する際の問題点についてお伺いいたします。以下の項目で，当てはまると思う程度を表す数字に〇印をつけて下さい。

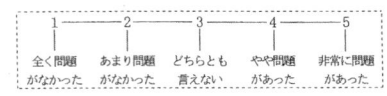

```
  1 ——— 2 ——— 3 ——— 4 ——— 5
全く問題 あまり問題 どちらとも やや問題 非常に問題
がなかった がなかった 言えない があった があった
```

〈現行の人的資源管理システムを導入する際の問題点〉
　①社内の抵抗勢力の存在 ･･････ 1－2－3－4－5　　⑤開発・導入に関するノウハウ不足 ･･･ 1－2－3－4－5
　②社内の経営資源の不足 ･･････ 1－2－3－4－5　　⑥開発・導入コストの問題 ･･････････ 1－2－3－4－5
　③社内の意識変革の困難さ ････ 1－2－3－4－5　　⑦HRMシステムの運用のしやすさ ･････ 1－2－3－4－5
　④運用面での技術的な問題 ････ 1－2－3－4－5　　⑧コンサル会社との協働 ･･････････ 0－1－2－3－4－5
　　　　　　　　　　　　　　　　　　　　　　　　※コンサルティング会社をご利用されていない場合は，0に〇印を
　　　　　　　　　　　　　　　　　　　　　　　　　お付けください。

〔4〕現行の人的資源管理システム（※経営幹部層以上）の開発・導入方法についてお伺いいたします。以下の項目で、当てはまると思う程度を表す数字に〇印をつけてください。また質問文中の括弧の中の数字に〇印をつけてください。

〈1. 開発・導入方法について〉※開発，導入の各項目で〇印を1つずつ付けてください。

[開発]（　）貴社単独で現行のHRMシステムの開発を行った。
　　　（　）コンサルティング会社（1. 日系，2. 外資系，3. 日系と外資系の両方）と共同開発した。
[導入]（　）貴社単独でHRMシステムの導入を行った。
　　　（　）コンサルティング会社（1. 日系，2. 外資系，3. 日系と外資系の両方）と共同で導入した。

〈2. コンサルティング会社の貢献度について〉

```
    1        2        3        4        5
全く当て  あまり当て どちらとも やや当て 非常に良く
はまらない はまらない 言えない  はまる   当てはまる
```

※コンサルティング会社を、ご利用されていない場合は、ご回答いただかなくて良いません。

①共同開発に際して、開発に関するノウハウ等の提供があった ········· 1－2－3－4－5
②共同開発に際して、コンサルティング会社の手法を基本にカスタマイズを行った ···· 1－2－3－4－5
③共同開発に際して、コンサルティング会社がリーダーシップを発揮した ········ 1－2－3－4－5
④導入に際して、導入に関するノウハウ等の提供があった ············ 1－2－3－4－5
⑤導入に際して、運用方法等に関するノウハウ等の提供があった ········· 1－2－3－4－5
⑥導入に際して、コンサルティング会社がリーダーシップを発揮した ······· 1－2－3－4－5

〈3. コンサルティング会社の選定理由〉
①グローバルな実績・評判がある ···· 1－2－3－4－5　③競合他社が利用していた ···· 1－2－3－4－5
②海外子会社で利用していた ······· 1－2－3－4－5　④導入コストが安かった ······ 1－2－3－4－5

〈3. 利用したコンサルティング会社の名称〉※複数ご回答いただいても結構です。

――――――――――――――――　――――――――――――――――

〔5〕貴社で利用されている人事制度（※経営幹部層以上）とその背景にある考え方についてお伺いいたします。以下の項目から該当する数字に〇印をつけてください（〇印はいくつでも）。

◆利用されている人事制度
（　）職能資格制度
（　）職務等級制度
（　）バランススコアカード
（　）コンピテンシーマネジメント

◆基本的な考え方
（　）リテンション策としての長期安定雇用
（　）生活保障としての長期安定雇用
（　）年功・勤続年数を勘案した処遇
（　）能力・成果を勘案した処遇

〔6〕「現行」の人的資源管理システム（※経営幹部層以上）を導入した時期についてお伺いいたします。以下の項目から該当すると思われる時期に〇印を1つ付けてください。

1. 1980年代以前　2. 1980年〜1984年　3. 1985年〜1989年　4. 1990年〜1994年
5. 1995年〜1999年　6. 2000年〜2004年　7. 2005年〜現在

〔7〕「現行」の人的資源管理システムが定着するまでにどの位の期間を要されましたか。以下の項目から最も当てはまると思われる数字に〇印を1つ付けてください。

1. 半年　2. 1年　3. 2年　4. 3年　5. 4年　6. 5年以上

以上で、質問項目は終わりです。複数項目にわたる質問へのご協力ありがとうございました。本質問調査票を同封の返信用封筒に入れ、10月31日（水曜日）までにご返送下さい。または、ファックスにて（　　　　　　：大学院笠原宛）お送り頂ければ結構です。ご回答を賜った企業の皆様には、調査票の集計結果を後日お送りいたします。ご希望される場合には、「はい」に〇印をつけてください。

　　　　　　　　　　　　　　　集計結果を希望する　　1. はい　　2. いいえ

《お忙しいところご協力いただき，誠にありがとうございました。》

■著者略歴

笠原 民子（かさはら　たみこ）

静岡県立大学経営情報学部講師，博士（経営学）

1977年東京都杉並区に生まれる。創価大学経営学部を首席で卒業後，神戸商科大学大学院(現兵庫県立大学大学院)経営学研究科に進学。2008年同大学院経営学研究科博士後期課程修了。四国大学経営情報学部助教を経て，2013年4月より現職。

主要業績

笠原民子(2007)「日本企業へのグローバル化のインパクト」『新グローバル経営論』安室憲一編著，白桃書房，第3章，pp.43-57。

笠原民子(2008)「企業の人的資源管理」『現代企業論』関　智宏・中條良美編著，実教出版，第8章，pp.123-142。

笠原民子(2013)「日本企業における経営現地化の諸課題：HRMシステム改革の重要性」『アジア経営研究』No.1, pp.99-110。

笠原民子・西井進剛(2013)「知識集約型企業のグローバル人的資源管理」『多国籍企業研究』第6号，pp.19-41。

Kasahara,T. and Nishii, S. (2013a) "What is Global Strategy and HRM for KIFs," *European Journal of Business Research*, Vol.13, No.1, pp.61-76.

■ 日本企業のグローバル人的資源管理
　　　　　　（にほんきぎょう）　　　　　　　　（じんてきしげんかんり）

■ 発行日——2014年2月28日　初版発行　　　　　　　〈検印省略〉

■ 著　著——笠原民子
　　　　　　（かさはらたみこ）

■ 発行者——大矢栄一郎

■ 発行所——株式会社　白桃書房
　　　　　〒101-0021　東京都千代田区外神田5-1-15
　　　　　☎ 03-3836-4781　📠 03-3836-9370　振替00100-4-20192
　　　　　http://www.hakutou.co.jp/

■ 印刷・製本——藤原印刷

© Tamiko Kasahara 2014 Printed in Japan　ISBN 978-4-561-26633-4 C3034

本書のコピー，スキャン，デジタル化等の無断複製は著作権法上での例外を除き禁じられています。本書を代行業者等の第三者に依頼してスキャンやデジタル化することは，たとえ個人や家庭内の利用であっても著作権法上認められておりません。

JCOPY 〈(社)出版者著作権管理機構　委託出版物〉
本書の無断複写は著作権法上の例外を除き禁じられています。複写される場合は，そのつど事前に，(社)出版者著作権管理機構（電話03-3513-6969，FAX 03-3513-6979，e-mail：info@jcopy.or.jp）の許諾を得てください。

落丁本・乱丁本はおとりかえいたします。